SUSANNE
KOELBL

ZWÖLF WOCHEN
IN RIAD
Saudi-Arabien
zwischen Diktatur
und Aufbruch

PENGUIN VERLAG

Penguin Random House Verlagsgruppe FSC® N001967

1. Auflage 2021
Copyright © 2019 der Originalausgabe by
Deutsche Verlags-Anstalt, München,
in der Penguin Random House Verlagsgruppe GmbH,
Neumarkter Straße 28, 81673 München, und
SPIEGEL-Verlag Rudolf Augstein GmbH & Co.KG, Hamburg,
Ericusspitze 1, 20457 Hamburg
Umschlaggestaltung: Büro Jorge Schmidt, München
Umschlagmotive: Lynsey Addario/Reportage Archive/Getty Images
Satz: Vornehm Mediengestaltung GmbH, München
Druck und Bindung: GGP Media GmbH, Pößneck
Printed in Germany
ISBN 978-3-328-10663-0
www.penguin-verlag.de

Dieses Buch ist auch als E-Book erhältlich.

Inhalt

Inhalt

Prolog
Zwölf Wochen in Riad

Saudi-Arabien war jahrzehntelang das Land, in dem Frauen nicht Auto fahren durften. Nun ist es ihnen erlaubt. Es ist nicht das Einzige, was hier vor Kurzem noch undenkbar schien. Die Veränderungen im Königreich vollziehen sich in Höchstgeschwindigkeit, als würde bei einem Wagen in voller Fahrt die Karosserie gewechselt.

Der junge Kronprinz Mohammed bin Salman hat versprochen, radikale Kräfte zurückzudrängen und das Land zu öffnen. Der im Juni 2017 von seinem Vater zum Thronfolger ernannte Prinz macht vielen Hoffnung. Er macht aber auch Angst. Der 33-Jährige duldet selbst keinerlei Widerspruch und erweist sich in der Wahl seiner Mittel oft als aggressiv und rücksichtslos.

MBS, wie der Kronprinz oft genannt wird, gilt als impulsiv, und vermutlich lag er nicht falsch damit, als er sich selbst einmal als »Bulldozer« bezeichnete. Widersetzen sich die Untertanen, werden sie verhaftet und müssen mit schweren Strafen rechnen, bis hin zum Tod.

Durch den Ölexport stieg Saudi-Arabien in wenigen Jahrzehnten von einem unbedeutenden Wüstenreich zu einer global einflussreichen Macht auf. Mit seinen Petrodollars kauft sich Riad wichtige Loyalitäten. Das Königreich beherbergt aber auch die zwei heiligsten Stätten des Islam, Mekka und Medina, und exportiert seine extreme Auslegung der islamischen Religion in alle Welt. Immer wieder hat Riad militante Fundamentalisten unterstützt.

Warum verfolgt das Königreich diese Politik, die so gefährlich wie folgenreich ist für die internationale Gemeinschaft, aber auch für Saudi-Arabien selbst? Warum ist die Religion so radikal, und wieso werden Frauen dort systematisch unterdrückt?

Für eine Journalistin gibt es wenig Reizvolleres, als in diese verschlossene Welt der Scheichs, religiösen Puritaner und Machtzirkel vorzudringen. Das verborgene Leben der Frauen ist ein eigener Kosmos, oft frustrierend, aber auch überraschend und amüsant. Hinter den Schleiern verbergen sich viele kluge Köpfe mit einem überraschenden Blick auf die eigene Gesellschaft und auf uns, die Menschen im Westen.

Seit 2011 reise ich regelmäßig nach Saudi-Arabien und berichte über das Land. Zwölf Wochen lang bin ich 2018 für den SPIEGEL in Riad. Ich will die Menschen dort kennenlernen und den Wandel miterleben. Diesmal miete ich ein kleines Apartment und habe als Westfrau unter Saudis plötzlich Zugang zu Dingen, die mir zuvor nie begegnet waren.

Ich wurde von Nachbarn eingeladen und weiterempfohlen an Freunde, Kollegen und Insider des Königshofs. Nach und nach öffneten sich die Türen in fast jeden Raum dieser überaus diskreten Gesellschaft.

Ich frühstückte mit königlichen Hoheiten und ließ mir von Osama bin Ladens Spezial-Ausbilder für Explosivstoffe und Bombenbau erzählen, wie er im Rückblick seine Zeit als Terrorist betrachtet. Junge Saudi-Araberinnen nahmen mich mit auf Hochzeiten und Wüstentrips und zeigten mir, wie sie jetzt, in den Zeiten des Aufbruchs, ihre Chancen suchen.

Über die salafitische Gesellschaft lernte ich von meinem Vermieter, einem dreifachen Ehemann, der glaubt, dass der Untergang der Menschheit unmittelbar bevorsteht. Er ließ nichts unversucht, meine Seele für den Islam zu gewinnen, um mich vor dem Satan zu retten.

Ich gelangte zu so geheimnisumwobenen Akteuren wie dem langjährigen saudischen Botschafter in Washington und ehemaligen Geheimdienstchef Prinz Bandar bin Sultan, von dem es heißt, es habe in den vergangenen dreißig Jahren fast keine Weltkrise gegeben, an der er nicht aktiv beteiligt war. Ich erlebte aber auch, dass Freunde von mir durch den Geheimdienst des Königshauses ins Gefängnis geworfen oder ermordet wurden, wie die Menschenrechtsaktivistin Eman Alnafjan oder der Journalist Jamal Khashoggi, den ich wie viele Kollegen lange kannte.

Die Mächtigen der Welt können und wollen nicht auf die Kooperation mit diesem bedeutenden Land verzichten. Saudi-Arabien ist die globale Tankstelle und Amerikas wichtigster Verbündeter im Golf.

Doch das Königreich steckt auch in der tiefsten Krise seit seiner Staatsgründung 1932. Das Öl verliert an Bedeutung. Um das Land herum versinken die Nationen in Chaos und Krieg: der Irak, Syrien, Libyen, Jemen. Die Saudi-Araber selbst sind verunsichert angesichts dessen, was gerade in ihrem Land passiert, das so ultrakonservativ ist wie kein anderes auf der Arabischen Halbinsel. Gleichzeitig strebt das Königreich mit aller Macht in eine neue, prosperierende Zukunft – mit noch ungewissem Ausgang.

Es ist ein Glücksfall, diesen historischen Aufbruch aus nächster Nähe erleben zu dürfen. Jede Begegnung im Königreich ist wie ein kleines Abenteuer, und alle zusammen geben sie Aufschluss darüber, warum das, was in Saudi-Arabien passiert, so erheblichen Einfluss auch auf unser Leben hat.

Um Einzelne zu schützen, habe ich die Namen der meisten, die ich als Privatpersonen getroffen habe und von denen ich in diesem Buch erzähle, geändert. Beim Arabischen wurde die phonetisch dem Deutschen nächste Schreibweise gewählt. Als Ausnahme von der Regel wird bei wenigen international eingeführten Namen die englische Schreibweise verwendet.

Willkommen bei den Salafiten:
Wie mein Vermieter versucht, mich
vor dem Satan zu bewahren

Wenn konservative Saudi-Araber es besonders gut mit einem meinen, versuchen sie, ihre andersgläubigen Gäste vom Übertritt zum Islam zu überzeugen.

Es ist nicht so, dass Frauen nirgendwohin gehen könnten in Saudi-Arabien. Man kann überallhin gehen, man kommt nur nirgendwo an.

Ich streife durch die Straßen der Hauptstadt. Vor dem Restaurant Bazi Baba mit seinen köstlichen Speisen und frischen Säften sind die Tische gut besetzt, allerdings ausschließlich mit Männern. Frauen, die etwas essen oder trinken wollen, stehen vor einer kleinen Fensterklappe, bestellen und warten dann draußen, bis die Ware herausgereicht wird. Auf der Tahlia-Straße, dem lebendigsten Boulevard der Hauptstadt, gibt es neuerdings Coffee Shops. Auch hier sind nur Männer zu finden. Dass sie draußen sitzen können, ist bereits ein Riesenfortschritt.

Die ersten Tage in Riad wohne ich noch im Hotel, ein roter Bau mit geschwungenen Fassadenornamenten. In der Lobby stehen Samtmöbel in Blau mit Brokatborten, vergoldete Lüster hängen von der Decke. Bei meiner Ankunft zeigt der Rezeptionist stolz das Schwimmbad und das Fitnessstudio. Wie die Öffnungszeiten sind? Leider – for men only. Auch Massagen werden angeboten, aber, sorry, men only.

Ich gehe nach oben, in mein abgedunkeltes Zimmer, während draußen die Sonne brennt. Ich werde mich nicht daran gewöhnen können, dass die Vorhänge hier immer zugezogen sind, blickdicht, damit man nicht hineinschauen kann.

Ich rufe Masen an. Seine Nummer habe ich im Internet gefunden. Masen ist Makler. Er sagt, er finde schon ein Apartment, das auch Fenster hat.

Darf eine Frau in Saudi-Arabien überhaupt eine Wohnung mieten? Ja, seit Kurzem darf sie – zumindest theoretisch. Denn in privaten Angelegenheiten ist hier noch immer die Familie das alles bestimmende Gesetz, und die wenigsten würden einer erwachsenen Frau erlauben, ohne männlichen Schutz zu leben. Ohne Zustimmung eines Vormunds würde ein Wohnungsbesitzer gar nicht erst an eine Frau vermieten. Umgekehrt wird wiederum auch nicht an alleinstehende Männer vermietet, wenn bereits Frauen im Haus wohnen. Als westliche Frau falle ich jedoch nicht unter die lokalen Gepflogenheiten und Familiengesetze.

Ein Apartment aus Masens Angebot entspricht dem, was ich suche. Es liegt im Stadtteil Olaya. Hell, Balkon, Blick auf den Faisaliya-Wolkenkratzer, das zweithöchste Gebäude der Stadt, und das Kingdom-Centre, mit seinen über 300 Metern das höchste. Das ist, als würde man in Berlin auf den Fernsehturm und das Brandenburger Tor zugleich blicken.

Der Vermieter ist Oberst Hassan, ein ehemaliger Militärpilot. Er wohnt direkt am Ende der Straße auf einem weitläufigen Anwesen mit einer großen Zahl von Kindern. Oberst Hassan ist ein gewiefter Geschäftsmann, weltgewandt und tiefgläubig.

Abends sitze ich bei ihm auf der Terrasse, die ist so etwas wie sein offenes Empfangszimmer hinter dem Eingangstor. Eine Köchin bringt Suppe, Reis mit Lamm, Spinat, Kaffee. Oberst Hassan berichtet von der Ausbildung zum Kampfpiloten in den

USA. Er zeigt mir sein Haus, stellt mir eine der vielen Töchter vor, 19 Jahre alt, die sich gerade an der Universität als Übersetzerin für Französisch und Englisch ausbilden lässt.

Jesus war ein guter Prophet, sagt Herr Hassan, aber Mohammed sei aktueller

Der Familienvater sagt, Frauen seien die »Diamanten« der Menschheit und deshalb vor gierigen Blicken zu schützen. Am sichersten seien sie im Haus aufgehoben. Wir diskutieren über die Frage, wie zwingend es ist, dass Frauen Auto fahren dürfen. »Wieso müssen Frauen Auto fahren, Susanne, muss das wirklich sein?«, fragt Oberst Hassan. »Wenn die Frauen das Haus verlassen, zerfällt die Gesellschaft.«

Mittels Zeichnungen auf einer Tafel erklärt mir Oberst Hassan jetzt die Entstehung der Erde, wie Gott erst Adam und dann aus dessen Rippe Eva schuf. Jetzt steuere die Welt aber rasant auf ihr Ende zu, sagt er. Es sei so weit, wenn die Häuser in den Himmel wüchsen, das Metall sprechen könne und aus Wochen Tage und aus Tagen Stunden würden, so stehe es in den islamischen Schriften. Diese Prophezeiungen seien bereits eingetreten, sagt Herr Hassan, die Hochhäuser könne ich von meinem Balkon aus sehen, das sprechende Metall seien die Handys. Er zeigt auf unsere iPhones, die auf dem Tisch liegen, und dann auf seine Zeichnung, an deren Ende Menschen im Höllenfeuer schmoren, das bedrohlich in Gelb und Rot leuchtet, Menschen, die vom Pfad des Glaubens abgekommen sind.

»Denk nach, Susanne! Das ist nur logisch«, sagt Herr Hassan eindringlich und will mich zu meinem eigenen Schutz zum Übertritt zum Islam bewegen. Er erklärt, natürlich sei auch Jesus ein guter Prophet gewesen, aber Mohammed sei nun mal der aktuellere. Das verhalte sich wie mit dem früheren deutschen Kanzler Gerhard Schröder – auch er hatte Talent, aber nun sei eben Angela Merkel dran und habe das Sagen.

Oberst Hassan glaubt wohl, dass so eine Entscheidung noch reifen muss, er ist hartnäckig, aber geduldig. Schenkt Kaffee nach, ermuntert mich, Essen nachzunehmen. Bis heute schickt er mir über WhatsApp ermutigende Videos, um meine Seele vor dem Satan zu retten.

Meine neue Bleibe in der Ibn-Ammar-Straße erweist sich als absoluter Glücksfall. Sie bietet zwei große Fenster über Eck, die auf eine kleine Terrasse münden, eine amerikanische Pantryküche und ein Schlafzimmer. Der Ausblick geht über Palmenkronen auf die glitzernde Skyline der Stadt mit ihren herrschaftlichen Villen, den verschachtelten Wohnvierteln dahinter und achtspurigen Stadtautobahnen, die hier in 90-Grad-Winkeln die Wüste durchschneiden, in der sich vor hundert Jahren neben den Beduinen nur ein paar Schafhirten aufhielten. Heute ist das Herz des Königreichs zu einem pulsierenden Moloch angeschwollen, mit fast sieben Millionen Einwohnern, und hier oben, im zweiten Stock, wird mein Rückzugsort sein.

Kronprinz Mohammed bin Salman:
Zeit des Bulldozers

*Ein junger Thronfolger ist die große Hoffnung des
Königreichs. Er soll das Land modernisieren und
so vor dem drohenden Staatsbankrott bewahren.
Doch neben seinen Talenten zeigt der Prinz
inzwischen auch eine ganz andere, dunkle Seite.*

Der junge Prinz Mohammed ist zwölf Jahre alt, als er erstmals
an den Besprechungen seines Vaters teilnimmt, der damals Gouverneur von Riad ist. Der Vater ist ein fähiger, knochenharter
Manager. In wenigen Jahrzehnten hat er aus dem Wüstenflecken
Riad gemacht, was es heute ist: eine pulsierende, moderne Hauptstadt. Schon lange heißt es über Gouverneur Salman, er besitze
ein geheimes Dossier über jede wichtige Person im Staat – und
damit halte er das ganze Königreich in Schach.

Prinz Salman hat eine besondere Schwäche für diesen erstge-
borenen Sohn seiner dritten Ehefrau. Mohammed ist ein Junge
mit fleischigen, vollen Lippen und gewinnendem Lachen, langge-
zogene Brauen ziehen sich über die kastanienbraunen Augen, die
besonders dicke, schwarze Wimpern haben. Er ist selbstbewusst
und vorlaut. Der kleine Prinz albert gerne mit der Palastwache
herum. Den Privatlehrer für Englisch zieht er so auf, dass dieser

sich außerstande sieht, den Unterricht in der Klasse fortzusetzen, die ausschließlich aus Mohammeds Geschwistern besteht. Doch der Vater lässt diesem Sohn mehr durchgehen als jedem anderen seiner 13 Kinder.

Mit 19 Jahren ist Prinz Mohammed der ständige Begleiter seines Vaters. Er macht Notizen, wie ein Adjutant. Er flüstert dem Vater Ideen zu. In Gesprächen mit anderen bittet Mohammed, seine Gedanken anmerken zu dürfen. Ganz selbstverständlich lernt er so den Maschinenraum des Königreichs von innen kennen, den Umgang mit ausländischen Politikern, Prinzen, internationalen Geschäftsleuten. Was er nicht lernt, ist Kompromissfähigkeit und jene Diplomatie und Geschmeidigkeit, die Prinzen üblicherweise antrainiert wird, wenn sie Eliteschulen in England besuchen oder die prestigeträchtigen Universitäten der »Ivy League« im Nordosten der USA. Er hat nie in einem anderen Land als dem Königreich gelebt.

Prinz Mohammed hat eine rasche Auffassungsgabe. Es heißt aber auch, der Königssohn sei sehr emotional und neige zum Jähzorn.

MBS zieht es vor, beim Studium in der Nähe des Vaters zu bleiben. Kronprinz Salman soll nach König Abdullah den Thron besteigen. Den Bachelor in Rechtswissenschaft absolviert der Sohn deshalb an der King Saud University in Riad.

Im Januar 2015 übernimmt der Vater, Salman bin Abd al-Asis bin Saud, dann die Macht in Riad, im Alter von 79 Jahren. Seinen Lieblingssohn ernennt er sofort zum Verteidigungsminister, mit gerade mal 29 Jahren. Damit ist Prinz Mohammed der weltweit Jüngste in diesem Amt.

MBS gewährt Freiheiten, duldet aber keinen Widerspruch

Es heißt, die Gesundheit von König Salman sei angeschlagen, von beginnender Demenz ist die Rede. Der königliche Hof dementiert das. Jedenfalls übergibt der König dem Sohn die Verantwortung für die Tagesgeschäfte der neuen Regierung.

Die Fäden der Macht im Königreich laufen jetzt bei Prinz Mohammed zusammen.

Prinz Mohammed ist auch verantwortlich für das Transformationsprogramm »Vision 2030«, das er und sein Vater erarbeitet haben. Es ist das Herzstück einer Reform, die Saudi-Arabiens Wirtschaft weg vom Öl führen soll. Sie befördert druckvoll den Aufbau des privaten Sektors. Die »Vision 2030« stellt das Königreich, wie man es bisher kannte, auf den Kopf.

Manche sprechen bereits vom vierten saudischen Königreich, das unter der Hand von Prinz Mohammed entstehen wird. Gemeint ist, dass, nachdem zwei frühere Königreiche der Sauds untergingen, im 18. und 19. Jahrhundert, sich dieses dritte jetzt in ein viertes, ein ganz anderes Land verwandeln wird. Sie nennen Mohammed deshalb hier »Mr. Everything«, halb spöttisch, halb ehrfürchtig. Denn es gibt kaum einen Bereich in Saudi-Arabien, den der Prinz nicht wenigstens am Rande selbst mitmanagt.

Eines Tages, im Jahr 2016, zieht der Prinz die einflussreichsten Medienmacher und Fernsehchefs des Landes zusammen, sie treffen sich in Riad. Er weiht sie ein in seine Pläne, in die »Vision 2030«. Der junge Herrscher will, um die Wirtschaft anzukurbeln, andere gesellschaftliche Verhältnisse schaffen. Die religiöse Doktrin der Wahhabiya, eine puristische, ultrakonservative Auslegung des Islam, soll im Alltag zurückgedrängt werden und Frauen sollen künftig eine sichtbare Rolle spielen. Den Journalisten droht der Prinz: »Ich bin ein Bulldozer, und ich werde jeden aus dem Weg räumen, der hier nicht mitmacht.« So berichtet es einer, der dabei war.

Nur, wo genau will der neue starke Mann hin, der die alte Ordnung im Königreich gerade aus den Angeln hebt? Der neue Freiheiten gewährt, aber selbst keinen Widerspruch duldet? Und warum geschieht dieses Erdbeben ausgerechnet jetzt?

Auf einer Reise, die Prinz Mohammed bin Salman kurz nach seinem Eintritt in die Regierung durch die ganze Welt führt, nach China, Russland, in die USA, trägt er dem staunenden Publikum weithin schonungslos die Lage seines Landes vor. Im Fairmont Hotel in San Francisco erklärt er vor einflussreichen Investoren: »In zwanzig Jahren wird die Bedeutung des Öls gleich Null sein, dann übernehmen die erneuerbaren Energien. Ich habe zwanzig Jahre, um in meinem Land das Ruder herumzureißen und es in die Zukunft zu führen.« Die Zuhörer sind erst baff, dann begeistert von diesem jungen Saudi, der sein Land trotzdem als einmalige Gelegenheit zu verkaufen versteht. MBS, wie viele den Prinzen auch nennen, verspricht jenen Milliardengewinne, die jetzt in den Umbau des Königreichs investieren: in eine Zukunftsstadt, die er am Roten Meer für 500 Milliarden Dollar plant, in Solarparks, Infrastruktur, Bildungsinstitute, Freizeitlandschaften, eine Unterhaltungsbranche und exklusive Ferienressorts.

Im Klartext heißt dies, Saudi-Arabien hat den richtigen Zeitpunkt zwar eigentlich verpasst, sich für die kommenden Herausforderungen aufzustellen. Aber jetzt wird das Königreich in einer einmaligen Anstrengung von oben revolutioniert. Der Prinz will neue Industrien entwickeln, Jobs schaffen. Und das so rasch wie möglich.

Drei Monate nach König Salmans Amtsantritt geschieht etwas Ungewöhnliches. Der Herrscher wechselt im April 2015 den designierten Kronprinzen aus – das ist derjenige, der ihm im Falle seines Todes auf den Thron folgen soll. Danach würde nun sein Neffe, der sehr erfolgreiche Innenminister Mohammed bin Naif, König. An die Position von dessen Stellvertreter setzt er allerdings seinen Sohn Mohammed. Damit macht König Salman erstmals deutlich, dass er dem eigenem Spross den Weg zum Thron ebnen will.

In der Herrscherfamilie löst dieser Schachzug Unruhe aus. Bei aller internen Konkurrenz gibt es bisher ein Konsensprinzip. Danach ist darauf zu achten, dass die verschiedenen Zweige der Familie einigermaßen ausgewogen in den einflussreichen Positionen repräsentiert sind. Nun scheint es, als solle die Macht erstmals auf einen Familienzweig konzentriert und die übrigen Linien marginalisiert, wenn nicht abgeschnitten werden.

Tatsächlich dauert es nur gut zwei Jahre, bis der König auch den neuen Kronprinzen Mohammed bin Naif in einer überaus trickreichen Rochade aus dem Spiel nimmt, über Nacht, im Juni 2017. Er hievt jetzt seinen Sohn Mohammed auf den Platz des Thronfolgers. Intime Kenner des Hofes sagen, Prinz Mohammed und der König hätten monatelang an dem Plan gefeilt.

In kürzester Zeit häuft der neue designierte Thronfolger eine Machtfülle an, die viele beängstigend finden. Mohammed ist jetzt Kronprinz, Verteidigungsminister, stellvertretender Premierminister, führt den königlichen Hof – die eigentliche Zentrale des Landes, die auch den Zugang zum König regelt –, er überwacht das Wirtschaftsprogramm »Vision 2030«, den Staatsfonds des Königreichs und die staatliche Ölfirma Aramco.

Mutiger Modernisierer

Für viele ist Prinz Mohammed bin Salman schon jetzt ein Held. Die meisten Saudis sind jung, fast die Hälfte ist unter 25 Jahre alt. Sie sagen, das Land sei jahrzehntelang von greisen Herrschern regiert worden, endlich habe einer das Sagen, der ihre Generation vertrete. »Bis zum Ende«, schwört ein junger Musiker in Riad MBS die Treue. Dabei legt er selig die Hand aufs Herz. Der 23-Jährige ist glücklich, endlich offen seiner Leidenschaft nachgehen zu dürfen, dem Trompetespielen, vor Publikum. Den religiösen Fundamentalisten im Königreich gilt Musik als Teufelszeug. Aber jetzt tritt der Musiker mit seiner Band auf einem Jazzfest auf. Es ist Teil des neuen Kulturprogramms im Königreich, ein Geschäftsfeld, das Prinz Mohammed erst kürzlich eröffnet hat.

Die religiöse Doktrin des Landes droht bei der Verwirklichung der »Vision 2030« eines der größten Hindernisse zu sein. König Salman entreißt der Religionspolizei deshalb gleich zu Anfang seiner Amtszeit die Macht, und Mohammed bin Salman verblüfft viele, als er in einem Interview überraschend sagt: »Wir werden zu dem zurückzukehren, was wir waren – zu einem gemäßigten Islam, der für alle Religionen und für die Welt offen ist.«

Ein anderes Mal hebt MBS plötzlich die gesetzliche Pflicht zur Ganzkörperverschleierung für Frauen auf, die all die Jahre gegolten hat. Wie nebenbei. Frauen müssten lediglich anständig und angemessen gekleidet sein, erklärt der Königssohn, keineswegs aber die schwarze, bodenlange Abaja tragen.

MBS genehmigt Marathonläufe für Frauen, Kinos, öffentliche Monster-Truck-Shows, Street-Festivals. Die Frauen fahren Auto, und in manchen Städten gehen Mädchen sogar mit ihren männlichen Freunden ins Café – alles unvorstellbar bisher, *haram*, verboten. Warum also begehren nicht wenigstens die ultrakonservativen Wahhabiten auf gegen die Neuerungen?

Das religiöse Establishment weiß nur zu gut, dass es nicht lebensfähig ist ohne den alten Pakt mit der Herrscherfamilie und ohne deren staatliche Ordnung. Scheitert der Umbau des Landes zu einer Wirtschaft, die sich vom Öl unabhängig macht, ist auch ihr Projekt zu Ende.

Ein westlicher Beobachter, der seit über zehn Jahren in Riad lebt, ist sicher: Käme es tatsächlich zum Staatsbankrott – der in zehn bis fünfzehn Jahren unweigerlich eintritt, wenn die Regierung nicht gegensteuert –, würden die Royals hier schnell die Koffer packen und sich auf ihre ausländischen Besitzungen zurückziehen, in die Schweiz, nach Frankreich, in die USA, wo die politischen Verhältnisse stabil sind und das Klima angenehm ist. Umgekehrt würden die Wahhabiten, die Männer mit den langen Bärten und den Hosen mit kurzen Säumen, im Fall wirtschaftlicher Depression im politischen Chaos zurückbleiben.

Wunschdenken im Westen

Noch läuft es gut für den Kronprinzen. Bei einer Reise in die USA im Frühjahr 2018 wird MBS von der liberalen Elite hofiert. In der angesehenen Harvard-Universität wird er herumgereicht. Er isst zu Abend mit Rupert Murdoch.

Mohammed bin Salman trägt Jeans, legeres Hemd und offenes Jackett. Er spricht Englisch. Er lacht viel. Milliardär Richard Branson trifft ihn in der Wüste Kaliforniens und diskutiert mögliche Geschäftsideen wie den Weltraumtourismus, Bill Gates empfängt ihn und der reichste Mann der Welt, Jeff Bezos. Er sieht Präsident Donald Trump, sie sprechen über Waffenverkäufe. Er trifft sich sogar mit Talkshow-Queen Oprah Winfrey.

Wer MBS so erlebt, kann gar nicht anders, als zu denken, der junge Royal meine es ganz offensichtlich ernst mit dem Ende des Exports des radikalen Islams in alle Welt. Den Beweis dafür tritt der Prinz zum Beispiel mit der Neubesetzung der Leitung der umstrittenen Muslim World League an, einer weltweit operierenden islamistischen Nichtregierungsorganisation. Jahrzehntelang exportiert die Organisation mit Sitz in Mekka die ultrakonservative Lehre der Wahhabiya systematisch in alle Welt. Sie finanziert Projekte des Moscheebaus, verteilt Korane und Broschüren, organisiert islamische Kurse und Konferenzen, errichtet Netzwerke zwischen der muslimischen Bevölkerung und dem Königreich. Salafitische Bewegungen, die mit dem saudischen Regime sympathisieren, durften stets mit großzügiger Unterstützung rechnen. Der neue Generalsekretär, der Religionsgelehrte Muhammad bin Abdul Karim Issa, ruft nun plötzlich zum Frieden zwischen den drei Buchreligionen Abrahams auf. Er ermutigt Imame, Jerusalem zu besuchen, um Feindseligkeiten abzubauen. Halleluja!

Der zweiwöchige Trip des Prinzen kreuz und quer durch die USA erinnert viele an eine ähnliche Reise des damaligen Königssohns und späteren Regenten Faisal bin Abd al-Asis vor 76 Jahren. Faisal entwickelte eine starke Beziehung zwischen den USA und dem 1932 gegründeten Wüstenstaat. Der Königssohn Prinz Mohammed bin Salman will diese Verbindung erneuern, genauer gesagt, er möchte diese Allianz zuschneiden auf seine Person.

Am Ende ist die Reise des Kronprinzen ein einziger Erfolg. Die USA und auch die übrigen Länder des Westens sind mehr als froh darüber, in Riad endlich einen modernen Partner mit moderat-religiösen Vorstellungen gefunden zu haben.

Bruch mit den ungeschriebenen Gesetzen

Der Westen ignoriert zu diesem Zeitpunkt noch, dass sich das Königreich bereits seit über zwei Jahren in einem zerstörerischen Krieg in Jemen befindet. Dort kämpft eine saudisch geführte Militärallianz gegen eine Rebellengruppe, die Huthis. Die Huthis haben politische Unruhen im Land genutzt, um die Macht im Staat an sich zu reißen.

Prinz Mohammed ist keine drei Monate als Verteidigungsminister im Amt, als er den Befehl zum Angriff erteilt. Den Untertanen verspricht er einen kurzen Einsatz und den schnellen Sieg. Die abgesetzte, international anerkannte Regierung hatte die Hilfe der Sauds und ihrer Verbündeten erbeten. Das internationale Recht ist auf Seiten der Saudis. Doch die militärische Durchführung ist brutal. Die arabische Militärkoalition bombardiert das Land. Die USA und Großbritannien liefern Aufklärung und leisten logistische Hilfe. Jemen entwickelt sich zur größten humanitären Katastrophe der Gegenwart, mit inzwischen über 10 000 getöteten Zivilisten und Soldaten und bis zu 85 000 verhungerten Kindern, schätzen NGOs vor Ort.

Prinz Mohammed ist getrieben von der Vorstellung, die Huthis in die Schranken zu weisen. Die Saudis betrachten die schiitischen Rebellen als eine Art fünfte Kolonne Irans. Auf keinen Fall wollen sie deren Herrschaft an ihrer Grenze dulden.

Doch der Einsatz im Jemen läuft nicht gut. Er dauert viel zu lange, und ein Sieg ist nicht in Sicht. Der junge Thronfolger findet einfach nicht wieder heraus aus der Verstrickung in diesen Krieg, bis heute nicht.

Das Wegschauen des Westens liegt auch daran, dass es den Saudis gelingt, das Land für Berichterstatter weithin abzuschotten. Viele wollen zudem nicht sehen, dass dieser mitreißende Königssohn eben noch eine andere Seite hat – eine dunkle, kaltblütige.

Zunächst sind es Zahlen: In den ersten acht Monaten von Mohammed bin Salmans Zeit als Kronprinz werden im Königreich 133 Menschen hingerichtet, durch das Schwert oder durch Steinigung. Das sind doppelt so viele wie im gleichen Zeitraum vor seiner Amtszeit. Zahllose Aktivisten verschwinden. Sicherheitsdienste bringen Kritiker zum Schweigen oder verhaften sie gleich. Abholkommandos kommen in schwarzen Kampfanzügen.

Am 4. November 2017 brechen der König und sein Sohn Mohammed dann mit allen ungeschriebenen Gesetzen der arabischen Gesellschaft. Unter Führung des Kronprinzen werden in einer von langer Hand vorbereiteten Operation fast über 300 einflussreiche Persönlichkeiten des Landes verhaftet. Unter den Gefangenen, die im Fünf-Sterne-Hotel Ritz in Riad einquartiert werden, sind milliardenschwere Baulöwen, aber auch ein Dutzend Cousins und Onkel von Prinz Mohammed, sogar ein Ministerpräsident ist dabei. Saad Hariri aus dem Libanon wird allerdings an einem anderen Ort festgehalten. Hariri ist auch saudischer Staatsbürger, und er war Generaldirektor einer der größten Baufirmen im Königreich, Saudi Oger.

Konkurrenten werden ausgeschaltet

Um wieder freizukommen, müssen die Beschuldigten Teile ihres Vermögens überschreiben. Die Gründe dafür stecken in Geheimdossiers, die ihnen präsentiert werden – vermutlich jene, die König Salman bereits in seinen Jahren als Gouverneur von Riad erstellte. Überraschend werden Zeugen eingeflogen, die peinliche Dinge zu erzählen haben, und es gibt Verhörspezialisten, die darauf geschult sind, druckvoll eine Einigung herbeizuführen. Der königliche Hof nennt den Vorgang »Anti-Korruptionsrazzia«, und in vielen Fällen ist dies sicher zutreffend. Die Korruption ist eine epidemische Krankheit, die das Land seit Jahrzehnten auszehrt.

Doch während die Wochen vergehen und die Welt noch über diesen Vorfall rätselt, der einmalig ist in der über 300 Jahre langen Geschichte der Familie, wird eines immer deutlicher: Diese Verhaftungswelle geht weit darüber hinaus, Geld einzutreiben. Alte Rechnungen werden hier beglichen, Konkurrenten ausgeschaltet.

Am Ende hat der Kronprinz seinen Kontrollbereich noch einmal deutlich erweitert. Er herrscht jetzt über alle vier Säulen, aus denen sich die Macht im Königreich zusammensetzt: das Militär, die Geheimdienste, die Wirtschaft und die Medien. So zählt zu den unfreiwilligen Gästen im Ritz zum Beispiel auch der Chef der Nationalgarde, ein Sohn des früheren Königs Abdullah, der hiermit abgelöst wird. Die Nationalgarde ist jene 100 000 Mann starke Armee, die für den Schutz der Königsfamilie verantwortlich ist.

Hinter den Toren der Paläste brodelt es

Kronprinz Mohammed bin Salman regiert mit Hilfe eines informellen Machtzentrums. Es ist eine kleine Gruppe, fünf, sechs ambitionierte Männer zwischen dreißig und fünfzig, die wissen, dass sie sich in einem einmaligen Moment der Geschichte befinden. Ihr unkomplizierter Zugang zum Kronprinzen macht sie selbst unverhältnismäßig mächtig. Ein Name fällt immer wieder, der des Leiters des Zentrums für Studien und Medienangelegenheiten, Saud al-Qahtani.

Qahtani ist ein ehrgeiziger, begabter Jurist und ehemaliger Luftwaffenoffizier, er ist sieben Jahre älter als der Kronprinz. Seit über zehn Jahren dient er am königlichen Hof. Um seine Loyalität zu beweisen, baut Qahtani ein Netzwerk zur Überwachung und Manipulation der sozialen Medien auf. Es soll den Ruhm des Kronprinzen mehren und dessen Feinde unterdrücken. Experten schätzen, dass die Hälfte der saudischen Twitter-Profile sogenannte Bots sind, viele Millionen Schein-Accounts, die zur Täuschung und trickreichen Beeinflussung der öffentlichen Meinung eingesetzt werden. Die elektronische Armee verunglimpft Kritiker und Oppositionelle, sie verleumdet, vernichtet das Ansehen unliebsamer Personen. Qahtani kauft dafür Überwachungstechnologie aus Italien und Israel, wie Geheimdienste sie üblicherweise einsetzen.

Qahtani gilt bald als die rechte Hand des Thronfolgers. Er weiß viel. Zum Beispiel gehört er zu denjenigen, die von Anfang an eingeweiht sind in die Pläne der Ritz-Razzia.

Die Anti-Korruptionsrazzia verstehen viele als Anschlag auf das alte Ordnungssystem des Königreichs. Nach außen schließt die Herrscherfamilie die Reihen, wie sie es immer schon getan hat in Krisenzeiten, trotz tiefer Wunden, die in diesen Tagen geschlagen werden. Es geht darum, Schaden zu begrenzen und den Machterhalt des Hauses der Saud zu sichern. Die Familie ist größer als jeder Einzelne, heißt es.

Doch hinter den Toren der Paläste von Riad und Dschidda brodelt es. Viele Honoratioren dürfen das Land nicht mehr verlassen. Ihre Kommunikation wird überwacht.

Der Kronprinz hat jetzt viele neue Feinde im Königreich. Manche, die ihn lange kennen, sagen, seine größte Stärke sei es, aus einem Erfolg einen noch größeren zu machen. Nur lerne er umgekehrt nicht aus seinen Fehlern. Das sei seine Schwäche. Diesen Eindruck mag man bestätigt finden, als Mohammed bin Salman wenige Wochen, bevor die ersten Saudi-Araberinnen im

Juni 2018 tatsächlich ihren Führerschein erhalten und sich hinters Steuer setzen, genau jene Frauen verhaften lässt, die seit Jahrzehnten unter großem persönlichen Risiko für das Recht gekämpft haben, Auto fahren zu dürfen. Sie gelten weltweit als Heldinnen. Die Sympathien fliegen ihnen zu, in der Avantgarde im Königreich, vor allem aber im Westen.

Der Thronfolger droht Präsident Macron

Doch MBS gönnt ihnen nicht, aus dieser Schlacht als Sieger hervorzugehen. Er will den Ruhm dieses historischen Moments für sich. Er kriminalisiert die Aktivistinnen, lässt sie als Verräterinnen diffamieren. Die Frauen werden im Gefängnis schwer gefoltert und sexuell bedrängt. Einer der engsten Vertrauten des Kronprinzen ist während der Misshandlungen anwesend: Saud al-Qahtani.

Die Verhaftung der Aktivistinnen ist gänzlich unnötig. Die Frauen stellen politisch keinerlei Gefahr dar. Zum ersten Mal sind die Medien im Westen einhellig empört über den Thronfolger, der gerade noch in einem so freundlichen Licht erschien. Die Entscheidung, die Frauenrechtlerinnen einzusperren, markiert den Anfang vom Ende dieses bisher glänzenden Aufstiegs.

Plötzlich fällt auf, dass der Thronfolger generell zu erratischen Entschlüssen neigt und gerne über das Ziel hinausschießt. Schon im Juni 2017, als Riad abrupt die Beziehungen mit seinem kleinen Golf-Nachbarn Katar beendet – aus Verärgerung über eine, wie sich kurz darauf herausstellt, mutmaßlich vom russischen Geheimdienst gefälschte Rede des Emirs –, halten Beobachter die Reaktion vielfach für überzogen. Im November 2017 droht der Kronprinz in Riad dann dem französischen Präsidenten Emmanuel Macron, er werde den gesamten Handel mit Frankreich abbrechen, falls Paris nicht umgekehrt den Handel mit Iran einstelle. Macron reagiert damals sehr souverän. Er sagt, ein Land wie Frankreich könne Handel treiben, mit wem es wolle. Es gelingt ihm, die Eskalation abzuwenden.

Weniger glücklich verläuft eine ähnliche Situation mit dem damaligen deutschen Außenminister Sigmar Gabriel (SPD) etwa zur gleichen Zeit. Als der libanesische Ministerpräsident Saad Hariri in Riad festgehalten wird, warnt Gabriel vor »Abenteurertum« im Golf. Als Retourkutsche stoppt der Prinz alle Neuaufträge für den deutsch-saudischen Handel und ruft seinen Botschafter aus Berlin zurück.

Im Sommer 2018 straft Mohammed bin Salman die kanadische Regierung ab – wegen eines Tweets der Außenministerin Chrystia Freeland. Die Politikerin hatte die Festnahme einer Menschenrechtlerin kritisiert. Der saudische Botschafter wird aus Ottawa zurückgerufen. Tausende saudische Studierende müssen ihr Studium in Kanada abbrechen und zurück in die Heimat. Saudische Flüge nach Kanada sind seitdem gestoppt.

Unberechenbar, grausam, ruchlos

Das nächste Erdbeben lässt nicht lange auf sich warten. Am 2. Oktober wird der oppositionelle Journalist Jamal Khashoggi ermordet. Es ist ein Verbrechen, dessen Abscheulichkeit man sich nicht schrecklich genug ausmalen kann: Die Hinrichtung und professionelle Zerlegung und Entsorgung der menschlichen Überreste des MBS-Kritikers im saudischen Konsulat in Istanbul verändert alles.

Obgleich die Tat offenbar in höchstem Auftrag ausgeführt wurde, dauert es über zwei Wochen, bis der Hof in Riad überhaupt zugibt, Kenntnis von dem Vorfall zu haben. Der amerikanische Geheimdienst hegt keinen Zweifel daran, dass der Kronprinz selbst den Auftrag zur Hinrichtung seines Kritikers gegeben hat. Wieder ist es der Medienmann am Königshof, Saud al-Qahtani, die rechte Hand des Thronfolgers, der nach Geheimdienstangaben laufend persönlich Kontakt mit den Vollstreckern in Istanbul gehalten hat.

Als Khashoggi getötet ist, sein Leib zerteilt und dann in Säure aufgelöst oder aus der Botschaft geschafft, meldet der Anführer des Hinrichtungsteams, Maher Mutreb, über Skype den Vollzug an den Königlichen Hof in Riad, konkret an Qahtani: »Sag das deinem Boss.« Ermittler beziehen diese Worte auf den Kronprinzen. Der junge Königssohn, der gerade noch mit Bill Gates über die Verbesserung der Welt diskutierte und durch die heiligen Hallen von Harvard wandelte, erscheint plötzlich wie ein Monster. Unberechenbar, grausam, ruchlos.

In Riad spielen sich jetzt gespenstische Szenen ab, die sorgfältig inszeniert werden, um Schaden abzuwenden. Tatsächlich machen sie alles nur noch bizarrer. Der Kronprinz betritt zum Beispiel die Bühne einer internationalen Investoren-Konferenz. Verschiedene westliche Wirtschaftsführer sind dem Treffen aus Protest ferngeblieben. Der Milliardär Richard Branson hat bereits alle gemeinsamen Planungen mit Saudi-Arabien abgesagt. Vor den Kameras der Welt bezeichnet der Kronprinz die Tötung Khashoggis nun als »verabscheuungswürdiges Verbrechen«, für das »alle Beteiligten zur Verantwortung gezogen« würden. Dafür garantiere er.

Rauchende Knochensäge

In den Abendnachrichten des saudischen Fernsehens wird gezeigt, wie der König und der Kronprinz dem ältesten Sohn des Ermordeten, Salah Khashoggi, im Palast in der Hauptstadt kondolieren. Der Händedruck des Kronprinzen mit dem 35-Jährigen, einem Banker, wird in Großaufnahme gezeigt, und der Blick der beiden – der eine traurig und erschöpft, der andere fest und entschlossen. Das Bild ist am nächsten Tag *das* Foto auf Seite eins aller Tageszeitungen.

Tatsächlich hatte Salah Khashoggi bis zu diesem Moment Ausreiseverbot. Er war deshalb schon monatelang in Saudi-Arabien festgesessen. Das Regime wollte verhindern, dass er seinen Vater besucht, der in den USA im Exil lebte. Erst nachdem Salah Khashoggi den Kondolenztermin im Palast wahrnimmt, darf er mit seiner Familie das Land verlassen.

Der republikanische US-Senator Lindsey Graham sagt, es gebe im Fall Khashoggi keine »smoking gun«, das Corpus Delicti, mit dem eine Tat verübt wurde, den Beweis, der auf den Täter zeigt. Dafür gebe es aber eine »smoking saw«, eine rauchende Säge. Tatsächlich gehörte zu dem Hinrichtungsteam aus Riad ein Gerichtsmediziner, der eine Knochensäge im Gepäck führte, mit der er Khashoggi wohl zerstückelte. Manche Kritiker übersetzen die Initialen des Thronfolgers, MBS, deshalb inzwischen mit »Mister Bone Saw«.

Viele Saudi-Araber sind jetzt traurig, erschüttert, aufgebracht. Sie alle haben so große Hoffnungen in diesen jungen Führer gesetzt. Allerdings sind die meisten Menschen nicht unbedingt wütend, weil MBS wahrscheinlich getan hat, was ihm vorgeworfen wird. Ein Mord an einem politischen Gegner ist in dieser Region nicht so ungewöhnlich. Was die Menschen verbittert, ist, dass ihr junger Führer mit dieser blutrünstigen Aktion das Ansehen des Landes beschädigt hat und damit auch ihre ganz persönliche Zukunft gefährdet. Wenn der Westen sich nun abwendet von Saudi-Arabien und das Land politisch isoliert wird, hat dies für alle hier fatale Folgen.

Im April 2019, als dieses Buch in Druck geht, sind in Riad inzwischen elf Beschuldigte wegen des Mordes an Jamal Khashoggi angeklagt. Für fünf der angeblichen Täter wird die Todesstrafe gefordert. Um welche Personen es sich handelt, ist völlig unklar. Das Gericht gibt keine Namen preis. Sicher ist nur: Der Vertraute des Kronprinzen, Qahtani, ist nicht darunter. Ganz offensichtlich denkt der Kronprinz nicht daran, den Freund zu opfern.

Mit Unbeherrschtheit und Hybris an den Abgrund

Qahtani ist offiziell von seiner Position am Königshof suspendiert. Trotzdem ist er weiter im Netz aktiv, wo er mit aggressiven Medienkampagnen Kritiker der Regierung bekämpft, schreibt der Kolumnist David Ignatius von der *Washington Post*. Gegenüber

Vertrauten lasse der Kronprinz außerdem verlauten, Qahtani berate ihn auch weiterhin.

Wenn der Kolumnist Ignatius recht hat, wurde Khashoggi umgebracht, weil die Herrscher fürchteten, der prominente Journalist habe möglicherweise ausreichend Einfluss, um im Königreich sogenannte Hashtag-Proteste auszulösen, also über die sozialen Netzwerke Aufstände gegen die Monarchie zu provozieren.

Ignatius berichtet von einem amerikanischen Insider, der den Thronfolger in diesen unruhigen Tagen besucht hat: Er habe Prinz Mohammed bin Salman die Zukunftsoptionen erklärt; danach wägten die Geheimdienste gerade ihre Bewertung ab, ob der saudische Kronprinz nun den Diktatoren zuzuordnen sei und damit als unzuverlässig gelten müsse, etwa wie damals Iraks Saddam Hussein, oder als Modernisierer und fester Verbündeter der Vereinigten Staaten qualifiziert würde. »Solange Sie Qahtani behalten, werden die Leute sagen, dass Sie mehr wie Saddam sind«, warnte der Gast aus den USA.

In diesen Worten steckt eigentlich das ganze Dilemma, in dem sich Saudi-Arabien aktuell befindet. Das Königreich braucht diesen Aufbruch. Es muss den Extremismus zurückdrängen, die Gesellschaft öffnen und die Privatwirtschaft stärken. All das hat Mohammed bin Salman angestoßen. Das war mutig. Es ist bewundernswert. Aber der gleiche Mut hat das Land in Verbindung mit des Prinzen Unbeherrschtheit und Hybris auch fast schon wieder an den Abgrund gebracht.

In der Außenpolitik handelt sich MBS durch seine Impulsivität unnötige Kriege und Feindschaften ein, und im Inneren führt seine Paranoia vor Kontrollverlust zu schweren Menschenrechtsverletzungen und Entscheidungen wie dem Mord an dem Journalisten Khashoggi.

Der Westen hat großes Interesse daran, dass Saudi-Arabien die Transformation in die Moderne gelingt. Viele Diplomaten und Geheimdienstleute sind jedoch der Meinung, dass das nur mit einem anderen Kronprinzen möglich ist. König Salman allerdings zeigt keinerlei Intentionen, die Thronfolge zu ändern.

Er hält unverrückbar an seinem Lieblingssohn als Kronprinzen fest.

Prinz Mohammed bin Salman selbst hat seine Pläne vor einiger Zeit in einem Interview mit dem US-Sender CBS in der Sendung »60 Minutes« mit großer Entschlossenheit dargestellt. Gefragt, ob es irgendetwas gäbe, das ihn davon abhalten könnte, das Königreich die nächsten fünfzig Jahre zu regieren, sagte er: »Nur der Tod.«

Hinter den schwarzen Schleiern:
Leben unter der Abaja

Was passiert, wenn die Hälfte der Menschen eines Landes unter einem unförmigen, schwarzen Stück Stoff verschwindet? Einer davon bin ich selbst.

Fünfzehn Minuten vor der Landung auf dem King-Khalid-Flughafen in Riad verwandelt sich die junge Frau mit den langen Locken auf Sitz 43 A in ein Wesen ohne Gesicht und ohne Körper. Sie streift ein schwarzes, konturloses Gewand, die Abaja, über Jeans und Bluse, schlingt ein dunkles Tuch um Hals und Haar. Ein zweites Tuch, den sogenannten Nikab, knotet sie am Hinterkopf so fest, dass es ihr Gesicht bedeckt, nur ein Sehschlitz für die Augen bleibt noch frei.

Hätten wir nicht gerade noch angeregt miteinander gesprochen, ich könnte nicht sagen, dass das Anud ist, 23, Marketing-Expertin eines Schokoladenherstellers aus Riad. Sie kommt gerade von einem Verwandtenbesuch in Istanbul zurück. Drei Reihen vor uns sitzt ihr Bruder, Alaa. Er ist erst 17 Jahre alt, aber ohne männlichen Vormund, ohne einen Wali, hätte der Vater ihr die Reise nicht erlaubt, erzählt Anud, als die Maschine aufsetzt. Deshalb sei Alaa mit dabei.

Ich frage nach, ob richtig sei, was ich gelesen habe: dass die

Männer im Königreich die Kontrolle über die Bewegungsfreiheit der Frauen haben. Anud nickt. Sie sagt, so sei das Gesetz. Die Männer bestimmten, wie weit sich ihre Töchter und Ehefrauen entfernen dürften, aber auch, welchen Grad an Verhüllung sie zu tragen hätten.

In einem vielbeachteten Fernsehinterview in den USA hatte der junge Kronprinz Mohammed bin Salman 2018 gesagt, Frauen und Männern seien absolut gleich in Saudi-Arabien. Die Frauen könnten frei wählen, ob sie die Abaja und den Gesichtsschleier trügen, ihre Kleidung müsse nur anständig und respektvoll sein. Die Begegnung mit Anud im Flugzeug deutet allerdings schon an, was sich bald bestätigen wird: Die Wirklichkeit in Saudi-Arabien ist von dem, was der Kronprinz behauptet, weit entfernt.

Ich wohne schon einige Wochen in Riad, als ich eines Morgens auf die Straße laufe, um den Müllbeutel in die Tonne zu werfen. Es ist Freitag, der wichtigste Tag der Woche hier. Ich trage Jeans und T-Shirt, langärmelig, und habe schlicht vergessen, die Abaja überzuwerfen. Ein Nachbar steigt gerade ins Auto, erstarrt für einen Moment und ruft: »Cover up!« Zu Deutsch: Verhülle dich! Alarm liegt in seiner Stimme, als sei Feuer ausgebrochen. Erst jetzt wird mir bewusst, dass etwas nicht stimmt mit mir. Für den Bruchteil einer Sekunde ist mir, als liefe ich versehentlich nackt durch die Straßen. Dann gebe ich dem Mann zu verstehen, er möge sich doch bitte beruhigen, und gehe langsam ins Haus zurück.

Was als anständig und was als unmoralisch gilt, variiert nicht nur stark zwischen den Kulturen in Saudi-Arabien und in Deutschland, wo ich aufgewachsen bin. Es ist auch schwer, dem Druck standzuhalten, wenn eine Mehrheit plötzlich behauptet, dass etwas ganz Anderes normal sei.

Vor meiner ersten Reise nach Riad suchte ich in Berlin ein Fachgeschäft für islamische Mode auf. Es war eine Neuköllner Adresse, ich fuhr mit der U8. In Berlin wird die U8 von manchen als »Orient-Express« bezeichnet, wohl, weil ziemlich viele Muslime in Neukölln wohnen und die Zahl der langen Röcke und Hidschabs von Station zu Station zunimmt.

Als ich zwischen den Kleiderstangen mit den schwarzen Roben hindurchstreife, rede ich mir ein, dass die Abaja, die ich hier erwerben würde, eine Art Dienstbekleidung sei, so wie man in einem Chemielabor eine Schutzbrille braucht. Neben vielen unscheinbaren Modellen finden sich bunte, mit Pailletten bestickte und vornehme Ausgeh-Abajas mit Fledermausärmeln. Am Ende bleibt, dass ich in all diesen Gewändern verschwinde, Fledermausärmel hin oder her, und es irritiert mich, dass es Frauen sind, die andere Frauen beraten, wie sich deren Silhouetten ihrer Meinung nach am vorteilhaftesten in den weiten Hüllen verstecken lassen. Ich entscheide mich für die günstigste Variante, eine schlichte Abaja, schwarz, für 49 Euro.

Damals fragte ich mich, wie es mich verändern wird, wenn der größte Teil von mir verhüllt ist. Ob im Café oder im Supermarkt, bei einem Dinner oder am Strand, ich würde eine schwarze Kutte unter anderen schwarzen Kutten sein. Seit ich nun in Riad lebe, versuche ich herausfinden, was es mit Frauen macht, wenn nicht nur ihr Körper unsichtbar ist, sondern auch ihr Gesicht. Ich werde mein Gesicht hier nicht verhüllen. Kein geschriebenes Gesetz verlangt es, und als Ausländerin bestimmt kein Wali über meine Kleiderordnung. Aber die Abaja wird auch für mich in den kommenden Monaten zur Uniform.

Nura weiß ihre neuen Freiräume zu nutzen

Es sind interessante Zeiten. Es riecht nach Aufbruch im Königreich, und die alte gesellschaftliche Ordnung wird gerade infrage gestellt. Als 2009 die erste Frau ins Kabinett kam, als stellvertretende Ministerin für Bildung und Erziehung, war das eine Sensation. Jetzt gibt es auch eine stellvertretende Ministerin für Soziales. Das ist noch nicht überragend, aber immerhin ein Anfang. Es wurde ein Gesetz gegen sexuelle Belästigung erlassen. Personalchefs vieler Unternehmen machen es inzwischen zur Bedingung, dass Männer und Frauen sich bereit erklären, in gemeinsamen

Büros zu arbeiten. Für viele Saudi-Araber ist das noch immer unvorstellbar.

Seit 2017 können Frauen eine eigene Wohnung anmieten, ohne die Unterschrift ihres Vormunds vorzuweisen, und seit Juni 2018 fahren Frauen Auto, ein Recht, um das Aktivistinnen seit den 1970er Jahren gekämpft haben. Dabei ging es immer um mehr als nur darum, selbst hinter dem Steuer sitzen zu dürfen. Die Frauen wollen sich frei bewegen. Es geht um Selbstbestimmung.

Bis dahin ist der Weg aber noch ziemlich weit. Obwohl es Zeichen der Veränderung gibt.

Frauen arbeiten jetzt auch sichtbar in der Öffentlichkeit. Man sieht sie im Supermarkt an der Kasse, in Banken, Fachgeschäften. Das könnte bedeuten, dass sie künftig sogar wählen werden, wie sie leben möchten. Theoretisch zumindest.

Nura hat einen Halbtagsjob in einem internationalen Wirtschaftsbüro, sie ist 33 und Mutter von zwei Kindern. Das Mädchen ist sechs Jahre, der Junge elf. Nura ist gewiss keine Rebellin, aber sie weiß ihre neuen Freiräume zu nutzen.

Nura sagt, in den 1980er Jahren hätte man ihre Großmutter und ihre Mutter genötigt, sich zu verhüllen und den neuen religiösen Regeln zu folgen. So sei es nun seit vier Generationen, rechne man sie und ihre Tochter Sara mit ein. »Ich will nicht kämpfen«, sagt Nura, »ich will nicht streiten, ich will ein gutes Leben führen.« Dinge änderten sich ja vielleicht.

»Trägst du jetzt Vorhang?«

Nura ist, was man hier »aufgeschlossen« nennt. Das heißt, ich kann mit ihr über alles sprechen, ohne befürchten zu müssen, etwas Unangemessenes zu sagen. Wir haben uns angefreundet.

Kleine Rebellionen sind hier oft an Details abzulesen. Ich sehe Nura heute zum ersten Mal in einen offenen Mantel aus hellem Stoff gehüllt, mit safranfarbenen seidenen Schlitzen an den Ärmeln. Sie hat ihn bei »Happy Hijab« gekauft, in der Royal Mall an der King Fahd Road. Der Laden gilt als Geheimtipp für ausgefallene Abaja-Moden. Bis dahin kannte ich Nura nur in schwarzen Abajas, hochgeschlossen.

Erst vor zwei Jahren hatte ein prominenter saudischer Kleriker die »Schwestern« seines Landes zu mehr Bescheidenheit bei der Bekleidung aufgerufen. Frauen sollten vermeiden, Abajas mit Dekoration zu tragen, keine Verzierung, keine Schlitze. Konservative Religionsführer und Bürger sind besorgt, dass die religiösen Kleidervorschriften vernachlässigt werden, seit die Religionspolizei ihre Macht auf den Straßen verloren hat. Den Trägerinnen farbiger Abajas unterstellen sie Eitelkeit und, noch verwerflicher, dass sie möglicherweise männliche Aufmerksamkeit auf sich ziehen wollten.

Nura ist eine zarte Frau, nicht besonders groß, ovales Gesicht, braune Augen. Sie trägt einen losen Schleier, der locker ihr Haar umhüllt. Ihre Schwiegermutter ist Ägypterin. Nuras Mann Salih wuchs mit etwas weniger radikalen religiösen Prägungen auf als die meisten Saudi-Araber. Salihs Mutter trug nie Nikab. Deshalb wünscht sich Salih explizit, dass auch Nura ihr Gesicht nicht verhüllt.

»Trägst du jetzt Vorhang?«, fragte Nuras Mutter pikiert, als Nura ihr kürzlich stolz den letzten Schrei aus der Royal Mall vorführte, eine Abaja mit Fransen an den Ärmeln und roter Spitze an Kragen und Taschen.

Wir lachen.

Die Furcht vor der Religionspolizei ist verflogen

Nura und ich schlendern über ein Food-Festival im Zentrum von Riad. Hier werden Burger und Hot Dogs verkauft. Auf Kunstrasen sind Palettensofas aufgebaut, wie sie auch in Europa gerade schick sind. Es ist ein Event der sogenannten General Entertainment Authority. Die neue Unterhaltungsindustrie wird vom Staat organisiert, sie soll den langweiligen Alltag der jungen Saudis bunter machen. Männer und Frauen begegnen sich hier ohne die üblichen Vorhänge oder Wände, die den einen Bereich vom anderen trennen. Die Religionspolizei schickt manchmal noch ihre Tugendwächter. Doch die Furcht vor ihnen ist ebenso verflogen wie ihr Einfluss.

Das ist fühlbarer Fortschritt. Bis vor zwei Jahren hat es noch keine öffentlichen Orte gegeben, an denen sich Männer und Frauen überhaupt treffen konnten.

Neben dem Food-Festival liegt der Eingang zur neuen Mall Riyadh Park: ein futuristischer Komplex mit einem Rundbau, der aussieht wie eine übergroße Turbine. Dort hat vor ein paar Wochen das erste Kino des Landes eröffnet. Bis dahin hatte es in Saudi-Arabien vierzig Jahre lang keine Filmtheater gegeben.

Das Kino ist groß wie ein Palast, es eröffnete mit dem Block-buster *Black Panther*. Eine Science-Fiction-Fantasy-Saga, in der ein schwarzer Superheld einen weißen Schurken jagt. Die Frauen haben Macht, sie sind stark. Die Leibwache des Königs besteht nur aus Frauen.

»Sind wir jetzt endlich normal?«, fragt mich Nura. Sie ist stolz auf die Neuerungen in ihrem Land. Sie leidet darunter, dass ihre Heimat in den westlichen Medien fast schon stereotyp als Hort des Extremismus und der Rückständigkeit wahrgenommen wird.

Schwierige Frage, denke ich, denn was ist schon normal? Wir sind anders, weil unsere Geschichte eine andere ist als die der Menschen hier. Hier glaubte sich die Monarchie vor vierzig Jahren bedroht durch die Revolutionen in der Nachbarschaft, in Iran und zuvor in Ägypten, und beschloss, sich durch eine extreme Religiosität zu immunisieren. Die Ideologie der Wahhabiya sollte das Land nach innen einen und nach außen abschotten. Das funktionierte auch, und ein Schlüssel dafür war, den Männern die Herrschaft über die Frauen zu überlassen.

Diese Entscheidung wird gerade vorsichtig korrigiert.

Was ist normal?

Die Vorstellungen, die sich über die Jahrzehnte verfestigt haben, sind so leicht nicht wieder loszuwerden. Ein Ergebnis dieser Geschichte ist, dass es heute für Saudi-Araber noch immer normal ist, wenn Mädchen mit zehn, elf Jahren von ihren männlichen Verwandten und der offenen Gesellschaft getrennt werden. Familienhäuser haben meist zwei verschiedene Eingänge, einen für Männer und einen für Frauen, die Frauen leben in einem eigenen Frauentrakt, die Männer in einem ihnen vorbehaltenen Teil des Hauses. Mädchen besuchen andere Schulen und Universitäten als die Jungs, mit 20 oder 21 Jahren wählen die Eltern für sie einen Ehemann aus, oft schon früher. Außer diesem einen Mann wird kaum ein anderer ihr Gesicht je zu sehen bekommen.

Wenn die Rede von Normen ist in einer Gesellschaft, geht es üblicherweise um kulturelle Vereinbarungen. Sie müssen gemeinsam erstritten werden. Dabei geht es um die Verteilung von Chancen und darum, wer seine Fähigkeiten entwickeln darf und wer nicht. Am Ende geht es um Gerechtigkeit. Ein solcher Prozess existiert hier nicht.

Nuras Frage, ob Saudi-Arabien nun ein normales Land sei, steht immer noch im Raum. Ich erzähle ihr, wie die Frauen in Deutschland in meiner Kindheit dafür gekämpft haben, Straßenbahnen zu führen, Oberbürgermeisterinnen und Professorinnen zu werden. Dass Ehemänner auch bei uns erst 1976 das Recht verloren, den Arbeitsvertrag ihrer Frauen zu kündigen, gegen deren Willen. Dass die erste deutsche Kanzlerin, Angela Merkel, eine Sensation war und allen bewiesen hat, dass Frauen alles können, egal was, manchmal sogar besser.

Deutschland habe auch ein weibliches Gesicht. Das sei normal für mich. Wenn sie jetzt von mir wissen wolle, ob ich die Saudi-Araber endlich für normal hielte, würde ich antworten: »Ich glaube nicht.«

Das erste Popkonzert

Nahe der Küstenstadt Dschidda gibt es seit Kurzem öffentliche Konzerte, und neuerdings dürfen auch Frauen diese Veranstaltungen besuchen. Auch das muss hier als Sensation betrachtet werden. Wie Film war ebenso Musik in Saudi-Arabien seit den 1980ern verboten. Die saudischen Religionsgelehrten sagen, dass alles, was den Menschen von Gott entfremde, vom Satan geschickt werde. Musik gilt den Ultrareligiösen als eines dieser verführerischen Laster.

Dschidda liegt am Roten Meer, in der Hidschas-Provinz. Hier war die Gesellschaft immer schon etwas freier, offener, internationaler als in Riad. Die Menschen sagen »Dschidda ghair« – Dschidda ist anders.

Und in der Tat: Das Königreich erlebt hier eine Premiere. Erstmals tritt der Popstar Tamer Hosny in Saudi-Arabien auf, und erstmals werden Männer und Frauen das Open-Air-Konzert gemeinsam besuchen. Auch wenn sie noch getrennt voneinander auf unterschiedlichen Tribünen sitzen – der Himmel über ihnen ist derselbe.

Tamer Hosny ist in der arabischen Welt so bekannt wie Billy Joel in den USA oder Herbert Grönemeyer in Deutschland. Ein drahtiger Ägypter in Anzug und Fliege, kurz getrimmter Bart. Seine großen Hits wie »180 Grad« handeln von Treue und Verrat, Verlassensein. Die 6000 Tickets für die Veranstaltung sind in weniger als zwei Stunden ausverkauft.

Hosnys Auftritt in Dschidda ist mehr als nur ein Popkonzert. Er ist wie ein Versprechen auf die Zukunft.

Die ersten Fans sind schon Stunden vorher da. Die Mädchen und Frauen tragen das lange, dunkle Haar offen. Viele sind aufwendig geschminkt. Aus den unauffälligen Abajas der Frauen sind weite Ausgehmäntel geworden aus grüner Wildseide, in leuchtendem Türkisblau, aus Leinen und Chiffon, manche sind geschnitten wie Kimonos, verziert mit farbigen Stickereien. Auf dem großen Platz vor der Konzertbühne stehen Männer und

Frauen nebeneinander, ausgelassen, sie lachen, trinken alkoholfreies Bier und frische Säfte.

Als Tamer Hosny endlich erscheint, kurz nach 22 Uhr, geht ein Aufschrei durch die Reihen. Die Besucher kennen jede Zeile seiner Lieder auswendig und singen mit, vor allem die Frauen. »Tanzen verboten«, steht auf den Tickets. Als sich einige junge Frauen dennoch hinreißen lassen und begeistert aufspringen, mahnen die Konzertbetreuer zur Zurückhaltung. So ist dieser Wandel – es gibt noch jede Menge Tabus. Tanzen scheint dazuzugehören.

Widschan will malen und tanzen – jetzt sucht die Mutter einen Ehemann

Auf der Tribüne sitzen die Schwestern Malak, 23, und Widschan, 21. Auf ihren Nasen tragen sie riesige Spaßbrillen aus phosphoreszierendem Material. Die Brillen leuchten in der Nacht, und wer genau hinsieht, hat den Eindruck, die jungen Frauen leuchteten vor Freude gleich mit. Tatsächlich erleben die Schwestern einen ganz besonderen Abend.

Abgesehen von ihren übergroßen Leuchtbrillen sind die beiden sehr schlicht gekleidet, ganz anders als die meisten im Publikum. Malak trägt eine weite, dunkelgraue Abaja, Widschan einen weiten Mantel in Taupe, die Art von Farben, die Menschen mit ihrem Hintergrund verschmelzen lassen. Die Haare der Schwestern liegen streng hinter ihren Hidschab verborgen. Kein Make-up.

Widschan singt gut. Sie liebt es zu tanzen und würde gerne zeichnen lernen, Kunst studieren. Die Welt sehen. Aber Widschan ist unverheiratet. Sie lebt zuhause. Wenn sie das Haus verlassen will, muss sie den Vater um Erlaubnis bitten.

»Er meint es gut«, sagt Widschan, »aber er ist wirklich konservativ.« Der Vater will, dass Widschan Wirtschaft studiert oder Islamwissenschaften. Die Mutter sucht gerade nach einem Ehemann für sie.

Frauen werden in Saudi-Arabien behandelt, als müssten sie geschützt werden vor ihrer kindlichen Dummheit. Vor dem Gesetz sind Frauen nicht mündig, ganz gleich, wie alt sie sind. Wichtige Entscheidungen trifft ihr männlicher Vormund, zum Beispiel wen sie heiraten und ob sie einen Pass beantragen oder reisen dürfen. Wenn die Frauen heiraten, geht die Vormundschaft des Wali vom Vater auf den Ehemann über. Sind die Frauen länger unterwegs oder reisen, werden sie von einem engen männlichen Verwandten begleitet.

Für Frauen ist deshalb oft nicht ausschlaggebend, wie ihr künftiger Lebenspartner aussieht, wie alt er ist oder ob sie mit ihm charakterlich harmonieren. »Die wichtigste Frage ist doch, wie viel Raum zum Atmen du hast, wie viel Freiheit dir dieser Mann lässt«, sagt Widschan.

Dass Malak und Widschan heute Abend hier sind, auf einem Popkonzert, ist das Ergebnis tagelanger Verhandlungen mit dem Vater und Malaks Ehemann. Der hat sich schließlich bereit erklärt, die Schwestern zum Konzert zu fahren, in die King Abdullah Economic City. Das ist der glamouröse neue Veranstaltungsort für Shows, eine knappe Stunde von Dschidda entfernt, einer Freizeitstadt mit Restaurants, Golfplatz, Ferienwohnungen, Wassersport. Malaks Ehemann wartet drüben auf dem Parkplatz, bis Tamer Hosny zu Ende gesungen hat. Dann werden die beiden jungen Frauen sofort wie ausgemacht zum Treffpunkt zurückkehren.

Widschan und Malak sagen, sie wollen etwas aus ihrem Leben machen. Sie fragen sich, wie sie die neuen Chancen für Frauen nutzen können. Widschan träumt von einem eigenen Taxiunternehmen, von Frauen für Frauen, gemeinsam mit ihrer Schwester. »Wir versuchen die Idee gerade dem Vater beizubringen«, sagt Malak. Die Ältere besitzt bereits eine ausländische Fahrerlaubnis. Sie hat mit ihrem Mann ein paar Jahre in Kanada gelebt, während eines Auslandsstipendiums. Widschan wiederum hat sich vergangene Woche für den Führerschein angemeldet.

Dein Mann ist dein Leben

Gewährt ein Mann seiner Tochter oder Frau neue Freiheiten, wird er von der eigenen Familie und auch von anderen Männern schnell als schwach angesehen; als einer, der seine Aufgabe als männlicher Beschützer nicht wahrnimmt.

Deshalb hatte Salih Nura letztes Jahr auch verboten, nach Mekka zu reisen. Sie hatte geplant, mit Freundinnen und den beiden Kindern die heiligen Stätten zu besuchen. »Wenn Sara oder Karim im Getümmel verloren gehen, kannst du das verantworten?«, hatte er seine Frau gefragt. Nura fühlte sich plötzlich verunsichert. Sie sagte, niemand könne hundertprozentig garantieren, dass es nicht zu einem Zwischenfall komme, aber es sei doch sehr unwahrscheinlich. Es half nichts, sie musste in Riad bleiben. Nuras Freiraum endet an der Stadtgrenze. Salih sagt, Riad als Frau alleine zu verlassen, sei zu gefährlich.

Nura klagt, Salih behandle sie manchmal, als wäre sie eines seiner Kinder. Umgekehrt will sie ihn nicht verärgern. »Dein Mann ist dein Leben«, schärfte ihr der Vater bei der Hochzeit vor elf Jahren ein. Sie wolle eine gute Ehefrau sein, dazu gehöre auch, die Traditionen weiterzuführen.

Seit ihr Sohn Karim zehn Jahre alt ist, weckt Nura den Jungen morgens um 5.30 Uhr zum Gebet. Danach darf er sich wieder hinlegen. Nuras Tochter Sara besucht das städtische Koranzentrum in ihrem Wohnviertel, immer nachmittags, dreimal die Woche. Sara lernt dort den Koran auswendig, alle 114 Suren. Die jüngsten »Studentinnen« sind drei Jahre alt.

Einmal im Jahr feiern die Koranschulen im Land den »Tag der Abaja«, auch die Klasse von Sara. Morgen um 16 Uhr soll es losgehen.

Gerade noch liegt Sara in Strumpfhosen zuhause auf dem Sofa, das iPad vor der Nase. Auf dem Bildschirm läuft ein islamisches Lernprogramm. Eine Stimme sagt einen Teil einer Sure vor und Sara soll ihn nachsprechen. Auf der Feier wird dieser Vers aus dem Koran abgefragt werden. Jede Schülerin wurde für eine andere

Sequenz eingeteilt. Sara sagt, sie wolle nicht auf das Fest gehen. »Weil du faul bist!«, schimpft Nura.

Schließlich machen wir uns alle drei auf den Weg. Die Eingangshalle der Koranschule ist voller Frauen und Mädchen in schwarzen Abajas. Auch die kleine Sara trägt den vorne durchgeknöpften, bodenlangen Mantel. Ihre erste Abaja habe sie schon als Dreijährige erhalten, mit Nikab, erzählt Nura. Sara habe sich das dringlich gewünscht.

Tatsächlich ahmen Mädchen schon früh die Verschleierung nach, die sie bei ihren Müttern und Tanten sehen. Eigentlich wird die Abaja erst angelegt, wenn ein Mädchen zur Jugendlichen wird, mit elf, zwölf, dreizehn. Umso mehr erscheint es den Kleinen erstrebenswert, zu zeigen, dass sie schon zu den Großen gehören.

In der Koranschule wird bereits Gahwa ausgeschenkt, der helle arabische Kaffee. Es gibt Kuchen und Süßigkeiten. Die Kinder haben Papp-Abajas gebastelt, als Dekoration, und auf den Kuchenstücken stecken Holzspieße, beklebt mit Papierfrauen in Abaja und Nikab. Jede Frauenfigur ist mit einem anderen Koranvers versehen.

»Frauen sind verführerisch, verführbar, immer gefährdet«

Der Wettbewerb beginnt. Es geht darum, welches Mädchen den Koran am längsten fehlerfrei aufsagen kann. Irgendwann ist auch Sara an der Reihe. Ihr Vers handelt von der großartigen Schöpfung der Erde und vom Paradies, das noch weit vielversprechender sei. Plötzlich ist Sara verunsichert und stockt. Sie blickt zu Nura, die Mutter flüstert ihr ein Stichwort zu. Dann fällt Sara auch der Rest ihres Textes ein. Wir klatschen alle, und Nura ist stolz auf ihre Tochter.

Die Wände hier sind geschmückt mit vorbildlichen Abaja-Trägerinnen der saudischen Geschichte. Sie zeigen Frauen im sogenannten Vereinigungskrieg am Anfang des 20. Jahrhunderts.

Daneben, als leuchtende Ikone, hängt ein Bild von Dschauhara, der Ehefrau von König Faisal. Er hat das Land regiert, bis einer seiner Neffen ihn 1975 ermordete, und genießt bis heute größten Respekt.

Das Foto zeigt Prinzessin Dschauhara auf Staatsbesuch mit ihrem Mann in den 1960ern im Westen. Sie trägt dort nicht nur Abaja und Nikab, sondern hat zusätzlich einen schwarzen Chiffonschleier über ihren Kopf drapiert, wie für eine Trauerfeier, nicht einmal die Konturen ihres Gesichts sind noch zu erahnen.

»Wir müssen die Schönheit beschützen vor den Männern«, sagt Amira. Sie ist Anfang vierzig, perfektes Englisch, elegantes Make-up mit knallrotem Lippenstift, Englischlehrerin, Diplomatengattin. Sie kommt jeden Tag in die Koranschule, wenn die Kinder aus der Schule abgeholt und versorgt sind. Dann liest sie mit anderen Damen aus der Nachbarschaft das Heilige Buch, es sind vierzig, manchmal fünfzig Gleichgesinnte jeden Alters.

Frauen seien verführerisch und verführbar, sagt Amira: »Immer gefährdet.« Dass es möglicherweise auch an den Männern sein könnte, sich zu zügeln oder bestraft zu werden, wenn sie Frauen sexuell bedrängen oder ihnen Gewalt antun, ist hier offensichtlich außerhalb des Denkbaren.

Auch Amira lernt den Koran auswendig. »Wenn ich auf der letzten Seite angekommen bin, beginne ich wieder von vorne«, sagt sie. Am Ende unserer Unterhaltung schenkt mir Amira drei Holzspieße mit Abaja-Frauen aus Papier. Als Andenken. Sie bittet mich, wiederzukommen, der Islam könne auch mir Frieden schenken. »Morgen?«, fragt sie.

»Bin ich schön genug?«

Es gibt jetzt in Saudi-Arabien eine Debatte darüber, was geschieht, wenn die Abaja tatsächlich nicht mehr obligatorisch ist. Ausgelöst hat die Diskussion der Kronprinz selbst mit seinem Interview, das er dem amerikanischen Fernsehen in »60 Minutes« gab. Hochrangige saudische Religionsführer sekundierten dem Thronfolger nämlich kurz darauf, obwohl sie vierzig Jahre lang genau das Gegenteil behauptet hatten, dass das Tragen der Abaja ein Muss und nicht verhandelbar sei. »Mehr als 90 Prozent der muslimischen Frauen in der Welt tragen keine Abajas«, erklärte plötzlich Scheich Abdullah al-Mutlaq vom »Rat der Gelehrten«, der höchsten religiösen Institution im Königreich, in einem Radiobeitrag, »wir sollten sie nicht dazu zwingen.«

Wer die Kommentare in den sozialen Medien dazu verfolgte, konnte den Eindruck gewinnen, dass vielen Frauen vor Schreck der Nikab von der Stirn rutschte. Aber nicht alle wären sofort begeistert, würden Abaja und Gesichtsschleier morgen abgeschafft. Einige saudische Frauen betrachten den Ganzkörpermantel und den Nikab auch als Schutz, um sich unerkannt irgendwohin zu bewegen. Andere fragen sich, was geschieht, wenn ihr Mann plötzlich das Gesicht der Nachbarin sieht oder das der Kollegin. Immer wieder kommt die bange Frage: »Bin ich dann noch schön genug?« Die Verhüllung verhindert schließlich auch die Schönheitskonkurrenz, der westliche Frauen täglich ausgesetzt sind.

Es gibt Stimmen wie die meines Bekannten Uli, ein deutscher Unternehmer. Er verkauft seit fast zwanzig Jahren weltweit biologische Wandfarben, auch im Königreich, und behauptet, westliche Frauen müssten sich ständig anbieten durch verführerische Kleidung, um Männern zu gefallen. Er finde das unwürdig. Das entspricht im Übrigen in etwa der Position der meisten Saudi-Araber.

Robert, ein Krankenpfleger aus Oberbayern, 36 Jahre alt, der in einem Hospital in Riad arbeitet, berichtet von einem Unfallopfer aus dem Gouvernat al-Khadsch südöstlich der Hauptstadt. Die Frau starb, konnte jedoch von ihrem Ehemann nicht identifiziert werden. Er hatte ihr Gesicht nie zuvor gesehen. Nach einem regionalen Brauch in al-Khadsch ist es den Frauen selbst in den intimsten Momenten nicht erlaubt, den Schleier zu lüften.

Ich selbst habe mich nach einigen Wochen in Riad fast an

die Abaja gewöhnt. Ihre praktischen Vorzüge will ich gar nicht schmälern. Man ist immer tiptop angezogen und kann morgens im Schlafanzug in den Supermarkt gehen, um Zahncreme und Milch zu kaufen. Ich hatte auch selten so wenig Bedarf, neue Klamotten zu kaufen.

Dennoch: Wir werden keine großen Freunde werden. Mit der Abaja verbindet sich auch etwas, das ich gar nicht gut leiden kann: Ich habe keine Wahl.

Einen Ehrenplatz hat die Abaja trotzdem in meinem Leben. Die drei Holzstäbchen mit den Papier-Abaja-Frauen aus Saras Koranschule hängen bei mir inzwischen an der Küchenwand, in einem Bilderrahmen.

Komplexe Familienverhältnisse

*Männer dürfen im Islam bis zu vier Frauen
heiraten – wenn sie es sich leisten können. Etwa
jeder zwanzigste macht davon auch Gebrauch.
Nur, was sagen eigentlich Frauen dazu?*

Mein Vermieter Oberst Hassan lädt mich zum Abendessen mit seiner Familie ein. Seine Mutter sei mit Gefolge aus Dschidda eingetroffen. Alle kämen zusammen heute, sein Bruder, dessen Frau, die Kinder. Sie wollten feiern. Er habe ein Lamm geschlachtet. »Wir warten auf Sie, Miss Susanne«, sagt Oberst Hassan.

Um Punkt 21 Uhr mache ich mich auf den Weg. Der Gastgeber empfängt mich vor den hohen Mauern seines Hauses. Hinter dem Vorgarten erstrecken sich großzügige Gemächer, ausgelegt mit Teppichen. Lange Tafeln, dekoriert mit Kristall und goldverziertem Porzellan, die Wohnbereiche gehen ineinander über. Dann stehen wir plötzlich im Frauensalon.

Hastig ziehen einige Damen den Schleier vors Gesicht, all diejenigen nämlich, die nicht direkt mit dem Hausherrn verwandt sind, Oberst Hassans Schwägerin zum Beispiel. Sie ist Ärztin. Um mich zu begrüßen, lüftet sie das Wolltuch vor ihren Augen einen schmalen Spalt. Der Bruder des Ehemannes dürfe ihr Gesicht nicht sehen, erklärt sie, falsche Begehrlichkeiten müssten schon im Keim erstickt werden. So sei die Religion.

Es verspricht ein interessanter Abend zu werden im Haus einer ganz normalen Salafiten-Familie. Salafiten sind muslimische Puritaner, die in Rückbesinnung auf die Altvorderen (Salaf) leben, wie im Koran die frühen Gefolgsleute des Propheten Mohammed genannt werden. In Saudi-Arabien folgen die Salafiten üblicherweise den Lehren des Theologen Abd al-Wahhab, eines erzkonservativen Religionsgelehrten, der mit den Sauds im 18. Jahrhundert einen religiös-politischen Pakt schloss. Die Wahhabiten sind königstreue Loyalisten, und ihre Interpretation des Islam gilt als die strikteste Auslegung der sunnitischen Glaubensschulen überhaupt. Die Wahhabiya ist in Saudi-Arabien Staatsreligion.

Kleiner Harem

Oberst Hassan hat fünf Töchter. Schöne, junge Frauen. Sie stehen im Salon neben den blauen Samtsofas und Kaffeetischchen, ihre Frisuren sitzen so akkurat, als seien sie zur Feier des Tages alle noch mal beim Coiffeur gewesen.

Die Gespräche stocken, als wir den Raum betreten, als ob ein Lehrer in die Klasse kommt. Auch Oberst Hassans Ehefrau Dschauhara ist anwesend, unverschleiert wie ihre Töchter, natürlich nur hier im Frauensalon und solange sie nicht den Brüdern ihres Mannes oder seinen Mitarbeitern unter die Augen tritt.

Dschauhara ist Ende vierzig, hohe Wangen, große dunkle Augen. Sie trägt einen kornblumenblauen Chiffon-Overall. Sie ist die erste von Oberst Hassans drei Ehefrauen, so hat es der libanesische Makler berichtet, der mir die Wohnung hier in Riad vermittelt hat.

Mir gegenüber hat Oberst Hassan seine komplexen Familienverhältnisse bisher nie erwähnt. Er dachte vermutlich, dass westliche Frauen für dieses Konzept möglicherweise kein allzu großes Verständnis aufbringen. Von seinem kleinen Harem berichtet er erstmals, als ein britischer Freund ebenfalls ein Apartment bei Oberst Hassan mietet und ich ihn in dessen Büro begleite. Nachdem die Formalitäten erledigt sind, kommt Herr Hassan gegenüber dem neuen Mieter ziemlich schnell auf seine jüngste Eheschließung zu sprechen, die dritte. Sie hat erst vor wenigen Monaten stattgefunden. Die Braut war 23.

Das Recht der Frauen auf ihre Nacht

Auch westliche Männer prahlen mitunter gegenüber ihren Kumpels, wenn sie neben der Ehe eine heimliche Beziehung mit einer attraktiven Partnerin führen. In Saudi-Arabien ist die Vielehe allerdings legal. Zum Stolz auf die Eroberung kommt hier sogar noch ein gewisses gesellschaftliches Ansehen, denn mehrere Ehefrauen zu haben, bedeutet auch, über einen beachtlichen Wohlstand zu verfügen. Saudische Ehemänner sind verpflichtet, für Haus und Unterhalt ihrer Frauen und aller aus der Beziehung hervorgehenden Kinder aufzukommen, selbst dann, wenn die Frauen eigenes Geld verdienen. Das muss einer sich erst mal leisten können.

»Warum denn drei Frauen?«, will mein britischer Freund wissen.

Oberst Hassan vergisst offensichtlich für einen Moment, dass außer ihnen beiden noch eine Frau im Raum ist. Er redet, wie Männer hier wohl reden, wenn sie unter sich sind: »Die erste Frau wird alt, eine hat immer die Periode, und was machst du, wenn du trotzdem mit einer schlafen willst?«

Jetzt wird es nicht nur für mich schwierig, weiter zu diskutieren, auch der Engländer ist irritiert, wie Oberst Hassan seine drei Lebenspartnerinnen gerade auf deren sexuelle Verfügbarkeit reduziert.

Ich frage den Mehrfach-Ehemann, wie es ihm gelingt, seine Gunst gerecht aufzuteilen, wie es der Islam verlangt, und wie gut die Beziehungen der drei Ehefrauen untereinander seien. Da wird

Oberst Hassan einsilbig. Hastig zieht er Luft durch die Zähne ein, als fühle er plötzlich großen Schmerz. »Nicht so gut«, sagt er knapp, und es macht den Eindruck, als wäre das eine ziemliche Untertreibung. Sie mögen sich nicht, erklärt Herr Hassan. »Sie sind eifersüchtig.«

Er versuche alles, um sie glücklich zu machen, versichert er, alle drei. »In dieser Richtung«, sagt der Oberst und deutet ungefähr zwischen Kingdom-Centre und Faisaliya Tower, dort lebten Ehefrau Nummer zwei und drei. Jede erhalte, was ihr zustehe, und natürlich gebe es einen Plan, wann er bei welcher Ehefrau nächtige. Am besten laufe es, wenn es gar keinen Kontakt gebe zwischen den Damen und er sie auch in Gesprächen nicht erwähne.

Die Begrenzung auf vier Ehen sollte Frauenrechte stärken

Männern, denen eine Ehefrau nicht genug ist, müssen hier ein zweites Mal heiraten. Sex außerhalb der Ehe zu organisieren ist in Saudi-Arabien bis heute fast unmöglich. Frauen lassen sich üblicherweise nicht auf lose Verhältnisse ein. Würde eine solche Verbindung bekannt, wäre die Ehre eines Mädchens verwirkt und die Chance, gut zu heiraten, vertan. Der Mann dagegen muss kaum Strafe fürchten. Er kann sich immer wieder um eine neue Partnerin bewerben.

Die Begrenzung auf maximal vier Ehefrauen war angeblich einmal ein fortschrittliches Konzept des Islam. Die Regelung sollte die Frauenrechte stärken. Denn vor ihrer Einführung im 8. Jahrhundert heirateten Männer so viele Frauen, wie sie wollten, ohne sich Gedanken zu machen, wie die daraus entstehenden Familien zu versorgen seien. Die Begrenzung auf die Zahl vier war deshalb eigentlich ein Fortschritt, wenn nicht sogar eine kleine Revolution. Die weithin rechtlosen Frauen sollten durch die Ehe abgesichert werden. So konnte eine Frau nach dem Tod ihres Mannes mit ihren Kindern von dessen Bruder aufgenommen werden. Es ermöglichte einer Frau, auch dann eine Familie zu gründen, wenn nur wenige Männer zur Verfügung standen, beispielsweise nach Kriegen. Im heutigen Sozialstaat dagegen, mit gut ausgebildeten Frauen, ergebe das Mehrehe-Modell keinen Sinn, kritisiert die syrischstämmige deutsche Islamwissenschaftlerin Lamya Kaddor, da müsse weitergedacht werden.

Auf dem Familienfest lässt Oberst Hassan die Frauen nun in ihrem Salon zurück und geht in den Garten, am Pool vorbei. Der Hausherr lässt Feuer anzünden in einer Schale und verteilt Beduinenmäntel. Sie sind mit Schaffell gefüttert, verziert mit Brokat. Es ist kühl abends im Winter in Riad.

Oberst Hassans Mutter liegt am Feuer, ausgestreckt auf einer Bank. Sie muss den ersten Sohn, Hassan, sehr jung bekommen haben, denn die Dame wirkt nur wenig älter als er selbst. Pechschwarzes Haar, sie trägt Pullover mit Leopardenmuster, enge schwarze Leggings, keine Abaja. Als einzige Frau außer mir hat sie unverschleiert Zugang zu allen Personen im Haushalt. Oberst Hassan drapiert eine Decke um ihre Schultern, sein jüngerer Bruder aus Dschidda tätschelt ihr die Füße. »Das Paradies liegt zu Füßen der Mutter«, zitiert Oberst Hassan eine Koranstelle, die diese besondere Innigkeit zwischen arabischen Müttern und ihren Söhnen beschreibt.

Dann hilft er seiner Mutter auf und führt sie an den Tisch. Die Mutter präsidiert am Kopfende, und Herr Hassan trägt die Speisen für sie auf. Es gibt gesottenes Lamm mit Pflaumen, Zimt und Kardamom. Die Sauce köchelt in dem glühend heißen Tadschin, dazu wird Gemüse gereicht, Salat und Cola. Erst wenn die Mutter des Hausherrn versorgt ist, dürfen sich auch die anderen Frauen bedienen, die Schwiegertochter, die Ehefrauen, die Töchter. Sie kommen mit ihren Tellern, jetzt alle verschleiert. Jede nimmt sich eilig ein Stück Fleisch aus dem Tadschin. Dann gehen sie wortlos zurück ins Haus.

Männer vergöttern die Mutter, doch die Ehefrau schränken sie ein

Ich frage Oberst Hassan, ob wir nicht alle zusammen speisen könnten, auch weil man sich viel besser unterhalten könne, wenn wir gemeinsam am Tisch säßen. Bisher ist dort nur für uns vier gedeckt, für ihn, seine Mutter, den Bruder und mich. Die ganz kleinen Kinder springen ebenfalls draußen herum, Mädchen und Jungen. Oberst Hassans Antwort ist nicht unfreundlich, aber bestimmt. Er sagt, dass der Schöpfer die Menschen unterschiedlich geschaffen habe und es Regeln gäbe. Eine davon sei, dass die Frauen als »Königinnen« betrachtet würden, welche von den Männern zu beschützen seien. Mir kommt die Behandlung der Frauen hier gerade wenig königlich vor. Aber ich bin Gast in Oberst Hassans Haus, und so reden wir für den Rest des Abends bei Gender-Themen höflich aneinander vorbei.

Es gehört zu den Widersprüchen im Königreich, dass saudi-arabische Männer ihre Mütter vergöttern, ihren Ehefrauen aber selten Raum zur Entwicklung gewähren.

Schon als Kinder werden die Söhne von ihren Müttern morgens beim Aufstehen als »größtes Geschenk Gottes« begrüßt. Es sind die Mütter, die ihren Söhnen das Gefühl von Überlegenheit und Allmacht einflößen, auch gegenüber den Schwestern. Und später gegenüber ihren Ehefrauen.

Die Töchter dagegen werden mit elf oder zwölf Jahren von der Gesellschaft isoliert. Bis zur Hochzeit verbringen sie die meiste Zeit im Haus. Ein Fahrer bringt sie zur natürlich strikt nach Geschlechtern getrennten Schule, später zur Universität, und holt sie von dort auch wieder ab. Nach der Hochzeit stellen dann die Ehemänner sicher, dass kein anderer Mann das Gesicht ihrer Frau zu sehen bekommt. Erst wenn die Frauen alt sind, ihre Kraft erschöpft ist und ihre Jugend verwelkt, werden sie für ihre Opfer belohnt. Dann öffnet sich für sie die Welt.

Oberst Hassan ist Ende fünfzig, vielleicht Anfang sechzig, er trägt einen weißen Thaub, das traditionelle knöchellange Gewand, und Ledersandalen, graublonden Vollbart, sein Englisch ist dank der Pilotenausbildung in den USA ausgezeichnet. Als der junge Luftwaffen-Offizier ins Königreich zurückkehrte, Anfang der 1980er Jahre, hatten sich die Zeiten hier gerade zu verfinstern begonnen. Radikale Imame übernahmen damals die Moscheen. Die Vorbeter schürten die Furcht vor dem Satan und impften den Gläubigen Angst vor dem Leben nach dem Tod ein. Bis heute befürchten viele Saudi-Araber, dass sie für ihre Sünden im ewigen Höllenfeuer Schmerzen leiden müssten, weil sie die Regeln des »wahren Islam« nicht genau befolgten.

Herrn Hassan leuchtete diese neue, noch größere Hingabe an den Glauben gänzlich ein. Er ist bis heute ein glühender Anhänger des »wahren Islam«. Dass die Religionspolizei Sünder aufgriff, festnahm und dem Justizvollzugsdienst zuführte, der sie dann mit öffentlichen Stockschlägen strafte, schien ihm nur konsequent, um die Gesellschaft auf den rechten Pfad zu führen.

Die 1980er waren auch die Zeit des Ölbooms. Vielen Saudi-Arabern gelang es damals, erheblichen Wohlstand anzuhäufen, mehrere Häuser zu bauen, Dienstboten anzustellen, aufwendig zu verreisen. Immer neue Ölfelder wurden erschlossen und Siedlungen und Straßen aus dem Wüstensand gestampft. Der Staat entwickelte sich rapide, Ministerien und Verwaltungsgebäude wurden gebaut. Um den Fortschritt zu organisieren, heuerte die Regierung zehntausende internationale Berater und Ingenieure an. Auch sie benötigten Häuser und Wohnungen. Oberst Hassan stieg ins Baugeschäft ein. Heute gehören ihm mehrere Apartmentkomplexe in Riad, in Bestlage, gleich hinter der Tahlia-Straße. Dieser Wohlstand erlaubte ihm schließlich auch, sich mehrfach zu vermählen.

»Ein guter Ehemann ist ein Glücksfall«

Meine Freundin Nura ist meine Türöffnerin in die verborgene Welt der Frauen. Nura lebt mit ihrem Mann und den zwei Kindern in einer Villenkolonie nahe dem Außenministerium. Modernes Steinhaus, kleiner Garten, ein Fahrer, ein Hausmädchen.

Nura kennt Zweit- und Drittfrauen, über deren Leben weithin geschwiegen wird. Sie kennt Frauen, die sich scheiden ließen, als sich ihr Ehemann eine zweite Frau nahm, und sie kennt Frauen, die unfreiwillig geschieden wurden, als sich der Ehemann eine andere nahm. In Saudi-Arabien sind Männer jederzeit berechtigt, die Scheidung auszusprechen, auch ohne Angaben von Gründen. Bis vor Kurzem mussten sie die Frauen über die Trennung nicht einmal informieren. Ein neues Gesetz hat diese Praxis der »geheimen Scheidungen« nun beendet, die Frauen müssen jetzt immerhin über die Absicht, die Ehe zu beenden, unterrichtet werden und erhalten Einblick in alle amtlichen Unterlagen.

Ich möchte von Nura wissen, wie Frauen damit umgehen, dass Nebenbuhlerinnen zu legitimen Mitgliedern der Familie aufsteigen. Sitzen dann die Frauen gemeinsam am Frühstückstisch? Mögen sich die neuen Halbgeschwister, oder gibt es Rivalität und Streit? Und wer erbt eigentlich?

Zweitfrauen steigen gesellschaftlich auf

Ein guter Ehemann sei hier ein absoluter Glücksfall, sagt sie, und eine zweite Ehefrau »eine Zumutung«, wie überall sonst auch auf der Welt.

Nura sagt, es seien eher die älteren, reicheren Männer auf dem Land, die mehrere Frauen heirateten, als jüngere Städter. Die Älteren bemühten sich auch noch, die traditionell mit diesem Konzept vereinbarten Regeln einzuhalten. Eine dieser Regeln besagt, dass die Ehefrauen abwechselnd ein Recht hätten auf »ihre Nacht«. Auch was Geschenke betrifft, müssten alle Frauen gleichermaßen bedacht werden – sowohl was die Anzahl betrifft als auch ihren Wert.

Nura berichtet von einem Kollegen im Büro, der eine zweite Frau geheiratet habe. Er ist Mitte dreißig, er werde jetzt von den Gleichaltrigen gemobbt, müsse sich rechtfertigen. »Unsere Generation akzeptiert das nicht mehr«, sagt sie.

Nura stammt aus Diriya, einem Vorort im Nordwesten der Hauptstadt. Seit elf Jahren ist Nura verheiratet. Ihr Mann hat studiert, als Diplomat kennt er die Welt, er ist gutmütig. Trotzdem darf auch eine Frau wie Nura die Stadt nicht ohne seine Begleitung verlassen.

Warum akzeptieren Frauen überhaupt, zweite oder dritte Ehefrau eines Mannes zu werden? Schwingt nicht immer auch etwas Geringschätziges mit, nicht die Nummer eins zu sein? Macht die Vielehe Frauen nicht direkt zu Rivalinnen?

Ich lerne, dass die Frauen sich auf ein Dasein als Zweitfrau einlassen, wenn die Verbindung den Aufstieg in eine höhere Gesellschaftsklasse verspricht. Denn es wird vertraglich genau festgelegt, wie hoch ihr Brautgeld ist, wie groß das Haus, in dem sie leben wird, was für ein Auto ihr zur Verfügung steht, ob es Dienstboten gibt, und, wenn ja, wie viele.

Sie muss sich fügen

Die Kinder der zweiten oder dritten Ehefrau stehen in der sozialen Hierarchie zwar unter denen der vorrangigen, sie erhalten vom Vater aber trotzdem oft die meiste Zuwendung, sagt Nura. So ähnlich muss es zum Beispiel mit dem 33-jährigen Thronfolger Mohammed bin Salman gewesen sein. Sein Vater, König Salman, ist heute 83, er hat Söhne aus erster Ehe, die er in den 1950ern geschlossen hat. Traditionell müsste ihm einer von ihnen nachfolgen. Doch Salman wählte als Kronprinzen einen Lieblingssohn, Mohammed, das erste Kind seiner dritten Frau.

Anders als etwa im Katholizismus, in dem Scheidungen eigentlich nicht vorgesehen sind, ist der Islam bei Trennungen sehr pragmatisch. Dass die Zahl der Scheidungen fast die Hälfte der im selben Jahr geschlossenen Ehen erreicht, überrascht im Land der Frommen dann aber doch. Pro Tag wurden 2017 in Saudi-Arabien 149 Ehen beendet, haben saudische Statistiker herausgefunden, viele scheitern gleich im ersten Jahr, und ihre Zahl steigt ständig an. Besonders die immer häufiger berufstätigen Frauen reichen vermehrt die Scheidung ein.

Ich will erfahren, warum Ehefrauen sich scheiden lassen, und besuche eine erfahrene Psychotherapeutin. Sie hat ihre Praxis seit über zehn Jahren und behauptet, die meisten Ehefrauen im Königreich seien tief unglücklich mit ihrem Lebenspartner und schon froh, wenn dieser sie zumindest nicht einsperre oder schlage. Natürlich kommen vorwiegend Menschen in die Praxen von Psychotherapeuten, die sich mit Schwierigkeiten auseinandersetzen müssen. Wie viele glückliche Ehen es darüber hinaus in Saudi-Arabien gibt, lässt sich schwer sagen.

Jedenfalls sind Frauen und Kinder in fast jeder Hinsicht abhängig von ihrem Wali, gleich ob dieser sanftmütig ist oder ein Tyrann. Sie müssen sich fügen. Der männliche Vormund muss zustimmen, wenn eine Frau einen Pass beantragen oder verreisen will. Verlässt eine verheiratete Frau das Staatsgebiet, wird der Ehemann oft durch die Innenbehörde per Textnachricht auf dem Handy informiert. Bis vor Kurzem benötigte eine Frau selbst für die Geburt eines Kindes im Krankenhaus oder die Entlassung aus einem Gefängnis dessen Unterschrift. Stimmte er nicht zu, blieb sie einfach weiter inhaftiert.

Scheidungspartys sind die Mode

Ich frage die Psychotherapeutin, was nach der Scheidung aus den Frauen werde, ich denke an Armut, Depression, soziale Ächtung. Die Antwort überrascht mich: »Sie feiern ein Fest und essen Kuchen!«

Ein paar Tage später lese ich tatsächlich in der Zeitung darüber. Der neueste Trend, heißt es in *Arab News*, seien Scheidungspartys. Es gebe Bäckereien, die sich auf Scheidungstorten spezialisiert hätten. Eine Torte ist sogar abgebildet, mit pinkem Zuckerguss. Auf der einen Seite des Kuchens steht ein Paar und streitet, auf der anderen Seite ist nur noch die Frau zu sehen, glücklich, sie hat den Mann über den Tortenrand in den Abgrund gestoßen. Darunter steht, ebenfalls in Zucker: »Problem gelöst – hab Spaß!«

Geht es also doch voran für die Frauen? Ist ihr Leben heute besser als vor zehn oder zwanzig Jahren? Die junge Managerin Nura ist unsicher. Seit auch hier die Frauen ihren Männern die Hölle heiß machen, wenn sich diese eine zweite Frau nehmen, nutzen immer mehr Männer den Ausweg des sogenannten Misyar, der heimlichen Ehe. Misyar-Ehefrauen tauchen im öffentlichen Leben nicht auf. Sie sind wie diskrete Geliebte, niemand weiß, dass es sie gibt. Misyar-Ehen werden durch Agenturen vermittelt und heimlich geschlossen. Die Vermittlung kostet umgerechnet zwischen 5000 und 10 000 Euro.

Beide Ehepartner verzichten dabei auf das Recht, gemeinsam zu wohnen. Er kommt und geht nach Verabredung. Sie hat keine Ansprüche – weder auf seine Zeit noch auf seinen Unterhalt. Umgekehrt darf er von ihr keine häusliche Versorgung erwarten. Er hat aber das Recht auf die Kinder, die aus der Beziehung hervorgehen. Ein Scheich beglaubigt den Pakt.

Trend zur geheimen Zweit-Ehe

Für Geschiedene oder Frauen über 35, die hier nur noch schwer einen Ehemann finden, ist der Misyar oft die Notlösung. »Eine Geschiedene ist wie ein Gebrauchtwagen, der stark an Wert eingebüßt hat«, erklärt mir ein Bekannter. Da hilft auch ein Hinweis wenig, dass, bis auf eine, alle Frauen des Propheten Mohammed geschieden waren und deutlich älter als er. Alleinstehende Frauen können durch eine Misyar-Ehe immerhin einen männlichen Vormund nachweisen und sind, wenn auch nicht versorgt, doch wenigstens weithin frei, zu tun, was sie möchten.

Nura sagt, die Misyar-Ehen zerstörten die Familien. Es würden immer mehr, und genau genommen seien diese Geheimehen eine Form der legalisierten Prostitution. Irgendwann fänden die Ehefrauen heraus, dass es eine zweite Familie gibt, spätestens im Todesfall des Mannes. Auch die soziale Stellung der geheimen Ehefrau sei problematisch. In einer konservativen Gesellschaft wären Frauen auf den Status einer offiziell erklärten Ehe angewiesen. Ihr gesellschaftliches Ansehen bemisst sich nach ihrer Herkunft und ihrer unberührten Schönheit, und natürlich auch daran, wie viele Söhne sie ihrem Mann gebärt. Eine Misyar-Ehefrau aber hat gar kein Ansehen. Sie ist unsichtbar.

Nura hat in Spanien gelebt, in Rumänien und in Venezuela, sie reist jedes Jahr nach Europa. »Männer sind überall gleich«, behauptet sie. Sie erinnert sich an ein Betrugsdrama, das sie in Caracas beobachtet hat. Es ging um eine europäische Diplomatin. Deren Gatte hatte ausgerechnet mit ihrer engsten Mitarbeiterin ein Verhältnis, über Jahre. Ob das besser sei?

In Saudi-Arabien ist die Vielehe allerdings schon durch den Gründungsmythos so positiv besetzt wie in keinem anderen Land. Der erste Herrscher des Landes, Abd al-Asis bin Saud, hatte die untereinander zerstrittenen Stämme geeint, indem er zuerst ihre Anführer unterwarf und tötete und dann ihre Frauen heiratete – damit auch das Fleisch eins würde. Mit seinen 17 Ehefrauen, angeblich immer nur vier zur gleichen Zeit, zeugte Abd al-Asis insgesamt 45 Söhne. Einer von ihnen ist der heutige König Salman.

Königreich der Außenseiter

Junge Saudis treffen sich zu waghalsigen Straßen-
rennen, die oft tödlich enden. Doch hinter dem
Car-Drifting steckt mehr als nur Leichtsinn.

Der Tote hieß Saïd, er war der kleine Bruder von Abdullah, einem Softwareingenieur. Die Unfallfotos, die Abdullah über WhatsApp schickt, zeigen einen jungen Mann in Jeans und ausge-waschenem blauen T-Shirt, auf der Rückbank eines Autos liegend, das in ein anderes Fahrzeug verkeilt ist. Es sind verstörende Bilder, die mich erreichen, und sie treffen mich völlig unvorbereitet.

9000 Menschen starben hier 2016 im Straßenverkehr, das sind mehr als einer pro Stunde – und fast dreimal so viele wie in Deutschland, obwohl in Saudi-Arabien viel weniger Menschen leben, etwa 34 Millionen.

Saïd und ich sind uns vor drei Wochen flüchtig begegnet, bei einem Abendessen der Familie. Wir saßen auf dem Boden zusam-men, es gab Hühnchen und Reis, Cola, frische Tomaten, Paprika. Saïds Lieblingsessen. Saïd war gut gelaunt, eigentlich noch ein Kind. Er spielte Fangen mit den kleinen Nichten aus dem Nach-barhaus. Und er liebte Autorennen.

Jetzt weint die Mutter jeden Abend um Saïd. Er war 19 Jahre alt, ihr jüngster Sohn. Am Tag schluckt sie ihre Tränen herunter.

Saïds Leben hatte doch gerade erst begonnen, klagt sie, als ich sie wiedersehe und ihr kondoliere. Sie ist 56, bunte Kleidung kontrastiert mit ihrer dunklen Hautfarbe.

Die Autos waren aufeinander zugerast. Jeder wollte schneller sein, niemand ausweichen. Die schwarzen Bremsspuren auf dem Asphalt erzählen von waghalsigen Autorennen und Stunts, zu denen sich die Jugendlichen hier verabreden. Man sieht sie überall, in der Stadt ebenso wie an entlegenen Plätzen der Wüste. Es geht zum Beispiel darum, das Auto rasend schnell um die eigene Achse drehen zu lassen oder als Beifahrer auf dem Autodach zu stehen, wenn der Wagen nur noch auf zwei Rädern fährt.

Joyriding heißt das Phänomen, auf Spritztour gehen. Man ahmt den ungezügelten Lebensstil kalifornischer Jugendlicher nach. Dahinter verbirgt sich jedoch mehr als nur ein draufgängerischer Fahrstil und eine testosterongelenkte Sucht nach Herausforderungen. Junge Saudis betrinken sich, klauen Autos, werden von der Polizei gejagt. Meist stehlen sie kleine Hyundai-Limousinen, 08/15-Fahrzeuge aus der Nachbarschaft, Durchschnitt. Die Fahrer dagegen wollen herausstechen aus der Masse, sie wollen nicht gewöhnlich sein. Sie sind nicht einfach nur leichtsinnig, sondern sie wollen sich den Raum zurückholen, den die Herrscher und ihre Verwaltung kontrollieren; sie sind rebellisch. Nicht die Gegenwart macht ihnen Angst, sondern die Zukunft.

Die Währung sind Wagemut und Ruhm

Im Netz kursieren unter den Stichworten »Drifting in Saudi Arabia« oder »Crazy Drifting« Videos von Rennen, die gerade noch einmal gut gehen oder eben auch nicht, etwa wenn der Pilot vor laufender Kamera und mit über hundert Sachen aus dem Wagen fliegt, sich vielfach überschlägt und liegen bleibt.

Wie aber ist das Massendelikt der illegalen Autorennen zu erklären, warum gehen so viele junge Saudis diesem Unsinn nach, der oft genug tödlich endet? Nur weil es verboten ist? Der französische Anthropologe Pascal Ménoret hat vier Jahre lang der Szene nachgespürt und ist dabei tief in diese weithin unbekannte Gesellschaft eingetaucht. In seinem Buch *Joyriding in Riyadh: Oil, Urbanism and Road Revolt* schreibt er, junge Männer begehrten so auf ihre Weise gegen polizeiliche Repression auf, gegen Überwachung, staatliche wie religiöse. Sie protestieren gegen eine Welt, die viel zu klein ist für so viel Testosteron und den Drang nach Wirksamkeit und Entfaltung.

Joyriders erschaffen ihr eigenes Königreich, das der Außenseiter. Die Unangepassten werden darin zu Stars mit eigenen Regeln. Die Währung sind Wagemut und Ruhm. Davon hat das Land deutlich zu wenig zu bieten für den Durchschnitts-Saudi der unteren Mittelschicht.

Abdullah und Fahd, ein Fotograf, sind keine Car-Drifter, aber sie sind große Fans dieser tollkühnen Piloten. Sie besuchen die Rennen, die über Social Media so heiß gehandelt werden wie heimliche Partys. Mit den Car-Driftern vereint sie die Sehnsucht nach Ausbruch und einem Raum, den auch sie mitgestalten können. »Ich will nicht angehalten werden von der Polizei, wenn ich mit meiner Freundin unterwegs bin«, sagt Fahd, 26 Jahre alt. Zusammen mit anderen jungen Saudis ist er in eine Kunstgalerie im Norden von Riad gekommen. Ich möchte mit ihnen über ihr Land sprechen.

Die Galerie liegt zwischen Brachen und Betonwänden und sieht aus wie hunderte kreative Orte in Berlin, mit Ateliers, Lounge und Kaffeebar. In Riad gibt es sie aber erst seit Kurzem. Die Gruppe wirkt kaum anders als junge Männer in Europa, manche tragen arabische Gewänder, viele sind in Jeans und T-Shirt gekommen, sie sind Journalisten, Grafiker, Juristen. Und sie wollen die gleichen Dinge wie westliche junge Erwachsene.

Masen ist 26 Jahre alt, Softwareingenieur, er sagt: »Ich glaube nicht an Geschlechtertrennung. Wenn sich jemand schlecht benimmt, lässt sich das auch anders regeln.« Er sei stolz, Teil dieses Wandels zu sein, der jetzt geschieht, nur gehe alles zu langsam. »Wir wollen Bars und Nachtclubs«, sagt ein 31-jähriger Anwalt. Er genieße seine Reisen nach Marokko und Thailand. Einmal im Monat fahre er mit Freunden nach Bahrain, in das kleine Königreich 500 Kilometer nordöstlich von Riad. Da gibt es alles, was hier verboten ist. Neben dem Anwalt sitzt Abd al-Malik, er arbeitet als Marketingexperte. »Wir hatten kein normales Leben hier bisher«, sagt Malik. Er ist 29 Jahre alt. »Jetzt lassen sie uns wenigstens atmen.«

Auch junge Männer sind in Saudi-Arabien nicht frei zu tun, was sie möchten. Zwar sind sie weniger eingeschränkt als die Frauen, müssen sich aber genauso anpassen und unterordnen, die Jüngeren den Älteren. Sie müssen bereit stehen für die Pläne, die ihre Familie für sie vorsieht. Und auch sie empfinden es als frustrierend, getrennt zu sein vom anderen Geschlecht.

Ihre Großväter und Väter hatten ihren Rausch. Sie erlebten den rasanten Aufstieg des Landes und trotzten der Wüste den Aufbau dieses modernen Staates ab, in nur wenigen Jahren mit Multimilliarden von Petrodollars. Heute sind fast zwei Drittel der Arbeitnehmer auf die eine oder andere Weise beim Staat beschäftigt. Die Jobs sind komfortabel: Die Dienstzeiten sind überschaubar, und noch kommen die Extra-Boni regelmäßig. Für die nächste Generation wird es aber nicht mehr reichen. Die fetten Jahre des Ölbooms sind vorbei. Schon heute ist ungefähr jeder vierte junge Mann zwischen 15 und 24 arbeitslos.

Wer kann, flüchtet. Junge Männer studieren im Ausland, sie bleiben so lange fort wie irgendwie möglich. Andere bauen sich eine Traumwelt, wie Iskander. Der Medizinstudent aus Medina hat einen geheimen Michael-Jackson-Fan-Club gegründet. Mit Freunden tanzt er dort Michael Jacksons Moonwalk. Sie sehen

Michael-Jackson-Videos, imitieren die fließenden Break-Dance-Bewegungen, singen seine Songs.

Das alte Saudi-Arabien gibt es nicht mehr, das neue ist noch nicht da

Ich begegne Iskander auf der Comic-Con in Dschidda. Die Besucher sind verkleidet als Superman und Joker, als Jack Sparrow oder Star-Wars-Klonkrieger. Iskander kommt als Michael Jackson, natürlich, schwarze Perücke, geschminktes Gesicht, Leggings, kurzer roter Frack. Die Mädchen sehen aus wie Doppelgängerinnen von Wonder Woman und Disneys Maleficent.

Comic-Kostümmessen wie diese wurden vor fast einem halben Jahrhundert in den USA erfunden, inzwischen finden sie auf der ganzen Welt statt. Jetzt auch in Saudi-Arabien. Die Regierung will den Frust der Jugend zerstreuen. Die Show-Ereignisse sollen wirken wie Ventile eines brodelnden Kessels, aus denen der Dampf entweichen kann, damit es nicht zur Explosion kommt.

Auf der Comic-Con können Männer und Frauen zusammen Burger und Pommes essen, sie chillen in Sitzsäcken unter freiem Himmel, hören Musik. Wie ganz normale junge Leute überall auf der Welt. »Einen Tag lang bin ich jemand, der ich nie sein darf«, sagt Iskander. Die Comic-Con geht genau drei verrückte Tage lang. Dann ist der Traum zu Ende.

Die Generation der Unter-30-Jährigen lebt in diesem Übergang. Das alte Saudi-Arabien gibt es nicht mehr, das neue ist noch nicht da.

Die Regierung schickt neuerdings Billiglohnkräfte aus Bangladesch und Pakistan zurück in die Heimatländer, indem sie ihren Arbeitgebern Straflöhne für ihre Beschäftigung auferlegt. Sie nennen das »Saudisierung«. Saudi-Araber sollen künftig selbst Klempnerbetriebe eröffnen und Schichten auf dem Bau schieben, auch für wenig Geld.

Mehr Freiheit, mehr Risiko

Jahrzehntelang hat die Regierung das Volk üppig versorgt und auf diese Weise ruhig gehalten, mit guten Jobs beim Staat, mit Sonder-Boni, Extra-Gehältern, Geschenken. Für junge Saudis wird es all das nicht mehr geben. Das Königreich kann es sich nicht mehr leisten. Das einst so märchenhaft reiche Land hat in den letzten Jahren hunderte Milliarden Dollar seines Vermögens verloren.

Der junge Thronfolger Mohammed bin Salman verspricht der Jugend trotzdem eine glänzende Zukunft. Sie heißt »Vision 2030«. Das neue Saudi-Arabien soll bunt sein, modern und moderat. Die strengen Gesetze der Wahhabiya stören oft bei diesem tiefgreifenden Umbau, deshalb werden jetzt viele Regeln gelockert. Die Religion der Zukunft sind jetzt Nationalismus, Entertainment, Tourismus und Sport.

Die Zukunft, wie der Thronfolger sie sieht, ist voller Unterhaltungsparks, innovativer Industrien, Fünf-Sterne-Hotels und moderner Mega-Städte, die mit erneuerbaren Energien betrieben werden. In dieser Zukunft werde es phantastische Chancen für Unternehmer und Investoren geben, sagt Prinz Mohammed bin Salman.

Die Zukunft, wie viele junge Saudis sie sehen, ist voll von Risiken und Unbekanntem. Sie sehen die Popkonzerte, die Monster-Car-Shows, die spektakulären Autorennen der Klasse Formel E für Elektro-Rennwagen. Sie sehen aber auch, dass große Baustellen stillstehen und Investoren Projekte abziehen. Und sie hören, dass der Staat schon jetzt oft im Verzug ist, Rechnungen an Vertragsfirmen zu begleichen. Sie fühlen, dass es gerade eher abwärts als aufwärts geht mit ihrem Land.

Manche Gespräche hier erinnern mich an das Ende der Deutschen Demokratischen Republik, deren Bürger plötzlich den Härten des freien Marktes ausgesetzt waren. Endlich hatten sie die Freiheiten des Kapitalismus, die sie sich wünschten, dafür aber keine garantierten Jobs mehr und keinen gesicherten Anspruch

auf eine Wohnung. Alte Gewissheiten waren über Nacht wegge-
brochen – und die Sicherheit, die das System ihnen gewährleistet
hatte.

Die Drifter rasen in eine unsichere Zukunft

Wie also wird das Leben aussehen für einen jungen Saudi-Araber
aus as-Suwaidi oder al-Mascha'il im ärmeren Süden von Riad,
wenn die staatlichen Ressourcen aufgebraucht sind? Schuftet er
dann tagsüber auf der Baustelle und fährt nachts als Uber-Chauf-
feur Taxi, während seine Frau an der Supermarktkasse steht? Und
werden die Royals dann weiter in den Partykellern ihrer Paläste
ausschweifende Whisky-Feten feiern?

Die Drifter der Joyriding-Szene können womöglich gar nicht
präzise benennen, gegen was oder wen genau sie rebellieren, und
doch treffen sie ihre Gegner ganz empfindlich. Prediger, Polizis-
ten und Eliten fühlen sich bedroht durch die raumgreifende Kraft
der halsbrecherischen Piloten, die sie als genau das erkennen, was
sie sind: eine Gefahr für die bestehende Ordnung.

Die Drifter sind die Marginalisierten aus den einkommens-
schwachen Stadtteilen. Sie sind waghalsig und bringen sich damit
oft genug selbst zu Tode. Sie werden zu einer Art brutal inszenier-
tem Kunstwerk und machen sich als Opfer sichtbar.

Car-Drifter hat es schon vereinzelt zu Beginn des Ölbooms
gegeben, seit den 1970er Jahren. Sie markieren die Zeitenwende
zur Moderne, als das Öl zum Motor wurde für Wachstum und
Fortschritt. Heute sind die Joyrider ein Massenphänomen und
ihre rohe Form der Kreativität ist die Sprache der Straße.

Es gibt also diese jungen Männer, die jetzt in eine ungewisse
Zukunft rasen, und die älteren, die längst auf der sicheren Etappe
angekommen sind. Die Älteren müssen sich meist nicht sorgen um
ihr Auskommen, sie sorgen sich um die schwankenden Kurse ihrer
Aktien, sie kämpfen gegen Diabetes und Übergewicht. Sie repräsen-
tieren das Goldene Zeitalter, das es eigentlich gar nicht mehr gibt.

Einer dieser älteren Männer, ein Chirurg, lädt mich zu einem Treffen in die Istiraha seiner Freunde ein, in der Wüste, dreißig Minuten außerhalb der Stadt. Istirahas sind im Königreich die traditionellen Rückzugsorte für Männer. Der Begriff bedeutet »dort, wo man Entspannung sucht«. In Russland ist es die Datsche, in Deutschland die Schrebergartenlaube. Hier sind es Lehmhäuser auf dem Land oder Beduinenzelte, im Nordosten des Landes werden sie Nakchla genannt, dann liegt das Grundstück unter Palmen. Die Männer versammeln sich dort, meist abends, so wie viele deutsche Männer sich regelmäßig zum Skat im Gasthaus treffen.

Die Istiraha, in die ich komme, ist ein großes Zelt mit kleinen Anbauten, ausgelegt mit dicken Teppichen. Es gibt weiche Sofas, Tische, einen Ofen und eine fest installierte Feuerstelle. Ein Dutzend Männer sitzt in dem Zelt. Sie spielen Baloot, ein beliebtes Kartenspiel, das wohl Einwanderer vor etwa hundert Jahren auf die Arabische Halbinsel brachten, es ist ähnlich dem französischen Belote.

Die Männer sind fünfzig, sechzig, siebzig Jahre alt. Sie arbeiten in Ministerien, Botschaften, Behörden oder sind schon pensioniert. Dreimal die Woche kommen sie hier zusammen, seit Jahrzehnten. Sie haben Karriere gemacht, Familien gegründet. Und sie helfen einander. Wenn das Leben schwierig ist, lässt sich hier vieles auf dem kurzen Dienstweg erledigen.

Auf einem Flatscreen laufen ägyptische Liebesfilme mit berühmten Schauspielerinnen wie Shadia oder Soad Hosny. Ein Koch brät Hühnchen im Holzfeuerofen. Hühnchen oder Lamm mit Reis sind die Lieblingsgerichte der Männer in diesem Teil der Welt und damit vielleicht eines der wenigen Dinge, die fast alle Männer im Königreich über alle Generationen und Klassen hinweg teilen. Zum Nachtisch gibt es einen Milchpudding mit Pistazien.

Die Herren rauchen Schischa. Ein Diener versorgt sie mit Tee und glühenden Kohlen, die die qualmenden Glasbehälter am Dampfen halten.

Draußen die Wüste, darüber leuchten hell die Sterne. Diese Männer, man kann es nicht anders sagen, haben es sich in ihrem Wüstenzelt nett eingerichtet – so nett es eben sein kann ohne Frauen.

Die Männerlaufgruppe oder
wie Herr Siad seine Leichtigkeit verlor

*1979 kam es in Saudi-Arabien zu einem dramatischen
Ereignis. Ein Bauingenieur erinnert sich, wie schmerzlich junge Saudis die daraufhin eingeleitete Wende zu
einem autoritär durchgesetzten ultrakonservativen Islam
erlebten. Er selbst war zwanzig damals, und verliebt.*

In der Ibn-Ammar-Straße im Zentrum von Riad ist es fast so
still wie auf einer Alm in Oberbayern, nur der kehlige Gesang
der Muezzine dringt regelmäßig durch die Gassen. Es gibt keine
spielenden Kinder, keine Autokolonnen, niemand geht spazieren.
Das Leben der Menschen hier spielt sich hinter Mauern ab.

Aber diese Stubenhockerei führt inzwischen fast zum nationalen Bewegungsstillstand: 13 Prozent der Saudi-Araber bewegen
sich weniger als eine Stunde pro Woche. Sie nehmen das Auto.
Fahrrad fahren hier nur arme Leute und Exoten. Frauen sowieso
nicht, das wäre unanständig. Sieben von zehn Einwohnern sind
fettleibig, und Magenverkleinerungen sind in der Schönheitschi-
rurgie gerade der letzte Schrei.

Auch ich bin schon ganz häuslich geworden und gehe nur noch
vor die Tür, wenn ich Termine habe. Aber nach fast drei Wochen
ist es genug. Es drängt mich ins Freie und nach Bewegung, nur wo?

Ich rufe einen deutschen Bekannten an, der immer eine Lösung weiß. Er sagt, er sei Teil einer Männerlaufgruppe, die sich dreimal wöchentlich trifft, auch heute.

Wir fahren zum Treffpunkt in den Norden von Riad. In einem großen Gästezimmer sitzt ein halbes Dutzend saudi-arabischer Gentlemen zusammen. An den Wänden sind Bankreihen aufgestellt, jeder, der durch einen Freund oder Verwandten eingeführt wird, ist willkommen. Es passiert nicht viel bei diesen Treffen, die Männer sitzen beieinander, sie reden, schweigen, und doch geschieht einiges. Tagesaktuelle Nachrichten werden ausgetauscht und wie nebenbei kleine und auch größere Probleme gelöst.

Ritual aus vergangener Zeit

Das Gästezimmer gehört zu einem größeren Anwesen, in dem mehrere Brüder mit ihren Familien wohnen. Der Hausherr, Abd al-Asis, führt ein Imperium aus Baufirmen aller Art. Sein Auftreten ist selbstbewusst und doch zurückhaltend.

Dass ich eine Frau bin, stört ihn nicht – solange ich keine Saudi-Araberin bin. Die dürfte natürlich nicht an einem Männerabend teilnehmen. Nur westliche Frauen besitzen das Privileg, Zugang zu beiden Welten zu haben, der weiblichen und der männlichen. Das gilt übrigens auch in Afghanistan, Pakistan, im Irak.

Es gibt Gahwa, Kaffee aus kaum gerösteten Bohnen, in einer bauchigen Silberkanne. Nachgeschenkt wird so lange, bis der Gast die kleine Tasse hin und her schwenkt. Das Ritual stammt aus vergangener Zeit, als die Obrigkeit taube Diener einstellte. Sie sollten keine Informationen aufschnappen, die nicht für ihre Ohren bestimmt waren.

Schließlich brechen wir Sportler auf, ein Brite, ein Saudi-Araber, der Deutsche und ich. Die Männerlaufgruppe.

Eine der wenigen Joggingstrecken unter freiem Himmel in Riad verläuft entlang der Mauern des neu errichteten Erziehungsministeriums. Herr Siad ist einer der langjährigen Kollegen des Bauunternehmers, ein Ingenieur. Er wird im nächsten Monat sechzig und führt die Gruppe mit erstaunlich flottem Schritt an.

Dass ich hier zusammen mit drei mir kaum bekannten Herren um das Ministerium laufe, offenes Haar, kein Gesichtsschleier, nur in Abaja, die ich über der Jogginghose trage, kann getrost als kleine Sensation betrachtet werden. Herr Siad jedenfalls fühlt sich plötzlich schmerzlich an die Unbeschwertheit seiner Jugend erinnert. Sie wurde ihm genommen, als hier die strikten religiösen Regeln eingeführt wurden.

Er sei damals 19 Jahre alt gewesen, sagt Herr Siad, Student. Man hörte öffentlich Musik, die meisten Frauen gingen unverschleiert. Die Mäntel reichten auf den Oberschenkel, nicht auf den Boden. Er kannte seine heutige Frau bereits, Amira, eine Freundin seiner Schwester.

Geburtsstunde des modernen Dschihadismus

Das Land sei konservativ gewesen, die Religiösen präsent, »aber sie beherrschten unsere Gesellschaft nicht«, erzählt Herr Siad schnaufend, während wir zügig an den Rabatten des Ministeriums vorbeilaufen. Anders als heute verlief das Leben der Männer und Frauen nicht vollkommen getrennt voneinander. Der Ölboom war in vollem Gange, und das Land entwickelte sich dank zahlloser Experten aus den USA und Großbritannien rasend schnell zu einer zunehmend modernen Nation.

Dann geschah etwas, das alles veränderte und von vielen als Geburtsstunde des modernen Dschihadismus gesehen wird. Am Morgen des 20. November 1979, einem Dienstag, dem ersten Tag des Jahres 1400 islamischer Zeitrechnung, überfielen hunderte schwer bewaffneter Islamisten die Große Moschee in Mekka. Mit der Kaaba, dem Haus Gottes, ist sie das wichtigste Heiligtum der Muslime. Der Anführer der Terrorgruppe hieß Dschuhaiman al-Utaibi, er war 42 Jahre alt, breite Wangenknochen, dichtes, schwarzes Haar, kräftiger Bart, Sohn einer Beduinenfamilie aus der zentralarabischen Provinz Kassim.

Dschuhaiman al-Utaibi hatte seine akademische Ausbildung an der Scharia-Fakultät der Islamischen Universität Medina erhalten – als Schüler des Abd al-Asis bin Bas, einem der reaktionärsten saudischen Theologen des 20. Jahrhunderts, der 1993 zum Großmufti Saudi-Arabiens aufstieg. An der Universität hatte Dschuhaiman al-Utaibi wütende Schriften gegen die Moderne und gegen den korrupten Staat verfasst. Er behauptete, Telefon, Fernsehen und Automobile entfremdeten den Menschen von seinem Gott. Utaibi verachtete die Herrscherfamilie der Sauds als verdorbene Büttel des Westens und beabsichtigte, einen religiösen Aufstand gegen den König zu provozieren.

An diesem Morgen entriss der Rebellenführer in der Moschee dem Vorbeter das Mikrofon. Den staunenden Gläubigen präsentierte er einen jungen Mann als »Mahdi«, jenen in den heiligen Schriften angekündigten Erlöser, der den Menschen vor dem Jüngsten Gericht erscheinen würde. Die königlichen Wachen nahmen sofort den Kampf auf. Eine wüste Schießerei begann, Minuten später lagen die ersten Toten auf dem weißen Marmor des Moscheehofs. Aber es dauerte noch zwei Wochen und kostete einige hundert Menschenleben, bis die Kaaba wieder befreit war.

Handschuhe bei 45 Grad im Schatten

Für das Königshaus war der Vorfall eine Katastrophe. Der »Hüter der zwei heiligen Stätten« von Mekka und Medina, so lautet der offizielle Titel des saudischen Königs, hatte zu guter Letzt noch französische Spezialkräfte zu Hilfe rufen müssen, um die Besetzung zu beenden. Dass »Ungläubige« die Kaaba retteten, war in den Augen der Religiösen eine kaum zu tilgende Schande für den König.

Herr Siad umkreist jetzt ein Blumenbeet am Ende des Erziehungsministeriums, Halbzeit. Wir sind drei Kilometer gelaufen.

Der Bauingenieur drückt in seinem schwarzen Jogginganzug die Knie durch und berührt gelenkig mit den Fingerspitzen den Boden. »Man könnte sagen, dass damals in Mekka die Blutspur gelegt wurde«, sagt er, tief durchatmend, als er wieder aus der Beuge kommt. Die Blutspur, damit ist der Todeskult der Qaida gemeint, dessen Saat der Fundamentalist Dschuhaiman al-Utaibi im November 1979 in Mekka säte. Er und seine Unterstützer hatten dem mit dem Westen im Bunde stehenden Haus Saud damals den »Heiligen Krieg« erklärt.

Ihre geistigen Brüder, Osama bin Ladens Anhänger, trugen den Kampf später weiter in den Westen, als sie am 11. September 2001 ihre Flugzeuge in New York ins World Trade Center steuerten, und dann auch nach London, Madrid, Paris und Berlin.

Das Attentat von Mekka stellte die islamische Legitimation des Königs infrage. Eigentlich befand sich der Herrscher mit den Religionsgelehrten in einem Treuebund. König Khalid, der damals das Wüstenreich regierte, musste seine Macht daher neu absichern und gleichzeitig das religiöse Establishment beschwichtigen. Er hoffte, beides gleichzeitig zu erreichen, indem er den Klerikern freie Hand gab, das Volk mit ihren strikten Vorschriften künftig in Schach zu halten.

Bald war die Religionspolizei der »Behörde zur Förderung von gefälligen und Verhinderung von verwerflichen Taten« überall auf den Straßen unterwegs. Frauen wurde nur noch gestattet, das Haus in Begleitung des Vaters, Bruders oder Ehemanns zu verlassen, dem Wali, dem Vormund. Darüber hinaus waren Kontakte zwischen Männern und Frauen nunmehr *haram*, verboten.

Um ihre Hingabe an Gott zu zeigen, sollten Frauen ihr Gesicht verhüllen, ebenso die Füße, und möglichst Handschuhe tragen, selbst bei 45 Grad im Schatten. Viele Saudi-Araberinnen legen über den Nikab noch heute zusätzlich einen dunklen Gaze-Schleier, damit auch die Augen vor begehrlichen Blicken verborgen sind.

Bis der heutige König Salman die Befugnisse der Tugendwächter auf den Straßen wieder reduzierte, gut 35 Jahre später, kontrollierte die Religionspolizei bei ihren Razzien sogar die Händler auf den Basaren, die den langen schwarzen Frauenumhang verkauften, um sicherzustellen, dass die Abaja nicht mit dekorativen Details oder gar in anderen Farben angeboten wurde.

Musik und rauscherzeugende Getränke

Historisch gesehen war dies eine effektive Strategie, um die Eliten des Landes zufriedenzustellen und das Protestpotential im Volk zu unterdrücken. Denn die Macht der Königsfamilie in Riad gründet sich auf einen alten Vertrag, geschlossen zwischen dem erzkonservativen Rechtsgelehrten Ibn Abd al-Wahhab und Ibn Saud im Jahr 1744. Vereinbart wurde, dass Ibn Abd al-Wahhab und dessen Nachkommen über die religiösen und sozialen Belange herrschen würden, während Ibn Saud sich um die militärischen und politischen Angelegenheiten kümmern werde.

Beide Führer wollten damals auf der Arabischen Halbinsel einen Staat nach ihren Vorstellungen errichten, und weil keiner dies allein vermochte, schworen sie einander Treue sowie, die Macht in einem künftigen gemeinsamen Königreich zu teilen. Der faustische Pakt hat bis heute Gültigkeit zwischen den Al Saud und den Al Scheikh, wie die Nachfahren von al-Wahhab dann genannt wurden, da der Gelehrte von allen nur ehrfürchtig asch-Scheikh genannt wurde.

Gemäß der puristischen Lehre ihres Gründers verbannten die sogenannten Wahhabiten Tabak, Alkohol und Musik aus ihrem Land. Wer Ud spielte, ein traditionelles Saiteninstrument, galt plötzlich als schlechter Mensch, der mit seiner Laute die Sinne berauscht und Frauen zu Unkeuschheit verführt.

Herr Siad erzählt, er habe schon als Teenager Filme geliebt. Eine besondere Leidenschaft hegt er für das ägyptische Kino, das in den 1970ern und 1980ern seine große Zeit hatte. En vogue waren sozialkritische Themen, wie im Westen auch. Doch anstatt aufzubrechen in eine neue Zeit, wie in den USA, in Kanada, in

Europa, wurden den Saudi-Arabern alle Zugänge zur freien Welt abgeschnitten. »Aus!«, sagt Siad, der Bauingenieur, und macht eine Handbewegung wie ein strenger Vater, der seinen Kindern endgültig etwas verbietet. Das Kino kam auf den Index. Sofort fühlen wir uns ebenfalls betroffen und hören auf zu joggen, die Männerlaufgruppe und ich. Die letzten Meter bis zum Ausgang des Ministeriums spazieren wir nur noch.

Nach jedem Fehltritt droht das Höllenfeuer

Das Leben des jungen Herrn Siad nahm 1979 eine dramatische Wende. Vorbei die Picknicks mit der Freundin bei Musik aus dem Kassettenrekorder. Herr Siad musste Amira heiraten, um ihre Bekanntschaft aufrechtzuerhalten. Filme konnten er und seine Frau erst viel später im Ausland wieder sehen, als der Ingenieur ausreichend Geld verdiente, um sich Reisen leisten zu können. Seine Kinder, zwei Töchter und drei Söhne, wuchsen in einer gänzlich anderen Welt auf: nach Geschlechtern getrennt, die Mädchen verschleiert, unterrichtet von Klerikern, die nach jedem Fehltritt mit dem ewigen Höllenfeuer drohten.

Der Fundamentalismus wurde das Instrument absoluter Gesellschaftskontrolle. Die strengen Regeln waren aber auch das Bollwerk gegen revolutionäre Ideen, wie sie die Nachbarländer ergriffen hatten: Ägypten und schließlich auch Iran. Die Völker beider Staaten hatten damals ihre Monarchen verjagt. Sie riefen Republiken aus, um Mitsprache zu haben und ihre Unterdrückung zu beenden. Der Schah von Persien, Resa Pahlewi, war in Teheran nur Monate vor Dschuhaiman al-Utaibis Anschlag in Mekka gestürzt worden. Ein vergleichbares Schicksal galt es für die Sauds abzuwehren, mit allen Mitteln.

Inzwischen haben wir 540 Kalorien verbraucht, sagt der Zähler am Handgelenk des Briten, und 6205 Meter zurückgelegt. Zumindest damit sind alle zufrieden, auch Herr Siad. Die Herren werden den Abend noch im Gästezimmer ausklingen lassen, wie immer. Abd al-Asis, der Bauunternehmer, hat eine Überraschung vorbereitet, einen Film mit der bis heute verehrten sogenannten Cinderella des ägyptischen Dramas, Soad Hosny, aus dem Jahr 1981, also kurz nachdem die Filmtheater im Königreich verboten wurden. Er trägt den vielversprechenden Titel »People on the top«.

Kleine Fluchten: Die Malls

*In Reiseführern sind sie bei den Sehenswürdig-
keiten ganz oben aufgeführt: Shopping-Paläste
sind im Königreich viel mehr als schnöde Konsum-
tempel – hier spielt sich das wahre Leben ab.*

In der heißen Wüste ist ein Shopping-Center die Oase von
heute: kühl und erfrischend. Ein Illusionsraum, in dem es sich
der Mensch bei Milch und Honig wohlergehen lassen kann,
auch wenn das Nährende heute eher aus Häagen-Dazs-Eiscreme
und Coca-Cola besteht. Das Wichtigste aber ist: Hier kann man
andere Menschen sehen.

Auch ich kenne inzwischen dieses Ich-muss-mal-in-die-Mall-
Gefühl-und-Leute-gucken, raus aus der Enge der eigenen vier
Wände. Das Tagessoll am Schreibtisch ist erledigt, der Abwasch
gemacht. Das kann doch noch nicht alles gewesen sein!

Die Straßen in Saudi-Arabien sind abgesehen vom Autover-
kehr fast immer menschenleer. Selbst die zentralen Plätze der
Hauptstadt wirken meist wie ausgestorben. Das liegt zum einen
an der Hitze: Über 39 Grad als durchschnittliche tägliche Höchst-
temperatur in den Sommermonaten sind ziemlich viel. Es liegt
aber auch an der Gesellschaft. Der öffentliche Raum gilt als
unkontrollierbar, sündhaft. Verführung und Verbrechen lauern

überall, heißt es. Sich in diesen Gefahrenraum zu begeben, muss möglichst vermieden werden. Frauen und Kinder steigen daher bereits in der hauseigenen Garage in den Wagen und erst am Zielort hinter den Mauern wieder aus.

In Touristenführern werden die berühmtesten Malls in Riad gleich hinter dem Nationalmuseum und der Masmak-Festung genannt, als bedeutende Sehenswürdigkeiten: Al Nakheel Mall, Centria, Granada Centre, Riyadh Park Mall, Kingdom-Centre. Sie gehören zu den wenigen öffentlichen Begegnungsstätten überhaupt im Königreich. Vielen Ultrakonservativen gelten die glitzernden Shopping-Tempel als unheilige Brücke, die vom saudi-arabischen Konsum-Himmel direkt in die Hölle führt.

Umkleidekabinen gibt es nicht – es könnten Kameras darin versteckt sein

Am Eingang finden sich oft Bekleidungsvorschriften, wie ich sie sonst nur von christlichen Gotteshäusern in Südeuropa her kenne. »Keine kurzen Hosen, keine nackten Arme, keine ›ungewöhnlichen Frisuren‹«. Mitten beim Einkauf kann es passieren, dass die Lichter ausgehen und die Rollläden heruntergelassen werden, fünfmal am Tag ist Gebetszeit. Dann schließen alle Geschäfte für dreißig Minuten. So viel Zeit sollte man schon mitbringen.

Um mich modisch etwas an den Stil meines neuen Lebensumfelds anzupassen, begebe ich mich in die elegante Centria Mall. Mit einem Stapel Tuniken und bodenlanger Kleider im Arm suche ich die Umkleide. Allerdings ist das Konzept Anprobe vor Kauf hier leider unbekannt. Der Grund dafür liegt auf der Hand: Männer könnten in den Umkleidekabinen Kameras versteckt haben und die Frauen beim Umziehen filmen. Die Kundinnen kaufen also alle Waren, an denen sie Interesse haben, probieren sie zuhause an und bringen alles nicht Passende zurück. Etwas ratlos gebe ich die Kleider zurück. Später werde ich es genauso machen wie die Einheimischen.

Aber auch die Männer hatten es nicht immer leicht. Bis zu König Salmans Amtsantritt im Januar 2015 durften männliche Singles ohne Begleitung ihrer Mutter oder Schwester die Mall gar nicht erst betreten. Junge Männer kämen doch nur, um dort junge Frauen zu treffen, sagten die Älteren. Und so ganz falsch lagen sie nicht.

Deshalb wachte die Religionspolizei darüber, dass die Männer draußen blieben.

Ausgehungert nach Kontakt und Konsum

Diese Tugendwächter werden Mutawwa genannt. Sie tragen lange Zottelbärte und Hochwassergewänder. Das soll unter den Anhängern Mohammeds die Mode gewesen sein zu Zeiten des Propheten, also in der ersten Hälfte des siebten Jahrhunderts. Dabei galt ein zu kurzes Gewand als Zeichen der Bescheidenheit, während ein langes Gewand die Reichen und Eitlen kennzeichnete.

Wenn die Mutawwa in der Mall einen Sünder erblickten, warfen sie ihn mit Schimpf und Schande hinaus oder schleppten ihn gleich auf die Wache. Dort wurde dann entschieden, ob er dem strafenden Vater oder der Justiz übergeben wurde oder, zum Beispiel bei Widerstand, sofort ein paar Ohrfeigen fällig waren.

Zuhause im Berliner Gesundbrunnen-Center mit seinen über hundert Geschäften und all dem hohlen Überfluss überfällt mich meist nach spätestens einer Stunde ein trauriges Gefühl. Ist Konsum nicht doch nur Kompensation für das versäumte wahre Leben? Habe ich den Kontakt zur Natur und den wirklich wichtigen Dingen verloren?

Hier in Saudi-Arabien dagegen bin ich nach drei Wochen in meinem Apartment so ausgehungert nach Kontakten und Konsum, dass ich die Rückfahrt noch hinauszögere mit einem Aufenthalt im Mall-eigenen Spa und, ein Stück weiter, mit einem Besuch bei Bateel, dem feinsten Schokoladenhersteller des Königreichs.

Dort verkoste ich die jüngsten Pralinenkreationen mit Nougat, Dattelmus und Krokant.

Am Ende sitze ich mit meinen Einkäufen wieder glücklich auf der Dachterrasse der Centria Mall. Dort können Männer und Frauen schon seit einiger Zeit ganz unkompliziert zusammensitzen, an einem Tisch. Und angeblich dürfen Frauen sogar rauchen. Ein echter Geheimtipp.

Die Mutawwa mit den langen Bärten gibt es natürlich immer noch. Aber seit April 2016 dürfen sie niemanden mehr festnehmen, ohne Zweifel ein Meilenstein auf dem langen Weg zur Öffnung der Gesellschaft. Den Frauen jedenfalls verschafft das ein gutes Stück Bewegungsfreiheit.

Das Überraschendste an der Entmachtung der Religionspolizei ist vielleicht, dass nur ganz wenige der Religiösen aufbegehren. Bis heute gibt es keine Proteste in der Moschee, keine Tweets. Kein einziger Imam in ganz Saudi-Arabien kritisiert öffentlich den Entscheid des Königs. Eine Erklärung dafür ist, dass die meisten Vorbeter auf der Gehaltsliste des Staates stehen und der Sicherheitsapparat auf den Befehl der Regierung hört. Die Frommen fürchten also, ganz weltlich, um ihre Existenz und um ihre Freiheit. Kritische Äußerungen enden für Aufmüpfige in diesen Tagen schnell im Gefängnis.

Endlich finde ich einen Religionspolizisten, der bereit ist, trotzdem kurz darüber zu sprechen, wie es ist, wenn man als ehemals wichtige moralische Instanz im Land seinen Einfluss verliert. Suleiman überrascht mich. Er ist 48 Jahre alt, Bart, blitzende Augen, trägt eine schwarze Bischt, einen Leinen-Umhang mit Goldbesatz. Die Ghutra über seinem bärtigen Gesicht hat er nur lose auf das Haupt gelegt. Ich treffe ihn in einer Mall in Riad und er lädt mich auf einen arabischen Kaffee in seine Amtsstube ein. Sie befindet sich nur eine Straße weiter. »Ist dieser Machtverlust ein Problem für Sie? Fürchten Sie, dass die Jugend jetzt moralisch verlottert?«, will ich wissen.

Der Mutawwi Suleiman scheint ziemlich pragmatisch. Er sagt, dass Gott den König führe und er dem König folge. »Ob es richtig ist, dass die Mutawwa die Muslime nicht mehr so unterstützen und leiten wie bisher, damit sie nicht vom Weg abkommen, ist jenseits meiner Weisheit«, sagt er vorsichtig. Er selbst habe im Privaten seine persönliche Beziehung zu Gott, danach erziehe er seine Kinder. Eine seiner drei Töchter studiere gerade im Ausland, in Frankreich, allerdings sei der Bruder zur Aufsicht dabei.

Im Alltag prallen die neue Liberalisierung und eine jahrzehntelang staatlich verordnete religiöse Strenge trotzdem immer mal wieder aufeinander: An einem der nächsten Tage beobachte ich in Riads bekanntester Mall im Kingdom-Centre einen Mutawwi, der vor einem marmornen Parfümverkaufstisch lautstark zwei Frauen anherrscht, weil sie keine Kopfbedeckungen tragen. Der Mutawwi schimpft, die Frauen vernachlässigten ihre religiösen Pflichten. Sie beschmutzten das Heilige Land und würden bald für immer in der Hölle schmoren. Die halbe Etage wird Zeuge des Spektakels, die beiden Frauen allerdings drehen sich nur kurz zu dem krakeelenden Religionspolizisten um, zucken die Schultern, um sich dann wieder den Düften zuzuwenden.

Nach fünf Minuten zieht sich der Tugendwächter frustriert zurück.

Tod eines Kritikers: Wir kriegen dich

Der Journalist Jamal Khashoggi war ein einflussreicher Insider der Herrscher-Elite. Als er ins Exil ging, nach Amerika, und der Politik des Kronprinzen öffentlich widersprach, betrachtete die Führung in Riad das als Verrat. Deshalb musste er sterben.

An dem Tag, an dem Jamal Khashoggi verschwindet, dem 2. Oktober 2018, bin ich gerade in der Ostprovinz Saudi-Arabiens, in der Stadt Dammam. Sieben Jahre zuvor traf ich Jamal zum ersten Mal. Seither hielten wir Kontakt. Ich sah ihn in Riad oder Dschidda, wir sprachen über Skype miteinander, vor allem seit er 2017 in die USA übergesiedelt war. Er lebte dort im Exil. Jamal war für mich wie für viele Journalisten ein wertvoller Gesprächspartner.

In den folgenden Tagen verfolge ich die Nachrichten über sein Verschwinden – und seine Ermordung, wie sich herausstellt – ungläubig. In den Berichten türkischer Sicherheitsleute taucht immer wieder das Wort »dismembered« auf. Ich gebe das Wort in die Suchleiste meines Browsers ein. »Dismembered« bedeutet so viel wie zerlegt, zerstückelt. Angeblich gibt es Tonaufnahmen, die belegen, wie Jamal Khashoggi erst gefoltert, dann getötet und schließlich zerstückelt wird.

Von einer Knochensäge ist die Rede, die ein »Hit-Team« aus Riad mit sich geführt habe, ein Killerkommando, das nur für wenige Stunden in die Türkei geflogen sein soll, um Khashoggi im Konsulat in Istanbul zu töten. Einige dieser als Touristen getarnten Agenten gehörten offenbar zum persönlichen Schutzteam des Kronprinzen Mohammed bin Salman. Erwähnt wird explizit ein Forensiker, der sich auskennt mit dem Zerlegen von menschlichen Körpern.

Die Päckchen mit den Überresten seien dann in einem schwarzen Van mit verdunkelten Scheiben in die Residenz des Konsuls gebracht worden, nur wenige hundert Meter weiter. Dort lägen sie jetzt, womöglich im Garten vergraben, besagen die Gerüchte hier in Saudi-Arabien. Oder haben die Männer aus Saudi-Arabien Jamals Körperteile bei ihrer Ausreise mitgenommen, in Koffern? Später heißt es, Jamals sterbliche Überreste seien wahrscheinlich in Säure aufgelöst worden. Sie wurden jedenfalls bis heute nicht gefunden.

Bevor Khashoggi ins Exil ging, galt er im Königreich als einer der führenden Journalisten. Wahrscheinlich war er der am besten informierte.

Unser erstes Treffen findet in schwindelerregenden knapp 300 Metern Höhe statt, in einem Büro mit bodentiefen Glasfenstern im Kingdom-Centre, dem Wahrzeichen von Riad und höchsten Gebäude der Stadt. Es ist die Zeit des Arabischen Frühlings.

Die Stimmung ist aufgewühlt in diesen Tagen. Alles wird neu gedacht, und Jamal sagt in diesem Gespräch unglaubliche Dinge: »Die Zeit der absoluten Monarchie ist vorbei«, und »Demokratie ist die einzige Lösung.« Jeder saudi-arabische Journalist wäre für diese Sätze, hätte er sie öffentlich ausgesprochen, ins Gefängnis gegangen.

Khashoggi und Osama bin Laden waren mal Freunde

Khashoggi arbeitet zu dieser Zeit für einen der reichsten Männer der arabischen Welt, Prinz Walid bin Talal, einen Neffen des damaligen Königs Abdullah. Für ihn baut Khashoggi einen Fernsehsender auf; ein Vorhaben, das nicht nur in diesem Teil der Welt Ausdruck von Machtanspruch und Deutungshoheit ist. Ein privater TV-Sender beeinflusst das Volk politisch und sozial, und in diesen Tagen wird das als besondere Provokation betrachtet. Die Herrscher wittern Umsturz und Revolution. Khashoggis Patron, Prinz Walid, gilt zudem als fortschrittlicher Reformer, aber auch als exaltiert.

Khashoggi bewegt sich wie selbstverständlich in diesen einflussreichen Kreisen. Er kennt die Royals wie kaum ein anderer und weiß, wer in der Familie mit wem um Macht und Geschäfte rivalisiert. Er agiert im Schutz wechselnder Protektoren.

Schon damals gibt es Verwerfungen. Denen, die zu starke eigene politische Vorstellungen entwickeln, werden auch unter König Salmans Vorgänger Abdullah die Flügel gestutzt. Als der von Khashoggi auf die Beine gestellte Sender nach vier Jahren und hunderttausenden Dollar Entwicklungskosten auf Sendung geht, in Bahrain, sende ich meinem Kollegen Glückwünsche. Anstatt einer enthusiastischen Antwort erhalte ich nur ein paar dürre Zeilen: »Danke, aber sie haben uns nach zehn Stunden abgeschaltet ... Ich bin sehr wütend, halte im Moment aber noch still.«

Zuvor hatte Khashoggi auch den ehemaligen langjährigen Geheimdienstchef und späteren Botschafter in London und Washington beraten, Prinz Turki bin Faisal. Er erhielt dadurch Einblicke, die selbst führenden Politikern in Saudi-Arabien verborgen bleiben. Und er war befreundet mit Osama bin Laden, bevor sich dieser zum Terrorchef radikalisierte.

Bin Laden war der Sohn des damals reichsten saudischen Bauunternehmers und folgte – wie Khashoggi – in den 1970ern der politischen Ideologie der Muslimbrüder. Khashoggi und Osama bin Laden waren fast gleich alt.

Die beiden begegnen sich zum ersten Mal in den frühen 1980er Jahren, als Khashoggi als Reporter nach Afghanistan reist. Er interviewt bin Laden in den Höhlen von Tora Bora, einem Rückzugsort der Mudschahidin, und später noch einige Male. Er zeigt mir ein Foto dieser Szene – Khashoggi im Kreis von bin Ladens Gefolgsleuten, bewaffnet mit Kalaschnikows, mit ihrem Anführer. Er schickt mir das Foto per E-Mail. Es ist in diesem Buch im Fototeil abgedruckt. In diesen frühen Tagen gilt bin Laden selbst unter westlichen Geheimdiensten noch als Held. Er kämpft mit seinen Kriegern gegen die Sowjets. Der Westen und bin Laden haben ein gemeinsames Ziel: die Rote Armee zum Abzug zu zwingen.

Anfang der 1990er flieht bin Laden in den Sudan. Er hat seiner Heimat Saudi-Arabien den Krieg erklärt. Die Verbindung zwischen Osama und Jamal besteht jedoch fort. Der saudische Geheimdienst will den Kontakt zwischen den beiden Männern nutzen und beauftragt Khashoggi, mit Osama bin Laden über einen Frieden mit dem Herrscherhaus zu verhandeln. Khashoggi reist 1995 in die sudanesische Hauptstadt Khartum, um den Terrorführer zur Rückkehr zu bewegen – erfolglos.

Vieles im Königreich lässt sich nur verstehen, wenn man über Kenntnisse aus dem innersten Zirkel der Macht verfügt. Dazu gehört, warum das Königshaus bestimmte religiöse Führer im Inland und Kampfgruppen im Ausland unterstützt, andere aber verfolgt.

Dass Khashoggi über all das Bescheid wusste, machte ihn zu einem geschätzten Kontakt von Analysten, Diplomaten und Journalisten. Ihm kam eine Vermittlerrolle zu, und er diente dem Königreich damit. In dem Moment aber, als er die Sphäre der Loyalität verließ, wurde er für Riad gerade deshalb zu einem gefährlichen Mann.

Ich erfahre von seiner Flucht, als ich im Herbst 2017 wieder einmal in Riad bin. Wie immer funke ich Jamal an, will ihn treffen. Aber er lebt nicht mehr dort: »Ich bin in die USA gezogen«, schreibt er, »es wurde erstickend«, er benutzt das Wort »suffocating«. Weiter heißt es: »Ich durfte nicht mehr schreiben und musste befürchten, dass es noch schlimmer wird, deshalb entschloss ich mich, ins Exil zu gehen.«

Was er nicht schreibt, ist, dass seine Ehefrau in Saudi-Arabien zurückgeblieben ist. Als sie ihm nachfolgen will, erfährt sie am Flughafen, dass sie mit einem Ausreiseverbot belegt ist. Nachdem Jamal aus Sicherheitsgründen nicht ins Königreich zurückkehrt, erzwingt das Regime so die Scheidung des Paars.

Die blutrünstige Affäre um seinen Tod erlebe ich in Saudi-Arabien ganz anders, als wenn ich in Deutschland wäre. Es ist furchterregend. Der monströse Mord, der Staat, der jede Verantwortlichkeit leugnet, über Wochen, all das lässt schmerzhaft die Willkür fühlen, der die Menschen hier ausgesetzt sind.

Ich frage mich, auf was sich saudische Oppositionelle hier werden einstellen müssen. Der amerikanische Auslandsgeheimdienst CIA ist sicher, dass der Kronprinz selbst die Tötung veranlasst hat. Falls dem so ist, was bedeutet es, wenn dieser Prinz, der erst Anfang dreißig ist, bald selbst den Thron besteigt?

Die Botschaft, die von diesem Mord ausgeht, ist klar. Sie richtet sich an alle, die dem König und seinem mächtigen Sohn Schaden zufügen wollen: Niemand ist sicher vor dem Zugriff unserer Macht. Ganz gleich, wo du bist auf dieser Welt, wir kriegen dich.

In den Tagen nach Jamals Ermordung schweigen meine saudi-arabischen Freunde zu dem Fall. Sie senken den Blick, wenn ich mit ihnen darüber sprechen will. Sie lenken vom Thema ab, zu gefährlich. Jeder kennt hier jemanden, der im Gefängnis sitzt. Ein Freund sagt, heute sei es Khashoggi, über dessen Hinrichtung sich der Westen errege. Aber sie hätten viele Khashoggis hier.

Wer nicht in einer absoluten Monarchie aufgewachsen ist, kann schwer nachvollziehen, was Khashoggi verbrochen haben muss, um eine so schreckliche Strafe zu verdienen. Für die meisten Saudi-Araber aber ist die Sache durchaus schlüssig: »Jamal Khashoggi war einmal einer von denen da oben, jetzt hat er sie verraten, dafür wurde er hingerichtet«, erklärt mir ein Bekannter in Riad.

Selten wurde deutlicher, dass hinter der Fassade der eleganten Institutionen und Funktionsträger dieses Königreichs eben keine zuverlässigen Standards existieren. Genauso wenig gibt es hier unabhängige Ermittler, Staatsanwälte, Richter. Der König ist das Gesetz.

»Es wird sofort zurückgeschlagen«

»Ich beneide dich, dass du in Saudi-Arabien sein darfst«, sagt Jamal, als wir im Herbst 2017 telefonieren. Er hat Heimweh. Sein altes Leben hinter sich zu lassen, seine Familie und seine Arbeit, ist ihm schwergefallen. Freunde hatten ihn gewarnt, es würde nun eng werden für ihn. Zahllose Aktivisten und Bekannte waren bereits im Gefängnis verschwunden.

Man hatte ihm verboten, seine wöchentliche Kolumne in der Tageszeitung *al-Watan* zu schreiben, aber auch in der in fast allen arabischen Ländern erscheinenden *al-Hayat* zu veröffentlichen. Selbst in den sozialen Medien sollte sich Khashoggi nicht mehr äußern.

Khashoggi kannte das natürlich: Unliebsame Personen wurden gewarnt, einmal, zweimal, und wer dies ignorierte, erhielt Reiseverbot und kam bald darauf ins Gefängnis. Nachdem Khashoggi ins Exil gegangen war, bestätigte mir einer seiner Freunde, ein reicher Geschäftsmann in der Hauptstadt: »Wäre Jamal noch hier, säße er jetzt hinter Gittern.«

Auf der schwarzen Liste des Kronprinzen war Khashoggi nach eigener Einschätzung deshalb gelandet, weil er kritisiert hatte, wie sehr sich das neue Regime von König Salman der Regierung von US-Präsident Trump an den Hals warf. Es gebe gar keinen Raum mehr für eine öffentliche Diskussion, sagte Jamal einmal: »Seit MBS Kronprinz ist, wird sofort zurückgeschlagen.«

Nach Khashoggis Verschwinden bricht die saudische Wertpapierbörse Tadawul vorübergehend ein. Ausländische Investoren verkaufen ihre Vermögenswerte in großem Umfang, ziehen sich aus dem Land zurück.

Es ist eine Folge der verstörenden Nachrichten. Das macht jetzt auch die Saudis wütend. Ein Bekannter berichtet, er habe am Vortag allein 30 000 Rial verloren, 7000 Euro. Wie viele Saudis der Mittelklasse hat der 43-jährige Familienvater in große staatliche Firmen investiert, vor allem in Sabic, den riesigen Petrochemie-Konzern.

»Eine Organisation wie die Mafia«

Ende Oktober 2018 planen hunderte internationale Investoren nach Riad zu kommen, zu einer großen Konferenz. Der Kronprinz persönlich hat eingeladen. Sie nennen es scherzhaft das »Wüsten-Davos«. Doch nach der Causa Khashoggi bleiben viele Wirtschaftsführer der Konferenz fern. Der Chef der US-Bank JPMorgan Chase, Jamie Dimon, sagt ab, ebenso Ford-Vorstandschef William Clay Ford und Siemens-Vorstandsvorsitzender Joe Kaeser. Kaeser entscheidet schließlich so, weil der öffentliche Druck so hoch ist, dass er nicht anders kann. Der TV-Sender CNN will unter diesen Umständen nicht mehr Medienpartner der Konferenz sein. Auch die Kolumnisten der *New York Times* haben die Reise nach Riad abgesagt.

US-Präsident Donald Trump kündigt in der Nachrichten-Show »60 Minutes« der Regierung in Riad »schwere Strafen« an, sollte Khashoggi tatsächlich von saudischen Agenten ermordet worden sein. Er sagt nicht konkret, was das bedeuten könnte, möglich wären Sanktionen oder ein Stopp an Rüstungslieferungen. Doch Trumps Drohung währt nur kurz. Zwei Stunden später erklärt der Präsident, er habe mit dem saudischen König und dem Kronprinzen telefoniert, beide hätten vehement abgestritten, auch nur Kenntnis von der Operation gehabt zu haben. In diesem Moment erfindet Trump die These, die nun für alle den Ausweg aus der Misere ermöglichen soll: »rogue killers« – eigenständig handelnde Mörder aus dem Sicherheitsapparat – könnten den Mord verübt haben.

Trump will die guten Geschäfte mit Saudi-Arabien nicht gefährden, vor allem den Waffenhandel nicht. Der sichere so vielen Amerikanern den Job. Er spricht damit offen aus, was viele andere nur denken. Sein Vorgänger im Amt, Barack Obama, tat das Gleiche, nur wählte er seine Worte diplomatischer. Obama distanzierte sich politisch von Saudi-Arabien. Waffen verkaufte er dem Königreich trotzdem – im Wert von über 110 Milliarden Dollar, mehr als je ein US-Präsident zuvor.

Wenig später verurteilt der US-Senat Kronprinz Mohammed bin Salman öffentlich als Verantwortlichen für den Mord. Die Regierung in Washington beschließt Sanktionen gegen 17 Saudi-Araber, auf Platz eins steht Qahtani. Der Kronprinz allerdings bleibt unbehelligt.

Der britische Autor John Bradley hatte über Jahre gemeinsam mit Jamal Khashoggi bei verschiedenen saudischen Zeitungen gearbeitet. So konnte Bradley tiefe Einblicke in die Machtmechanismen des Staates gewinnen. Er vergleicht das Haus der Sauds mit einer Organisation, die wie die Mafia operiere. Der Herrscherclan folge nur seinen eigenen Gesetzen und kenne keine Skrupel. Khashoggi habe sich eingelassen mit dieser Organisation. »Mit der Mafia unterschreibt man bekanntlich einen lebenslangen Vertrag«, analysiert Bradley nach dem Tod seines Weggefährten. Jamals Situation sei am Ende die eines Mannes gewesen, der versuchte, die »Firma« zu verlassen, und schließlich entsorgt wurde.

Khashoggi wollte das Ende der absoluten Monarchie

Die Neigung des Kronprinzen zur Unbeherrschtheit ist inzwischen auch über den Königshof hinaus bekannt. Man kann sich ausmalen, wie der junge Regent reagiert hat, als er von Khashoggi regelmäßig öffentlich in Kolumnen und Essays prominenter internationaler Zeitungen darüber belehrt wurde, welche politischen Fehler er mache, ob im Jemen, in der Katar-Krise oder als mutmaßlicher Kidnapper des libanesischen Ministerpräsidenten Saad Hariri.

Ihre weit auseinandergehenden Vorstellungen darüber, wie Saudi-Arabien in Zukunft regiert werden sollte, trennten Khashoggi und MBS: Der Thronfolger verteidigte seine absolute Herrschaft. Khashoggi wollte, dass die Demokratie einzöge in seinem Land.

Allerdings meinte er, wenn er mit westlichen Kollegen über diese Demokratie sprach, vermutlich nicht immer dasselbe wie sie – mich eingeschlossen. Khashoggis Kollege Bradley behauptet, dem Journalisten hätte nie eine pluralistische Demokratie nach westlichem Vorbild vorgeschwebt: »Für ihn war Säkularismus der Feind.«

Khashoggi stand der Muslimbruderschaft nahe, die eine Republik mit der Scharia als Rechtsgrundlage anstrebt. Eine solche Form der Regierung sollte die absolute Monarchie in Riad ablösen.

Khashoggi hatte bereits eine politische Sammlungsbewegung gegründet. Er nannte sie »Democracy for the Arab World Now« mit der schönen englischen Abkürzung »Dawn« – Morgendämmerung. Sie sollte gemäßigte Islamisten zu einer politischen Kraft bündeln.

Khashoggis Ideen waren populär. Sein Twitter-Account zählte 1,7 Millionen Follower. Durch seine verschiedenen Einflussmöglichkeiten war Khashoggi zum politischen Faktor geworden. Manche sagen, sein Modell hätte eine Alternative werden können zu den Ideen von Kronprinz MBS.

Es gibt wenig, das die Sauds mehr fürchten als die Vorstellung, ihre Macht mit dem Volk teilen zu müssen. So gesehen gab es gleich mehrere Gründe, Khashoggi aus dem Weg zu räumen.

Im Norden: Bei den Schammar

Die Männer im Norden Zentralarabiens genießen
alltags gerne die Annehmlichkeiten der Moderne.
In ihrer Freizeit leben sie aber den Traum von
der unendlichen Freiheit der alten Beduinen.

Es ist sechs Uhr morgens, als die Maschine auf dem kleinen Flughafen in Hail im Norden des Landes landet, auf 1000 Metern Höhe. Abd ar-Rahman wartet schon. Er will mir die Welt der Schammar zeigen, einem alten Beduinen-Stamm.

Am Telefon hatte Abd ar-Rahman gesagt, dass der Geist der »Bedus« auf dem »langen Sandrücken« der Nefud-Wüste bis heute überdauert habe, ihr Stolz, das Ehrgefühl der Stammesleute, ihre allseits bekannte Großherzigkeit. Einer der Männer, um die es hier geht, ist natürlich Abd ar-Rahman selbst.

Abd ar-Rahman, fünfzig Jahre alt, ist Landvermesser. Er hat dichtes, schwarzes Haar, den Kinnbart rasiert er kunstvoll unter den Lippen aus, wie es jetzt Mode ist. Er trägt Wollpullunder, ein warmes Tweed-Jackett, grauen Thaub. Heute ist es hier oben ziemlich kalt, gerade mal fünf Grad.

Neben ihm im Auto sitzt Ali. Die beiden sind Freunde. Ali hat schwarze Haut, er ist schwer und trägt ein dunkles Gewand. Ali lacht viel. Dann blitzen seine Augen und er zeigt große, gelbe

Zähne. Gemeinsam brausen wir jetzt in Abd ar-Rahmans Jeep durch die blassen Morgennebel ins Land der Schammar.

Die weite Ebene in der Provinz Hail sieht aus, wie ich mir den Mond vorstelle: staubig, mit Kratern und Bergen, und der Himmel leuchtet hellblau.

Eigentlich gibt es kaum noch echte Beduinen, die ihre Schafe und Kamelherden über Sanddünen treiben, stets dem Regen hinterher. Nur ein paar hunderttausend der 34 Millionen Menschen im Königreich leben noch wie die alten Nomaden. Das Königreich siedelte die Stämme seit Anfang des 20. Jahrhunderts systematisch in Oasen und Häfen an. Sie ließen sich dann besser kontrollieren. So entstanden in Saudi-Arabien die großen Städte. Doch der Mythos der Beduinen als diejenigen, die nichts fürchteten als den Himmel und schon lange vor der christlichen Zeitrechnung in einem grenzenlosen Land umherzogen, ist noch immer lebendig. In ihnen sehen die Bewohner der Arabischen Halbinsel ihre Wurzeln.

Hier leben die alten Rivalen der Sauds

Plötzlich bremst Abd ar-Rahman, er deutet nach links, auf eine dunkle, hunderte Meter hoch aufsteigende Felsformation, in deren Mitte sich heller Wüstensand sammelt. »Die Hand Gottes!«, sagt er ehrfürchtig.

Ich kneife die Augen zusammen, um genauer sehen zu können. Die Umrisse des Königreichs Saudi-Arabien seien doch ganz klar und deutlich zu erkennen, erklärt Ali nachdrücklich. Jeder hier verstehe »das Zeichen«.

»Wir müssen ihr das Dorf zeigen«, sagt Abd ar-Rahman zu Ali.

Irgendetwas ist anders hier als in Riad. Die Abwesenheit von städtischer Moderne und die Weite der Landschaft mit ihren markanten Erhebungen haben fast etwas Spirituelles.

Die Schammar sind der dominierende Stamm hier in Hail, und die Raschids sind ein Clan dieses Stammes. Die Raschids sind die berühmten langjährigen Rivalen der Sauds, der Herrscherfamilie in Riad. Zur Blütezeit der Raschids reichte ihr Einflussgebiet über das heutige Königreich hinaus bis nach Jordanien und in den Irak. Man nannte sie die Herrscher von Dschabal Schammar (Schammarberge). Über zwei Jahrhunderte ging die Fehde zwischen den beiden Clans. Immer wieder forderten sich ihre Führer gegenseitig heraus.

Gemeinsam mit ihren osmanischen Alliierten hatten die Raschids die Sauds zwischenzeitlich ins Exil getrieben. Im April 1906 unterlagen sie dem Gründer des modernen Saudi-Arabiens, Abd al-Asis bin Saud, jedoch endgültig in einer dramatischen Schlacht mit hunderten Toten. Bis das Gebiet des Dschabal Schammar schließlich vollständig unter saudischem Diktat stand, sollte es allerdings noch ein paar Jahre dauern, genau bis 1921. Die beidseitig schmerzhafte Episode dieser Unterwerfungskriege feiert das Königreich heute als »Vereinigung«.

Ein Grab aus Tausendundeiner Nacht

Das Dorf, das Abd ar-Rahman und Ali mir zeigen, ist eine Ruine aus dem sechsten Jahrhundert. Es ist verfallenes Mauerwerk, einst gebaut aus Lehm und Stroh. Vorratsräume, Schlafgemächer, Terrassen, die großzügig angelegt und vor unbestimmter Zeit verlassen wurden. Ein Aussichtsturm überragt die Siedlung. Von hier oben wurden nahende Besucher schon in der Ferne ausgemacht, auch Feinde. Daneben der Friedhof, die schmucklosen Gräber sind mit langen, ovalen Steinkreisen markiert.

Abd ar-Rahman erklärt, der berühmte Stammesführer der Schammar, der hier seine letzte Ruhe fand, heißt Hatim at-Tai. Seine Geschichte ging als Märchen in die Erzählungen aus Tausendundeiner Nacht ein. Hatim at-Tai erscheint darin als eine Art Hans im Glück, ein großzügiger Mensch, der immer mehr gewinnt, je mehr er gibt.

Hatims sprichwörtliche Großzügigkeit ist in der arabischen

Welt zum geflügelten Wort geworden: Gäste zu bewirten, mit Freunden zu teilen, also großzügig zu sein »wie Hatim at-Tai«, und koste es das letzte Lamm im Haus, gilt noch heute als eine der stolzesten Tugenden alter Beduinenstämme. »So sind wir«, sagt Abd ar-Rahman, und Ali steht neben ihm am Grab von Tai und nickt.

Hatim at-Tai lebte als einer der Anführer der Schammar und als Poet Ende des sechsten Jahrhunderts. Das Waisenkind wurde von seinem Großvater erzogen. Der Geschichte nach gab der kleine Hatim alles fort, was der Großvater besaß, darunter auch dessen beste Kamele. Er tauschte sie gegen bewegende Gedichte und Geschichten von Dichtern ein, die er dann wiederum ausschmückte und selbst zum Besten gab.

Wie Hatim ist natürlich auch mein Gastgeber, Abd ar-Rahman, ein Schammari. Zu einem so stolzen Beduinenstamm zu gehören stiftet Identität über die Staatsangehörigkeit hinaus. Es bedeutet, eins zu sein mit dem Ort, an dem die Vorfahren sich behauptet haben, trotz aller Härte und Widrigkeiten.

Geschichte in Stein gemeißelt

Wie die meisten Bewohner der Nordprovinz lebt Abd ar-Rahman heute nicht mehr in einem Zelt, sondern in einer komfortablen Villensiedlung. Das Wasser kommt wohltemperiert aus der Brause. Die Klimaanlage kühlt das Haus im Sommer und wärmt es im Winter. Die Straße ist vierspurig und gut beleuchtet, überall gibt es Telefonleitungen und Satellitenmasten. Trotzdem fühlt Abd ar-Rahman diese Verbindung mit der alten Welt.

Die Geschichten der frühen Wüstenbewohner sind hier wie in einem Freiluftmuseum für jeden sichtbar in Felsbildern aufbewahrt, teils meterhoch, gelb auf kupferfarbenem Stein. Es sind in den harten Felsen gemeißelte Szenen, manche von ihnen über 7000 Jahre alt, sie zeigen Jagden und Kriege, Geburt und Tod.

Auffällig ist die Präsenz mächtiger Frauenfiguren. Auf einer der Felszeichnungen steht eine Frau im Zentrum des Geschehens, langes Haar, breites Becken, als Zeichen der Fruchtbarkeit, um sie herum Krieger und Tiere, die Arme und Hände weit ausgestreckt, als herrsche sie über diese Welt, wie eine Göttin. Die saudische Fotografin Madeha al Ajroush hat die faszinierenden Zeugnisse der saudi-arabischen Vorgeschichte 2016 eindrucksvoll in ihrem Fotoband *reSURFACE* dokumentiert.

Zur Wahrheit der Beduinen-Romantik gehört allerdings auch, dass sich Abd ar-Rahmans Vorfahren in der Wüste vor allem dann großzügig erwiesen, wenn sie gerade eine Karawane überfallen hatten und die Beute bei großem Gelage am Feuer mit anderen teilten. Die Beschwerlichkeiten des Lebens wiederum schulterten vor allem die Frauen, sie verrichteten die schweren Tätigkeiten, die Verarbeitung von Milch und Fellen, das Häuten der Tiere und die Herstellung von Kleidung und Gerätschaften.

Die Nomaden teilten ihre Zelte durch bunte Stoffbahnen, die *gata,* in zwei Hälften. Die eine Hälfte war für die Frauen und Kinder reserviert, für Vorratshaltung und Lagerung. Auf der anderen Seite richteten sie die Feuerstelle ein. Es war der Raum für die Gemeinschaft der Männer. Dort pflegten die Stammesleute ihre Freundschaften und schmiedeten Pläne für die Sippe.

Männerland

Abd ar-Rahman hat studiert, er ist Ingenieur, ein angesehener Beruf. Er ist aufgestiegen in der formalen Hierarchie dieses Staates, der Dynastie der Sauds, den seine Vorväter noch auf dem Schlachtfeld mit dem Schwert bekämpften. Von diesen Vorfahren weiß Abd ar-Rahman heute kaum noch Gutes zu berichten, er ist jetzt ein treuer Untertan und als solcher will er sich und das Königreich im besten Licht präsentieren.

Auch sein Freund Ali arbeitet beim Staat, wie die meisten Saudi-Araber. Aber anders als der Ingenieur Abd ar-Rahman dient er in untergeordneter Position. Ali ist der Sohn eines Ungelernten, der 19 Kinder zeugte, mit vier verschiedenen Ehefrauen, ohne später noch für das Auskommen seiner Nachkommen zu sorgen.

Ali kauft auf dieser Tour das Wasser an der Tankstelle, er ist da, wenn Abd ar-Rahman ihn um kleine Gefälligkeiten bittet, und er schweigt, wenn der Freund spricht.

Jetzt sind wir in Dschubba, einem Städtchen nahe der Provinzhauptstadt Hail. Wir gehen in ein kleines Haus, eher eine Art Höhle, ohne Fenster. Sie nennen es Scheba, übersetzen lässt sich das etwa mit dem Wort Lagerfeuer. Die Wände sind schwarzgefärbt vom Ruß. Das hier ist Männerland.

Genau genommen ist die Scheba eine kleine Beduinenhütte. Abd ar-Rahmans Freunde haben sie eingerichtet für ihre privaten Treffs. Schebas gibt es hier seit etwa achtzig Jahren, seit immer mehr Nomaden sesshaft wurden. Vieles wurde bequemer, aber die Sehnsucht nach dem einfachen Leben in der Wüste blieb.

Die Männer treffen sich immer nach dem ersten Gebet im Morgengrauen und abends nach dem Ischa genannten Nachtgebet, sobald der letzte rote Schimmer des Abendlichts verschwunden ist. Speisen werden auf buntem Beduinengeschirr serviert, die Teppiche sind dick, aus gefärbter Wolle. Die Männer haben es sich auf bunten Bodenkissen bequem gemacht. Es ist ein Ort, der sich vergleichen lässt mit einer rustikalen Hütte im Schwarzwald, wie Jäger sie für Abende mit ihren Waidgenossen einrichten.

»So ein Erdbeben ist unvermeidbar«

Plötzlich gibt es hektische Anrufe auf dem Mobiltelefon von Abd ar-Rahman. Sie kommen von verschiedenen Personen. Abd ar-Rahman beschwichtigt, einmal sagt er »ja«, dann »nein« oder »bald«, er rollt die Augen, blickt hilfesuchend zu Ali. Ein Jüngling reicht Abd ar-Rahman frischen Kaffee, den er über der offenen Feuerstelle kocht.

Vor einem Jahr hat Abd ar-Rahman eine zweite Frau geheira-

tet, eine jüngere. Als er sie mit nach Hause brachte, habe es eine
»Explosion« gegeben, sagt er. Mit der Mutter seiner fünf Kinder
ist er seit 24 Jahren verheiratet. Aber sie wolle sich an die neue
Lage, also an die zweite Ehefrau, einfach nicht gewöhnen, bis
heute nicht. »Was soll ich tun?«, jammert Abd ar-Rahman.

»So ein Erdbeben ist unvermeidbar«, beschwichtigt Ali. Er hat
nur eine Frau, eine zweite kann er sich gar nicht leisten. Aber er
kennt das, von früher, als Kind eines Mannes, der vier Frauen und
19 Kinder hatte. Da gab es immer Streit zuhause, darüber, welche
der Ehefrauen die gerade bevorzugte war, und auch die Kinder
rivalisierten immerfort um die väterliche Gunst, um die knappen
Lebensmittel oder darum, wer ein neues Hemd bekommt oder
Schuhe.

Abd ar-Rahman erzählt, er besitze ein stattliches Grundstück
am Rand von Dschubba. Es habe 2000 Quadratmeter. Darauf
stehe sein Haus. Am anderen Ende habe er jetzt ein zweites Haus
gebaut, ein kleines, für die neue Frau. Die Gattinnen sollen sich
so wenig wie möglich begegnen, sagt er.

In Dschubba gibt es ein gutes Dutzend Schebas. Sie sind nicht
nur Rückzugsorte der erwachsenen Männer, sondern auch eine
Art Lebensschule für die Knaben. Die Söhne lernen hier, wie die
Väter ihre Probleme lösen. Auch heute sind Gäste fast jeden Alters
da, die jüngsten zählen gerade zehn und 14 Jahre.

»Als Ehemann benötigst du die Geduld eines Kamels«, sagt
ein alter Herr, der auf einem der großen viereckigen Polster Platz
genommen hat. Er ist der Gastgeber hier und über siebzig. Seine
Haut ist gegerbt vom Wetter und hellbraun, auf dem Kopf trägt
er eine weiße Ghutra, das traditionelle Kopftuch: »Wenn du nur
eine einzige Frau hast, musst du wie ein Tragetier in der Wüste
deinen Hunger zügeln, und später, wenn neue Ehefrauen hinzu-
kommen, musst du wie das Kamel lernen, unempfindlich zu sein
gegen äußerliche Witterung.«

»Du darfst keine Widerworte geben!«, rät jetzt auch Ali seinem
Freund Abd ar-Rahman. »Da rein und da raus.« Dabei zeigt Ali
erst auf das eine und dann auf das andere Ohr.

Statistisch gesehen hat jeder zwanzigste Saudi-Araber mehr als eine Ehefrau, und an manchen Orten geschieht dies häufiger als anderswo, zum Beispiel in Hail.

»Wir sind hier nicht liberal«, stellt ein junger Mann klar. Sein Blick ist feindselig. Er trägt einen langen Bart. Der Saum seiner Hosen ist kurz. Ein Mutawwi, der die radikale Rechtslehre des Abd al-Wahhab verteidigt. »Wir wollen nicht, dass sich hier irgendetwas ändert«, sagt er. Ihn stört ganz offensichtlich die Anwesenheit der westlichen Besucherin.

Er verachtet das Abweichen von gesellschaftlichen Traditionen und offene Gesellschaften, wie es sie im Westen gibt. Frauenrechte und Liberalismus, wie sie in Europa verstanden werden, sind Schimpfworte in seinem Sprachgebrauch.

»Eine arbeitende Frau hat nicht genug Aufmerksamkeit für einen Mann«

Es sind die Wochen, in denen Kronprinz Mohammed bin Salman in seinem Land gerade soziale Reformen einführt. Der junge Kronprinz stellt alte Gewissheiten auf den Kopf, indem Frauen plötzlich Auto fahren und arbeiten gehen dürfen. Aus Amerika werden Popmusiker eingeflogen, Mädchen treiben Sport. All das soll jetzt auch bald hier passieren, in Hail, nachdem religiöse Führer den Menschen vierzig Jahre lang erklärt haben, dass der Satan all jene mitleidslos bestrafe und in der Hölle schmoren lasse, die solch sündhaftes Verhalten förderten. Es ist den Herren anzusehen, wie sehr sie Mühe haben, so zu tun, als würden sie diese Entwicklungen im Königreich jetzt gutheißen.

Ein Mann mit kurzem Vollbart, in seinen Vierzigern, trägt einen braunen Beduinenmantel mit rotem Karofutter. Er versucht erklärend zu vermitteln: Die Frauen hätten nicht mehr die gleiche Hingabe an einen Mann, wenn sie arbeiten gingen. Ein anderer nickt und berichtet vom Fall seines Cousins, der eine Krankenpflegerin heiratete. Er hatte mit ihr gemeinsam auf den Hadsch gehen wollen, die Pilgerfahrt nach Mekka, sie aber musste arbeiten an den Feiertagen. Damit habe der Ärger in ihrer Ehe angefangen. »Sie hat nicht genügend Aufmerksamkeit für ihn«, erzählt er.

Die Tür springt auf, und ein Junge tritt in die verrauchte Lehmhütte. Er ist 14, Abd ar-Rahmans Sohn, Mohammed. In der Hand hält Mohammed einen Autoschlüssel und meldet, er habe, wie vom Vater beauftragt, gerade die Mutter in die Frauen-Scheba gefahren. Abd ar-Rahmans erste Frau Muna wartet jetzt dort auf mich.

Ob die Mutter ihn denn künftig in die Schule fahren werde, nachdem die Frauen nun Auto fahren dürfen in Saudi-Arabien, frage ich Mohammed. »Sie wird nicht fahren«, gibt Mohammed zurück, »ich erlaube es nicht.«

Muna ist vierzig, zehn Jahre jünger als Abd ar-Rahman, eine kompakte Frau mit schulterlangem Haar, das sie mittellang und offen trägt. Empfangen werde ich mit drei Wangenküssen. Die Frauen-Scheba ist ein stabiles Zelt, das dauerhaft auf einem Feld steht. Außer Muna sind noch vier weitere Damen da, nahe Verwandte. Neue Bekanntschaften schließen die Frauen hier selten. Alle haben die Schleier abgenommen, sie sitzen bequem in ihren Röcken und Blusen. Sie essen Reis in Weinblättern und Granatapfelkerne.

Als ich das Thema auf das Autofahren bringe, sind sich die fünf Damen am Feuer alles andere als einig. Die Mehrheit der Frauen im Zelt hält derlei Neuerungen für unnötig. Die Debatte erinnert mich ein wenig an den Schweizer Kanton Appenzell-Innerrhoden, in dem weibliche Lobbygruppen bis 1990 das Frauenwahlrecht boykottierten. Im Westen galt das als exotisch. Hier aber sind Frauen so isoliert, dass sie sich eine sichtbare Rolle in der Gesellschaft offenbar kaum vorstellen können.

Muna schweigt über ihren Schmerz

Eine Rednerin in der Gruppe sticht hervor. Sie wirkt selbstbewusst, etwas schnippisch, jünger. Die Augen sind mit blauem
Lidschatten betont, die Lippen dezent geschminkt. Asisa arbeitet
als Lehrerin für islamische Studien an einer Mädchenschule: »Ich
würde gerne Auto fahren«, sagt sie in die Runde, »aber jemand
müsste es mir beibringen.« Asisas Worte sind keine Anklage, aber
allen ist klar, dass der Ehemann ihren Wunsch offensichtlich nicht
unterstützt. Daran ändert auch ein königliches Dekret nichts.
Schließlich sind Frauen hier in allen Entscheidungen außerhalb
des Hauses abhängig vom Einverständnis ihres männlichen Vormunds.

Später erfahre ich, dass Asisa erst seit Kurzem verheiratet ist,
mit einem Verwandten von Abd ar-Rahman. Sie ist dessen dritte
Frau.

Asisa ist 36 Jahre alt, ein Alter, in dem manche Saudi-Araberinnen schon Großmütter werden. Sie hatte bis dahin von keinen
anderen Bewerbern Heiratsangebote erhalten; sie sei zu offensiv,
zu forsch, hieß es. Als der Antrag dann doch noch kam, schlug
Asisa zu.

Abd ar-Rahmans erste Ehefrau Muna wiederum erwähnt mit
keinem Wort die Existenz der neuen Lebensgefährtin ihres Gatten. Der Schmerz der Zurücksetzung ist in allen Kulturen gleich.
Es tut weh, wenn der Mann plötzlich eine Neue hat. Doch der
Koran gewährt Männern das Recht, vier Frauen gleichzeitig zu
heiraten, wenn er sie auch gleich behandelt. Praktisch heißt das
hier, dass er eine Nacht bei der einen und die nächste bei der
anderen Ehefrau verbringt. Aber nicht alle Frauen sind einverstanden mit dieser Regelung und viele einander in bitterem Neid
und Eifersucht zugetan. Nach außen bemühen sich aber alle, die
Fassade der intakten Familie aufrechtzuerhalten. Auch Muna
schweigt jetzt über ihren Schmerz.

Nach dem Abendgebet füllt sich die Scheba der Männer rasch
wieder. Der Gastgeber mit der weißen Ghutra hat inzwischen

frisches Obst auf große Schalen gestapelt, das er jetzt anbietet. Die Stimmung ist entspannt, nur Abd ar-Rahman hadert noch, in welches der beiden Häuser auf seinem Grundstück er heute Abend zurückkehren wird.

Der Gastgeber blickt ihn mit seinen alten Augen an und verrät, wie er als zweifacher Ehemann selbst Frieden fand: Im Kofferraum seines SUV horte er stets Vorräte für mindestens vier Wochen, außerdem lagere er dort auch eine Campingausrüstung. »Verschwinde einfach, wenn es zu viel wird«, sagt er.

»Nach spätestens zehn Tagen ist auch die dickste Luft verraucht.«

Im Osten: Bei den Schiiten

Der rebellische Schiiten-Scheich Nimr Baqir
an-Nimr war beliebt bei jungen Gläubigen
und dem Regime verhasst. Als der König den
Geistlichen schließlich hinrichten ließ, erzeugte
dies eine neue Welle tödlicher Gewalt. Der
Bruder des Scheichs erzählt, wie der Kampf
um Dominanz und Anerkennung endete.

Das Fünf-Sterne-Hotel Sheraton ist so ziemlich der öffent-lichste Ort in der Stadt Dammam. Dort sitzt mir im eleganten Foyer Mohammed an-Nimr gegenüber, in einem Ledersessel. Er bestellt frischen Ananassaft. Mohammed an-Nimr ist der Bruder des Schiiten-Scheichs Nimr Baqir an-Nimr, dem ein saudischer Henker am zweiten Januar 2016 den Kopf abgeschlagen hat.

Die saudischen Sicherheitskräfte sehen es nicht gerne, wenn sich Regimekritiker oder deren Angehörige mit ausländischen Journalisten verabreden. Sie fürchten dann um den Ruf des Lan-des. Ich wiederum fürchte, Nimr könnte wegen unseres Gesprächs Schwierigkeiten bekommen. Aber Nimr beharrt auf diesem Treff-punkt. Er müsse seine Ansichten nicht verstecken, sagt er, und ohnehin wisse der Geheimdienst alles.

Mohammed an-Nimr ist der jüngere der beiden Brüder. Als

wir uns begegnen, 2018, ist er 54. Mohammed an-Nimr hat graue Haare, einen Kinnbart, der weiße Thaub ist frisch gebügelt, ein zurückhaltender, höflicher Mann.

Ich stelle mir Mohammed an-Nimrs Leben vor wie ein anhaltendes Fegefeuer. Denn auch sein Sohn Ali ist zum Tode verurteilt. Der 24-jährige Ali soll enthauptet – sein Kopf dann wieder angenäht – und anschließend gekreuzigt werden. Das Urteil kann jeden Tag vollstreckt werden, und der Vater ist »zu 95 Prozent sicher, dass sie ihn hinrichten« werden.

Erst vor drei Tagen habe er Ali besucht, sagt Nimr. Eine Stunde pro Monat ist gestattet.

Eigentlich ist Mohammed an-Nimr Geschäftsmann. Er bringt Baustoffe aus China nach Saudi-Arabien – brachte, muss man wohl eher sagen. Denn seit all das passiert ist, liegt das Geschäft weithin brach. Mohammed an-Nimr darf nicht mehr reisen, schon seit drei Jahren nicht. Seine Telefonate werden abgehört, jede E-Mail wird mitgelesen und sorgfältig archiviert.

Bis vor einigen Jahren lebten die Nimrs noch alle unter einem Dach, in einem Haus in al-Awamiya. Das ist eine kleine schiitische Stadt mit 25 000 Einwohnern, 20 Kilometer nördlich von Dammam. Die meisten Schiiten Saudi-Arabiens wohnen in der Ostprovinz des Königreichs. Etwa jeder Achte oder Zehnte der geschätzt 22 Millionen gebürtigen Saudi-Araber folgt dem schiitischen Glauben, niemand kennt die genaue Zahl.

Altes Trauma

Das Verhältnis zwischen den Schiiten und den Sunniten ist in der Geschichte des Königreichs mal besser und mal schlechter gewesen. Gut war es nie.

Weltweit trennt die beiden islamischen Glaubensrichtungen ein Streit über die Nachfolge des Propheten Mohammed, er selbst hatte diese Frage nicht abschließend geregelt. Die Schiiten halten Mohammeds Schwiegersohn Ali für seinen legitimen Erben. Die

Sunniten wiederum wählten nach dem Tod des Propheten dessen engsten Vertrauten, Abu Bakr, zum ersten Kalifen. Den aber erkennen die Schiiten nicht an.

Das Misstrauen der Schiiten gegenüber den Wahhabiten wird zementiert, als saudische Truppen im Jahr 1802 die Stadt Kerbela erobern – damals noch unter Herrschaft der Osmanen – und dort die bedeutendsten schiitischen Heiligtümer dem Erdboden gleichmachen. Darunter ist auch die Grabmoschee des Prophetenenkels Hussein, des dritten Imam. Die Pilgerstätten von Kerbela und Nadschaf sind für die Schiiten fast ebenso bedeutsam wie Mekka und Medina.

Die Wunden von damals sind bis heute nicht verheilt.

In Saudi-Arabien werden die Schiiten seit 275 Jahren von radikalen Sunniten dominiert. Als König Abd al-Asis sich 1913, vor der Gründung des modernen saudischen Staates, die Region al-Ahsa einverleibt, lässt er seine wahhabitischen Milizen brutal gegen die Schiiten vorgehen. Wie ein Jahrhundert zuvor im Irak zerstören die saudischen Krieger auch hier schiitische Gräber und Moscheen, ermorden und misshandeln Andersgläubige. Einige Schiiten fliehen nach Bahrain oder in den Irak. Viele bleiben dennoch. Aber das Trauma sitzt tief, bis heute.

Der gegenseitige Argwohn wird aktuell noch befeuert durch den Kampf um die Dominanz in der Region, die der – schiitische – Iran und Saudi-Arabien in diesen Zeiten miteinander austragen. Die Jemen-Krise ist nur der jüngste Schauplatz verschiedener Stellvertreterkriege.

Terror-Agent von Iran?

Saudi-Arabien sieht sich heute regelrecht verfolgt von Iran. Teheran wolle seinen Einfluss in der Region maximal ausdehnen, heißt es in Riad. Deshalb unterstütze Teheran alle erdenklichen anti-saudischen Milizen rund um das Königreich: im Süden, im Jemen, lieferten sie militärische Unterstützung an die schiitischen

Huthi-Rebellen, im Osten an militante Gruppen im Emirat Bahrain und im Norden an die Hisbollah im Libanon und in Syrien.

Die Iraner wiederum sagen, eine religiöse Minderheit müsse sich Alliierte suchen, wo sie diese finden könne. Nach Jahrzehnten der Isolation und dem 2015 geschlossenen Atomabkommen möchte Teheran endlich seine alte Bedeutung zurückgewinnen.

Riad ist überzeugt, dass der Schiiten-Scheich Nimr Baqir an-Nimr ein Terror-Agent Teherans gewesen ist. Nimr ließ sich in den 1980er Jahren in Iran zum Imam ausbilden. Seit seiner Rückkehr Mitte der 1990er habe der Geistliche versucht, die saudischen Schiiten gegen die Regierung in Riad aufzuwiegeln – im Auftrag Irans, behaupten saudische Geheimdienste. Ziel sei es angeblich gewesen, das Königreich von innen zu destabilisieren.

Da nutzte es Scheich Nimr wenig, dass er immer wieder von sich wies, der verlängerte Arm Irans zu sein. Tatsache ist jedoch, dass viele Schiiten sich im Königreich gegängelt sahen und in dem freimütigen Geistlichen Nimr ein Vorbild erkannten. Der Scheich formulierte, was sie empfanden. Sie hingen an seinen Lippen, wenn er aussprach, was sie nicht einmal zu denken wagten: »Wir akzeptieren das Haus Saud nicht als Herrscher. Wir akzeptieren sie nicht und wollen sie loswerden.«

»Warum hassen sie uns?«

In Saudi-Arabien sind Schiiten kaum in hohen Regierungspositionen vertreten, weder beim Militär noch bei der Polizei. Man traut ihnen nicht. Bis heute ist die Ostprovinz eine der ärmsten Regionen im Land, obwohl das Öl, das dieses Land reich gemacht hat, genau hier unter der Erde lagert. Schiiten dürfen offiziell keine Moscheen bauen. Ihre Versammlungen halten sie meist diskret in Privathäusern ab.

In der Schule lernen die Kinder, dass alle diejenigen Ungläubige seien, die nicht dem »wahren Islam« der »Bekenner der Einheit Gottes« folgen. Demnach seien alle außer den Wahhabiten selbst ungläubig, also Juden, Sufis, Christen – und natürlich die Schiiten. Den Schülern wird geraten, Nichtgläubige nicht zu begrüßen, sich nicht mit ihnen anzufreunden und ihnen keinen Respekt zu zollen.

Nach dem Terroranschlag auf das World Trade Center am 11. September ließ Riad die Schulcurricula nach extremistischen Botschaften und solchen, die Hass gegen Andersgläubige schüren, durchforsten. Manches wurde geändert. Passagen zum Beispiel, in denen die Wahhabiya offen die Tötung von Ungläubigen rechtfertigt. Aber vieles, das seit Jahrzehnten gelehrt wird, hat sich tief eingegraben ins Bewusstsein der sunnitischen Mehrheit und wird auch heute noch so weitergegeben.

In Riad werde ich einmal zufällig Zeugin eines Gesprächs eines 13-jährigen Jungen mit seinem Vater, einem IT-Techniker. Der aktualisiert gerade ein Programm auf meinem Laptop, als der Junge aufgeregt von der Schule kommt. Obwohl äußerlich noch ein Kind mit Babyspeck, ist er schon Anfeindungen wegen seiner Religion ausgesetzt. Ahmad ist ein leidenschaftlicher Fußballer. Der Sport ist sein Leben.

»Warum hassen sie uns, bloß weil wir Schiiten sind?«, fragt Ahmad. Der Vater erklärt dem Sohn: »Sie hassen uns, weil sie falsche Informationen über uns haben.« Doch gleichzeitig gärt in ihm die Wut. »Meine Kinder und ich leben in zwei Welten«, sagt der 43-Jährige. »Wenn die Lehrer wüssten, dass meine Kinder Schiiten sind, würden sie geschnitten, Ahmad dürfte nicht mehr in der Fußballmannschaft spielen. Wir sind im Königreich der Al Saud das, was die Afroamerikaner in den USA sind.«

Die Familie verbirgt ihren Glauben vor den Nachbarn, den Lehrern und Mitschülern, seit sie in die Hauptstadt gezogen ist. Religiöse Feste wie Aschura, ein Tag, an dem Schiiten des Leidenswegs des Prophetenenkels Hussein gedenken, der sich 680 in der Schlacht von Kerbela opferte und im Kampf enthauptet wurde, begehen sie heimlich und hinter verschlossenen Türen.

Für Sunniten dagegen spielt das Ereignis keine große Rolle. Auch andere Details in der schiitischen Praxis halten sie für

Humbug, etwa, dass die Tochter des Propheten, Fatima, Wunden durch Handauflegen geheilt habe.

Hinrichtung aus Hass

So tief sickert die Verachtung mitunter in die Seelen, dass es manchmal zu absurden Gewalttaten kommt. Ein Taxifahrer in Medina fragt beispielsweise im Februar 2019 seine Passagierin und deren sechsjährigen Sohn Sakaria, ob sie Schiiten seien. Die beiden kommen aus asch-Schoba bei al-Ahsa, ein paar Dörfer entfernt von jenem Ort, aus dem auch der fußballbegeisterte Ahmad und sein Vater stammen. Sie sind gerade auf dem Weg zur Moschee mit dem Grab des Propheten Mohammed.

Als die Frau die Frage bejaht, stoppt der Mann den Wagen. Er zerrt den Jungen aus dem Auto in ein Café, wo er eine Flasche zerbricht und dem Jungen von hinten mit einer Glasscherbe den Hals aufschneidet.

Es ist wie eine spontane Hinrichtung. Die Mutter versucht ihren Sohn zu retten, bricht dann aber schreiend zusammen. Auch ein heranstürzender Polizist kann den mörderischen Hass des Mannes nicht stoppen. Der kleine Sakaria stirbt an seinen Verletzungen. Der Vorfall macht Schlagzeilen, aber nur außerhalb des Landes.

»Sie stehlen mein Geld, vergießen mein Blut«

Es ist ein extremer Einzelfall, und doch ruft er Erinnerungen wach an etwas, das Scheich Nimr 2011 einmal bei einer Demonstration sagte: »Von dem Tag, an dem ich geboren wurde, bis heute habe ich mich in diesem Land nie sicher oder geborgen gefühlt.«

Als 2011 der Arabische Frühling beginnt, hoffen viele Schiiten in der saudischen Ostprovinz, dass die Welle des Umsturzes auch ihre Welt erfassen werde. Sie sehnen sich danach, als ebenbürtige

Bewohner des Landes behandelt zu werden. Viele schließen sich den Demonstrationen an, im Zentrum von al-Katif füllen Massen die mehrspurige Hauptstraße al-Qds.

Scheich Nimr ist einer der wichtigsten Anführer der Rebellion. Der Geistliche ist ein schmaler Mann, die Wangenknochen treten markant hervor, sein grauer Bart lässt ihn älter aussehen. Die Augen blitzen wach und kämpferisch. Auf dem Kopf trägt er den weißen Turban schiitischer Gelehrter.

Nimr nennt den saudischen König öffentlich einen Tyrannen. Er prangert die Diskriminierung der Schiiten an. Er sagt: »Was ist das für ein Land? Dieses Regime, das mich unterdrückt? Das Regime, das mein Geld stiehlt, mein Blut vergießt und meine Ehre verletzt?«

Unterstützt wird der Rechtsgelehrte Nimr von seinem damals 16-jährigen Neffen, Ali steht dem Scheich sehr nahe. Über soziale Medien ruft Ali zu weiteren Demonstrationen auf, mit Hilfe eines Blackberry, so heißt es später in der Anklage. Es kommt zu ersten Straßenschlachten.

»Die Würmer werden ihn fressen«

Im Februar 2012 verhaftet der Geheimdienst Ali an-Nimr. Der Teenager ist ein intelligenter Junge. Immer hat er einen Spruch auf den Lippen, links fällt ihm eine dunkle Haarlocke in die Stirn. Sie holen Ali, als er abends auf dem Weg zur Apotheke ist. Er soll Medikamente für die Mutter abholen. Doch er kommt nie zurück.

Eigentlich will die Regierung den Rädelsführer des Aufstands treffen. Die Verhaftung von Ali soll Scheich Nimr zähmen, doch das Gegenteil geschieht: Nimr beschimpft die Mächtigen. Als der damalige Kronprinz und Innenminister, Prinz Naif bin Abd al-Asis, im Juni 2012 stirbt, ruft der Scheich ihm nach: »Die Würmer werden ihn fressen, und er wird in seinem Grab Höllenqualen leiden. Der Mann, der uns in Angst und Schrecken leben ließ – sollen wir uns über seinen Tod nicht freuen?«

Im Juli 2012 wird Scheich Nimr schließlich verhaftet. Das entfesselt die Wut der Schiiten in al-Awamiya erst recht. Sie demonstrieren für die Freilassung des Geistlichen, den viele verehren.

Die Bewohner berichten, in ihrer kleinen Stadt gebe es eine schiitische Mafia. Sie handle mit Waffen, Drogen und Menschen und sie habe nichts gemein mit der Bürgerrechtsbewegung. Die Mafia habe, anders als die Demonstranten, keinerlei Interesse, eine Lösung zur Verbesserung des Lebens zu finden. Sie nutze gerade die stets schwierige Gemengelage zwischen Regierung und Schiiten als Fassade für ihre dunklen Geschäfte.

Kriminelle mischten sich unter die Protestierenden, erzählt eine Demonstrantin, die von Anfang an dabei war in al-Katif. Sie sagt, der Mafia gehe es darum, den alten Zustand aufrechtzuerhalten – einen ständigen Kleinkrieg: »Sie wurden gezielt gewalttätig und brachten die Kundgebungen zum Eskalieren.« Von da an sei alles schiefgegangen.

Auf Seiten der Schiiten sind mindestens 25 Tote und zahlreiche Verletzte zu beklagen. Aber auch bei den Sicherheitskräften sind Opfer zu verzeichnen. Die Polizei greift hart durch. Es gibt Verhöre, Haftstrafen, Todesurteile, irgendwann dann auch wieder Friedensangebote von der Regierung. Doch die Krise in al-Awamiya endet einfach nicht.

Am 2. Januar 2016 geschieht dann das Unfassbare. Das Regime in Riad richtet Scheich Nimr hin, zusammen mit 46 anderen Verurteilten. Es ist die größte Massenexekution im Königreich seit über drei Jahrzehnten. Die Männer seien schuldig, weil sie die Ideologie der Ungläubigen angenommen hätten, heißt es, sich terroristischen Organisationen angeschlossen, kriminelle Machenschaften ausgeübt hätten. Die Hinrichtung ist ein Zeichen – an die Bewohner von al-Katif, vor allem aber an Iran, den die Herrscher nach wie vor für den Drahtzieher hinter den Unruhen halten.

Noch in der Nacht des Tages, an dem Scheich Nimr getötet wird, zieht vor der saudischen Botschaft in Teheran ein wütender Mob auf. Demonstranten stürmen das Gelände, werfen Molotowcocktails, Fenster bersten. Büros werden geplündert, das Haus wird in Brand gesteckt. Die iranische Regierung unternimmt nichts, um die Verwüstung zu stoppen. Im Gegenteil, es entsteht der Eindruck, der Angriff auf die diplomatische Vertretung sei gewollt, möglicherweise sogar gesteuert. Seitdem herrscht Eiszeit in den ohnehin schlechten Beziehungen zwischen den beiden Regionalmächten.

Gleichzeitig geht der Kampf in al-Awamiya weiter. Es kommt zu kriegsähnlichen Zuständen. Die Sicherheitskräfte unterscheiden längst nicht mehr zwischen den Provokateuren und Gewalttätern der kriminellen Mafia und den politischen Aktivisten. An die 200 Bewaffnete haben sich jetzt dort zuletzt verschanzt.

Das Militär belagert das Städtchen. Wer kann, flieht, am Ende lassen über 20 000 Menschen ihre Wohnungen zurück. Die Armee hält die Zugänge und zentralen Kreuzungen mit Fahrzeugen besetzt. Wer noch da ist und das Haus verlässt, endet nicht selten mit einer Kugel im Leib. Die Fassaden sind übersät mit Einschusslöchern.

Nur wer loyal ist, ist auch sicher

Irgendwann sind die Bewaffneten überwältigt. Es herrscht wieder Ruhe. Man könnte auch sagen, das Widerstandsnest sei ausgebrannt.

Der Konflikt ist zum Alptraum für beide Seiten geworden. »Die Menschen sind des Kampfes müde«, sagt ein alteingesessener Bewohner aus al-Awamiya im Februar 2018. »Jeder von uns beklagt heute mindestens einen Toten in der Familie oder hat einen Verwandten im Gefängnis.«

Die Regierung beginnt mit einer umfänglichen Sanierung der kleinen Stadt. Gleichzeitig senden die Herrscher eine klare Botschaft an die Bewohner: So ergeht es all jenen, die sich gegen uns erheben – den Anführern schlagen wir den Kopf ab, und seine Brut räuchern wir aus. Aber der neue Kronprinz Mohammed bin Salman lässt die Schiiten auch wissen, dass sie eine bessere Zukunft erwartet, wenn sie sich ihm gegenüber als loyal erweisen.

Der Fall von al-Awamiya zeigt, wie sich die Fronten verhärtet haben in den letzten Jahren. Natürlich hatten Schmähreden wie die von Scheich Nimr in einer absoluten Monarchie schon immer große Sprengkraft. Doch die Wucht der Reaktion aus Riad ist mit den scharfen Worten des Scheichs allein nicht zu erklären.

Bis dahin wussten die Sicherheitsbehörden Dissidenten meist mit weniger Härte zum Einlenken zu bewegen. Sie wurden verhört, verhaftet, ein Handel wurde vereinbart, zumindest verließen die meisten das Gefängnis lebend. Dafür mussten sie ihren Überzeugungen abschwören und versprechen, nie wieder gegen das Regime tätig zu werden. Nur wer sich nicht beugte, blieb in Haft, notfalls bis zum Tod.

Sein Bruder, Scheich Nimr, habe sehr schlimme Sachen gesagt, bekennt Mohammed. »Aber er hat niemanden umgebracht, er hat nur mit Worten geschossen. Warum haben sie ihm den Kopf abgeschnitten?«

Weil mit der Arabellion im Nahen Osten eine neue Zeitrechnung begonnen hat, lautet eine mögliche Erklärung. Als die Völker aufstanden gegen die Autokraten, spürte Riad erstmals die eigene Verletzlichkeit.

»Die Regenten in Riad haben sich der neuen außenpolitischen Agenda des Westens angepasst, der sich aus dem schwierigen Nahen Osten zurückziehen will, vor allem die USA. Früher hat Saudi-Arabien noch Scheckbuchpolitik gemacht, heute kommt hier eine robuste Selbstverteidigung zum Einsatz«, erklärt mir ein westlicher Geheimdienstmann. Die Herrscher beobachten sehr genau, wie Washington alte Verbündeten fallen lässt, einen nach dem anderen, selbst engste Freunde der USA wie den ägyptischen Machthaber Husni Mubarak. Als das Volk den tunesischen Gewaltherrscher Ben Ali aus dem Amt fegt, überlässt US-Präsident Barack Obama ihn ebenfalls seinem Schicksal. Libyens Diktator Muammar al-Gaddafi wird von einem Mob auf der Straße zu Tode gejagt.

In der Todeszelle

In Riad fragt man sich, ob Washington überhaupt noch ein zuverlässiger Partner ist. Was sind die alten Sicherheitsgarantien der Vereinigten Staaten von Amerika noch wert? Und was bedeutet das alles für die Zukunft von Saudi-Arabien?

Als der Arabische Frühling Syrien erreicht, tut das Königreich, was es seinen Feinden vorwirft: Es rüstet die syrische Opposition massiv auf, gemeinsam mit dem Emirat Katar, um das Regime von Staatschef Baschar al-Assad zu destabilisieren und schließlich zu stürzen. Riad will die Gunst der Stunde nutzen, um den ehemaligen Verbündeten loszuwerden und gegen einen freundlich gesonnenen – sunnitischen – Regenten zu ersetzen. Assad ist Riads Feind geworden, seitdem er sich immer enger an Iran und an die ebenfalls mit Teheran alliierte libanesische Hisbollah bindet.

Damals ist Riad in sicherem Glauben, die amerikanischen Freunde würden ihre Jagdbomber schicken, sobald das syrische Regime erneut Chemiewaffen gegen Zivilisten einsetzt. So haben sie Barack Obama verstanden. Aber der US-Präsident will im Nahen Osten keinen neuen Krieg beginnen. Er reagiert selbst dann nicht, als der syrische Befehlshaber Assad die von Obama als »rote Linie« markierte Grenze übertritt und chemische Kampfstoffe einsetzt. Präsident Assad kann sich schließlich mit der Unterstützung Irans und Russlands behaupten, Saudi-Arabien und Katar verlieren diese Schlacht.

Endgültig desillusioniert ist Riad dann, als die USA und fünf weitere Länder, darunter Deutschland, 2015 ein Nuklearabkommen mit Iran unterschreiben. Von diesem Moment an beschließen die saudischen Herrscher, ihre Verteidigung künftig wieder selbst in die Hand zu nehmen. So gesehen ist Scheich Nimr eines der ersten Opfer dieser neuen, robusten Außenpolitik des Landes.

Scheich Nimrs Neffe Ali wartet bis heute im Gefängnis in Riad auf die Vollstreckung seines Todesurteils, seit sieben Jahren. Alis Vater, Mohammed an-Nimr, sagt, Ali sei anfangs sehr zornig gewesen. Inzwischen sei er ruhiger, er studiere Betriebswirtschaft, im Fernstudium. Als habe er noch eine Zukunft. Doch jedes Mal, wenn sie ihn holen, wegen einer Formalie oder wegen eines Verhörs, fürchtet der junge Mann, dass es jetzt so weit sei.

Mohammed an-Nimr nippt kurz an seinem Ananassaft. Er hat das Glas kaum angerührt während des Gesprächs. »Ich fühle mich in den Händen Allahs«, sagt er und versucht zu lächeln.

Wie die Prozente in die Flasche kommen

*Alkohol ist im heiligen Land Saudi-Arabien
streng verboten und sein Genuss wird empfindlich
bestraft. Trotzdem fließen Wein und Schnaps in
Strömen – geschmuggelt oder selbst gekeltert.*

Alles hier hat seine Rituale: Wie man geboren wird und wie das
Leben verläuft, Jugend, Hochzeit, Kinder, selbst das Ende ist re-
glementiert, wenn der Mensch zur letzten Ruhe getragen wird, er
wird verscharrt in einem schmuck- und namenlosen Grab, ob Bettler oder König. So fordert es die puristische Lehre der Wahhabiya.
Der Islam regelt die Existenz in allen Belangen. Jeder kennt die
Codes, und wenigstens äußerlich halten sich alle an die Spielregeln,
damit sich das Schicksal ohne größere Überraschungen erfüllt.

Um diese Reihe von Eintönigkeiten auszuhalten, braucht es
Langmut und Geduld oder eben ein zweites Leben, wie Abd
al-Asis eines hat. Abd al-Asis ist 34 Jahre alt, Besitzer von drei
Supermärkten und einem Kaffeehaus. Er war drei Jahre lang in
den USA, studierte Kunst in Miami. Jetzt hat ihn seine Mutter
angerufen, eine Bekannte. Ich habe sie kürzlich auf einem Emp-
fang kennengelernt, sie ist Künstlerin und hatte mich zu einem
privaten Abendessen eingeladen. Abd al-Asis soll mich nun sicher
nach Hause bringen. Es ist schon spät.

Zehn Minuten später steht Abd al-Asis vor der Tür. Kurze Haare, Jeans, weißes T-Shirt, Jackett, er verbeugt sich zur Begrüßung vor der Mutter, küsst ihr zum Abschied die Hand und geleitet mich zum Auto. Ledersitze, ein silbernes Mercedes-Cabriolet der C-Klasse, die Fahrt wird 15 Minuten dauern, und sie führt direkt durch Riads Unterwelt.

Die Fahrertür fällt ins Schloss, Abd al-Asis schaltet die Stereoanlage ein und reicht mir aus der Mittelkonsole einen Stahlbecher randvoll mit Whisky. Lady Gaga singt so laut »Is that alright?«, dass ich mir verkneife, dasselbe zu fragen. Ich nehme einfach einen Schluck.

Wir rasen über die King Saud Road, vorbei am Erziehungsministerium, und biegen dann ziemlich rasant auf die sechsspurige Takhassusi-Straße mit ihren schicken Möbelläden und Restaurants ab. Ich frage mich, wie oft Abd al-Asis sich heute Abend schon aus der Mittelkonsole bedient hat, bevor wir uns getroffen haben. »Egal, was du brauchst, Susanne, ob eine Kalaschnikow oder eine Flasche Champagner, ich kann dir helfen«, verspricht er. Inzwischen führt er das Lenkrad nur noch mit zwei Fingern einer Hand, die andere hält einen Whiskybecher. Nebenbei fingert Abd al-Asis auf seinem iPhone X herum und öffnet ein Video. Es zeigt eine Party, vergangenen Freitag, sagt er, in Olaya, also irgendwo bei mir um die Ecke.

In dem Video sind tanzende Saudis in einem Privathaus zu sehen, die Männer in Thaub, mit und ohne Ghutra, die Frauen tragen teure Kleider, hohe Schuhe, ihre Haare fallen lang über die Schultern. Es sind junge Damen aus der saudischen Upperclass. Die Musik könnte aus einer Diskothek in London, Beirut, Berlin sein. Fast alle Partygäste halten Drinks in der Hand, und die sehen nicht nach purer Cola aus.

»Was, wenn uns die Polizei schnappt?«, frage ich. Und denke: Falls wir nicht am nächsten Betonpfeiler landen, ist diese Begegnung auf jeden Fall eine Bereicherung. Abd al-Asis zeigt mir einen neuen Teil dieser sonst so geschlossenen Gesellschaft.

Prinzen-Party mit Callgirls und Kostümen

Das Königreich sei wie ein großes Dorf, sagt Abd al-Asis, man müsse nur einen kennen, der den Bürgermeister kennt. Der Bürgermeister von Saudi-Arabien ist natürlich der mächtige Kronprinz Mohammed bin Salman, und diejenigen, die man kennen sollte, wenn man mit dem Gesetz in Konflikt gekommen ist, gehören zu seiner weitesten Entourage am Königshof, sie sind Minister, Gouverneure und einflussreiche königliche Hoheiten. Wer keinen solchen Mediator hat und alkoholisiert oder mit Alkohol ertappt wird, landet im Gefängnis und bekommt Stockhiebe. Ausländer müssen das Land verlassen.

Ich selbst erinnere den Fall eines Ingenieurs, dessen Mitarbeiter in Riad betrunken in eine Fahrzeugkontrolle geriet. Es erforderte den gesamten Einsatz und die Reputation eines befreundeten Behördenleiters, den Angestellten aus dem Gefängnis zu holen, ihn zunächst nach Deutschland zu schicken und nach mehrmonatiger Schamfrist nach Saudi-Arabien zurückzuholen.

Der britische Ölmanager Karl Andree wurde im August 2014 in der Küstenstadt Dschidda mit selbstgemachtem Wein in seinem Wagen erwischt. Ein Gericht verurteilte den zu diesem Zeitpunkt 72-Jährigen zu 350 Stockschlägen. Erst die Intervention des damaligen Premierministers David Cameron bewirkte Andrees Freilassung – nach 14 Monaten Haft.

Inzwischen sind Abd al-Asis und ich auf der Tahlia-Straße angekommen, dem großen Boulevard. Von hier aus sind es nur noch zwei Straßen bis zu meiner Wohnung. »Du siehst nur die Oberfläche«, sagt Abd al-Asis. Saudi-Arabien sei viel vielfältiger, viel bunter als das Land, das ich kenne.

Abd al-Asis hat natürlich recht. Diplomaten berichten immer wieder von rauschenden Partys der Herrscherfamilie, zum Beispiel im Palast einer königlichen Hoheit in Dschidda. US-Konsulatsangestellte waren 2009 zu Gast beim Fest eines Prinzen mit 150 jungen tanzenden Saudis gewesen, alle kostümiert. Sogenannte arbeitende Mädchen hätten bei der Prinzen-Party dazu beigetragen, die Stimmung zu heben, gemeint waren Callgirls. Bekannt wurden die pikanten Details durch die Enthüllungsplattform Wikileaks.

Die strenge Ideologie der Wahhabiya hätte die ausgelassenen Treffen nie zum Stillstand gebracht, erklärte ein Partygast dem US-Konsul in Dschidda, sondern nur »ins Innere der Häuser« verlegt. Demnach verfügen einige der opulentesten Häuser über Kellerbars, Diskotheken und Clubs.

Der frühere Shell-Manager Paddy Briggs berichtet, nirgendwohin werde so viel Johnnie Walker Black Label exportiert wie ins Königreich. Briggs lebte jahrzehntelang in Saudi-Arabien und hatte seine Informationen von einem vertrauenswürdigen saudischen Insider. Den Vertrieb organisiere ein hochrangiges Mitglied der königlichen Familie, hieß es. Der Name werde nicht genannt, die Beweislage scheine aber hochprozentig eindeutig.

Eine Einladung zur Weinprobe

Ich kann mich kaum erinnern, wann ich selbst hier in Riad das letzte Mal Alkohol zu mir genommen habe. In meinem Apartment in Olaya trinke ich Tee und Zitronenwasser. An ganz gewagten Tagen hole ich abends beim Inder an der Ecke ein Holsten-Bier, alkoholfrei. Die Hamburger Hopfenbrause gibt es hier wahlweise mit Granatapfel- oder Traubengeschmack.

Alkohol ist in Saudi-Arabien nicht nur verboten, in den meisten saudischen Familien ist es auch höchst verpönt zu trinken. Selbst ein Genusstrinker gilt Gläubigen als unbeherrschter Mensch, der sich der Verführung des Satans ergeben hat.

Wie sündenvoll der Konsum von Alkohol aus religiöser Sicht wirklich ist, lässt sich aus den verfügbaren Quellen so eindeutig gar nicht herauslesen. Handel und Verzehr von Wein waren zu Zeiten Mohammeds offenbar durchaus üblich, und seine muslimischen Zeitgenossen, die Salaf, auf die sich die Salafiten als Vorbilder beziehen, haben das berauschende Getränk demnach auch genossen. Der bekannte Koranforscher Hartmut Bobzin weist zum Beispiel darauf hin, dass der Koran Alkohol nicht von Beginn an verbietet. In Sure 16:67 werden berauschende Getränke ausdrücklich befürwortet: »Und von den Früchten der Dattelpalmen und den Beeren macht ihr euch Rauschtrank und gute Speise. Wahrlich, darin liegt ein Zeichen für die Leute, die Verstand haben.«

In den Hadithen heißt es dagegen rigoros: »Wenn sie Wein trinken, peitscht sie. Wenn sie noch mal trinken, peitscht sie. Wenn sie noch mal trinken, tötet sie.« Die Hadithe sind eine Sammlung übermittelter Zitate und Handlungen Mohammeds und seiner Jünger und gelten neben dem Koran als zweite Säule der islamischen Normenlehre.

Es wird gebraut und gekeltert, illegal und überall

Ich freue mich trotzdem, als ich zwei Wochen nach meiner Begegnung mit Abd al-Asis zu einer Weinprobe eingeladen werde. Das passiert hier wirklich nicht alle Tage. Die Kelterer sind Sophia aus Rumänien und Janusch aus Warschau, beide arbeiten als Krankenpfleger in der King Saud Medical City. Bei einem Snack auf der Terrasse wollen wir heute ihren Cuvée 2018 verkosten.

Wie fast alle Ausländer in Saudi-Arabien leben Sophia und Janusch in einem Compound. Das sind Ansammlungen von Apartmenthäusern, die nach außen durch eine Mauer geschützt sind. Am Einlass-Checkpoint der Wohnanlage im Südwesten von Riad stehen Männer mit Schnellfeuergewehren. Die Unterseite meines Taxis wird mit einem langstieligen Überwachungsspiegel inspiziert. Ich muss meinen Pass hinterlegen. Im Mai 2003 hatte es Selbstmordanschläge auf zwei dieser Wohnsiedlungen gegeben. 56 Menschen starben. Es war der Versuch von Al-Qaida-Terroristen, die Ungläubigen aus dem Land zu sprengen. Denn hinter den Mauern der Compounds ist das Leben ein bisschen wie im Westen: keine Abajas, keine Geschlechtertrennung, Bikinis am Pool.

Alkohol ist trotzdem verboten.

Dennoch gärt es in Saudi-Arabien. Es wird gebraut und gekeltert, heimlich, illegal und überall. Als die Amerikaner nach Saudi-Arabien kamen, um gemeinsam mit den Saudi-Arabern die Ölfelder auszubeuten, untersagten die Firmen ihren Mitarbeitern zwar Alkohol einzuführen. Dafür kursierte aber ein wertvolles Rezeptbuch, *The Blue Flame.* Darin wird minutiös die Produktion hochprozentiger Getränke beschrieben, vom einfachen Wodka bis zum Orangenlikör. Das Werk ist inzwischen im Internet verfügbar und hat an Aktualität nichts eingebüßt.

Sophia ist groß und etwas hager, 39 Jahre alt, sie öffnet im roten Trägerkleid, barfuß. Das schwarze Haar bändigt sie locker mit einer bunten Spange am Hinterkopf. Sophia wohnt in einem kleinen Drei-Zimmer-Haus mit Garten. Die Krankenschwester verdient in Riad fast 3000 Euro netto, gut zehnmal so viel wie in Bukarest. Die Gartenwohnung dazu ist kostenfrei. Januschs Wohnung liegt zwei Straßen weiter.

Sophia führt mich in eine Abstellkammer. Wir räumen eine Mauer aus Wasserflaschen und Konserven zur Seite. Eine Vorsichtsmaßnahme, falls es doch einmal zu einer Razzia kommt. Hinter dem Sichtschutz befinden sich drei mittelgroße Glasballons, wie ich sie aus meiner Kindheit vom Apfelmosten kenne. Jeder enthält etwa fünf Liter Flüssigkeit, zwei sind rot, einer ist weiß.

Vor ein paar Jahren hatte ich für mehrere Tage etwas außerhalb von Riad einen Schweizer Landschaftsarchitekten auf seiner Farm besucht. In den Waschräumen vernahm ich in meinem Rücken plötzlich ein Blubbern und Zischen. Erschrocken zog ich den Duschvorhang zur Seite und stand vor einer komplexen Destillieranlage mit Glaszylindern und durchsichtigen Schläuchen. Durch die kunstvolle Glasvorrichtung rann eine dunkelrote Flüssigkeit.

Sophia hat dagegen ein vergleichsweise einfaches Herstellungsverfahren entwickelt. Die Krankenpflegerin mischt Traubensaft aus dem Supermarkt einen Gärstoff bei und verschließt den Flaschenhals mit einem durchsichtigen Einweg-Handschuh aus dem Krankenhaus. Die Hefe verwandelt den Zucker in Alkohol, und Sophia kann am Druck der aufsteigenden Gase den Grad des Reifeprozesses ablesen: Solange die fünf Finger des Handschuhs nach oben weisen, läuft es gut, sagt Sophia. Alle paar Tage rollt sie die Flaschen einige Male hin und her. Zwei, drei Wochen geht das so. Dann ist der Wein schankbereit.

Am Ende sei es die Erfahrung, sagt Sophia. Es gehe um die richtige Menge an Zucker, Weinhefe und Bewegung, die ein gutes »Finale« zauberten – den Geschmack, den der Wein nach dem Schlucken am Gaumen hinterlässt. Jetzt sitzen wir zu dritt auf der Terrasse, die zwischen Sophias und dem nächsten Haus liegt. Vor uns stehen drei Karaffen mit »Riyadh Red Lantern 2018«. So hat Sophia ihr privates Gebräu etikettiert, der Anrüchigkeit der Umstände angemessen.

Ihre Sammlung unterscheidet zwischen Spätlese halbtrocken, weiß – lieblich – und Cabinet, trocken, rot. Dazu gibt es Fasole b'tut', rumänisches Bohnenpüree mit scharfer Paprika, und klebriges, polnisches Kartoffelbrot, von dem Janusch behauptet, es sei aufwendiger in der Zubereitung als alle Weine zusammen.

Ich kann mich gar nicht entscheiden, welcher der Weine mir am meisten mundet. Weiß – halbtrocken mit Kartoffelbrot scheint mir kulinarisch die beste Kombination, und Sophias Terrasse würde ich gerne als nettaste Bar der Stadt auszeichnen.

Thronfolger Mohammed bin Salman betont immer wieder, dass Alkohol nie legal sein werde im Königreich, auch nicht für ausländische Touristen in den geplanten Ferienressorts am Roten Meer. »Ein Fremder, der trinken will, soll nach Ägypten gehen oder nach Jordanien«, rät der Kronprinz. Glaubt man den Einschätzungen des früheren US-Konsuls in Dschidda, dürfte diese

Verbotspolitik zumindest die Schwarzmarktpreise stabil hochhalten. Der Genuss von Whisky und anderen geistreichen Getränken wird dadurch kaum verringert.

Ich muss an Abd al-Asis denken, der mich am Ende doch noch unversehrt vor meiner Haustür abgesetzt hat. Bevor ich sein Party-Auto mit Lady Gagas Songs verließ, zeigte er mir auf dem Handy noch ein paar Fotos aus der Wüste. Darauf waren junge Saudis zu sehen, Frauen und Männer Anfang zwanzig, auf Jeeps, mit Drinks und einer stattlichen Sammlung an Handfeuerwaffen. Er und seine Freunde ballerten damit gern in der Wüste herum, erzählte Abd al-Asis.

Wenn das Leben nur in Ritualen verläuft, selbst das Ende, will der Mensch, bevor er anonym in einem Grab verscharrt wird, offenbar noch einmal ausscheren aus der Eintönigkeit des Lebens. Das Dasein in seiner ganzen Fülle auskosten, eben etwas ganz anderes machen.

Schwarze Kronjuwelen:
Das Öl, die Macht und das Geld

*Ein armer Nomadenjunge arbeitet sich vom Lauf-
burschen zum Ölminister hoch und damit zu
einem der einflussreichsten Wirtschaftspolitiker
der Welt. Die unglaubliche Geschichte des Ali
an-Naimi ist auch die Geschichte seines Landes.*

Kurz bevor sein jüngster Sohn in einem Beduinenzelt aus schwarzem Ziegenhaar geboren wird, im Wüstendorf ar-Raka, etwa dort,
wo sich heute das quirlige Zentrum der Ölstadt Khobar befindet,
beschließt der Perlentaucher Ibrahim an-Naimi, seine Ehefrau
Fatima zu verlassen. Die junge Beduinin bleibt mit fünf Kindern
zurück. Fatima ist zierlich, kaum 1,50 Meter groß. Sie war mit
14 Jahren verheiratet worden. Ali, ihrem Jüngsten, bleibt vom
Vater zunächst nur der Name von dessen Stamm, Naimi.

In der Welt, in die der spätere Chef von Saudi Aramco, der
heute größten Erdölfördergesellschaft und profitabelsten Firma
aller Zeiten, hineingeboren wird, scheint die Zeit seit Jahrhunderten stillzustehen. Der Sommer 1935 ist sengend heiß im Osten
der Arabischen Halbinsel, die Winternächte sind bitterkalt. Die
Bauern und Beduinen trotzen der Natur ihren Lebensunterhalt
ab, weithin abgeschnitten von den Ereignissen jenseits ihres

Lebensraums. Selbst zu den heiligen Stätten Mekka und Medina zieht es wegen der wirtschaftlichen Depression in den Jahren zwischen den Weltkriegen nur noch wenige Pilger.

Ali an-Naimi ist vier Jahre alt, als er seinen ersten Job antritt. Er hütet die Lämmer seiner Familie. Aber er kann nicht zählen. Als auffällt, dass er täglich mit ein oder zwei Lämmern weniger nach Hause kommt, baut sein Onkel eine Falle für den Wolf, der die Jungtiere offensichtlich in den Dünen reißt. Der Wolf tappt hinein, er wird erschossen, und es wird ihm das Fell abgezogen. Die Kinder erhalten ein Stück Wolfsfleisch. Es schmeckt salzig.

Das Fleisch des Raubtiers soll die Kinder vor bösen Geistern bewahren, sagen die Erwachsenen. Die Geister werden Dschinn genannt, sie treten in unterschiedlichen Gestalten auf, manche können sich verwandeln und dadurch ihre wahren Absichten verbergen, um den Menschen so viel Schaden wie möglich zuzufügen. Ali erhält einen Wolfszahn. Der Onkel hängt ihm diesen um den Hals. Er soll ihm Stärke verleihen.

Das einzige Mädchen unter den fünf Naimi-Kindern ist dagegen schwächlich. Sie stirbt. »Wir waren Überlebende«, schreibt Naimi später über seine Kindertage.

»Der wichtigste Mann, von dem Sie noch nie gehört haben«

Ali an-Naimi erzählt diese Geschichte im Jahr 2016, in seiner Autobiografie. Da ist er 82. Die Zeit damals war nicht unglücklich, heißt es dort, aber hart. Sie habe die Menschen zäh gemacht. Tatsächlich ist Naimi, der zu diesem Zeitpunkt gerade pensioniert wurde, am Ende seines Lebens einer der einflussreichsten Männer der Welt. Der einstige Beduinenjunge besitzt fast siebzig Jahre Erfahrung in der Ölindustrie. Im Anschluss an seine Zeit als Aramco-Chef diente er seinem Land noch fast 21 Jahre als Ölminister.

Das Ölministerium in Riad ist eine der machtvollsten Schaltzentralen der Weltwirtschaft. Von hier aus werden die Märkte befeuert oder gedrosselt. Kein anderes Land hat die Kapazität, an einem Tag hunderttausende Barrel Öl einfach zurückzuhalten oder zusätzlich zu pumpen. Der langjährige US-Notenbankchef, Alan Greenspan, nennt Naimi deshalb, als er noch Minister ist, »den wichtigsten Mann, von dem Sie noch nie gehört haben«.

Naimis Schnauzbart ist weiß wie sein Haar. Wenn er heute in akademischen Talkshows sitzt, zum Beispiel in Washington beim Center for Strategic and International Studies, wirkt er im dreiteiligen Nadelstreifenanzug wie ein freundlicher Großvater auf Familienbesuch. Dieser Eindruck ändert sich schlagartig, wenn Naimi erklärt, wie es damals war, 2014. Da kam es weltweit zu einem dramatischen Preissturz für Öl – das Barrel fiel von 100 Dollar auf zeitweise unter 30, so tief wie in über zehn Jahren nicht. Dies brachte auch die Wirtschaft des Königreichs in schwere Bedrängnis, mit Folgen bis heute.

Das Murmeln des Ministers

»Ich bin ehrlich«, sagt Naimi, »es gab keine Strategie, niemand in der Opec wollte die Produktion drosseln, erwartete das jedoch von Saudi-Arabien, wir sagten nein, warum wir?« Daraufhin flutete Aramco die Ölmärkte, um durch das Überangebot den eigenen Marktanteil zu sichern. Denn keine andere Firma würde so günstig produzieren können und trotzdem noch Gewinne einfahren wie Saudi Aramco. Das war Naimis Kalkül.

Sein Geständnis in Washington ist, ob wahr oder nicht, insofern bedeutsam, als der öffentlichkeitsscheue Ölminister seine Pläne fast nie offenlegte. Für Journalisten war es stets schwierig, sein Gemurmel, seine kryptischen Halbsätze richtig zu interpretieren. Über Saudi-Arabiens Taktik auf dem Ölmarkt ließen sich kaum Gewissheiten gewinnen.

Naimi ist selbst nur drei Jahre jünger als das Königreich. Seine Geschichte erzählt, wie sich die bis dahin isolierte tribale Gesellschaft des Wüstenreichs in weniger als einer Lebensspanne zu

einer modernen Nation von höchster globaler Bedeutung verwandelt.

Als König Abd al-Asis 1932 die Macht übernimmt und die vier
von ihm eroberten Regionen Hedschas, Nadschd, Ost-Arabien
und Süd-Arabien zu einem Staat vereint, wird etwa zur gleichen
Zeit im Emirat Bahrain Öl gefunden. Das winzige Bahrain ist ein
der saudischen Ostküste vorgelagerter Inselstaat. Heute ist das
Nachbarland auf 25 Kilometern Länge durch eine Reihe von Brü-
cken mit dem saudischen Festland verbunden.

Der König in Riad braucht zu diesem Zeitpunkt dringend
Geld für den Aufbau seiner jungen Nation. Er muss den Rück-
gang zahlungskräftiger Pilger, der bis dahin wichtigsten Einnahmequelle, irgendwie ausgleichen. Der Erste Weltkrieg hatte
deutlich gemacht, dass Öl auf absehbare Zeit eine entscheidende
Ressource in der Kriegsführung sein würde – und in der Industrie.
König Abd al-Asis beginnt deshalb unverzüglich mit der Suche.
Dabei ist vollkommen unsicher, ob es überhaupt Ölvorkommen
gibt in seinem Reich.

Ein Jahr später, 1933, unterzeichnet Riad bereits den ersten
Konzessionsvertrag mit der amerikanischen Explorationsfirma
Standard Oil Company of California, kurz Socal, dem heutigen
Ölkonzern Chevron. Die Geologen aus San Francisco machen
sich in die Wüste auf, um das schwarze Gold zu finden. Es geht
um »Explorationsrechte auf rund 930 000 Quadratkilometern
Land für 60 Jahre«. Im gleichen Jahr wird auch die Konzessions-
Verwaltungsgesellschaft Casoc gegründet, die California Arabian
Standard Oil Company. Die Casoc ist der Vorläufer von Saudi
Aramco.

Drei Jahre voller Rückschläge

Der Chefgeologe von Casoc glaubt fest an den Erfolg. Max Steineke, 1898 geboren, ist Sohn deutscher Auswanderer. Er wächst
im US-Westküstenstaat Oregon auf, als eines von neun Kindern,

in prekären Verhältnissen. Als Zwölfjähriger heuert Steineke in einem Sägewerk in Kalifornien an. Doch ein Lehrer wird aufmerksam auf ihn. Er fördert die Weiterbildung des Jungen. Am Ende studiert Steineke in Stanford Geologie.

1935 stellt er im Osten des Königreichs erste Bohrungen an, in der Nähe des Dorfs Dammam. Unterstützt wird der Wissenschaftler von einer Handvoll ortskundiger Beduinen. In deren Anführer, Khamis bin Rimthan, findet Steineke einen Seelenverwandten. Die beiden ergänzen sich. »Sie schienen immer zu wissen, wo sie sich befinden und wohin sie wollen«, erinnert sich sein Kollege, der Geologe Thomas Barger, an die Tage in der Ostprovinz.

Steineke rechnet, sammelt, vermisst, drei Jahre lang. Aber er findet nicht, wonach er sucht. Es gibt nur Rückschläge. Höhlen brechen ein, Bohrer fressen sich fest in der Tiefe des Gesteins. Das Explorationsunternehmen in San Francisco will schon alles hinschmeißen. Es ruft Steineke in die USA zurück.

Der Ölfund verändert alles – das Land, die Politik, die Welt

Der Geologe bittet die Manager in Kalifornien noch um etwas Geduld. Er sagt, er wolle ein paar Bohrungen in größerer Tiefe abwarten, wenigstens die Ergebnisse von Dammam #7, einem Bohrloch, an dem er besonders langsam, dafür weiter ins Gestein drillen lässt.

Im März 1938 stößt Steineke tatsächlich in über 1400 Metern Tiefe auf Öl. Bei weiteren Bohrungen im Umkreis entdecken Khamis bin Rimthan und er 1940 das Abqaiq-Feld, ein gewaltiges Reservoir mit einem Umfang von vielen Milliarden Fässern Öl.

Diese Funde verändern alles: das Königreich, die Interessenpolitik in der Region – und damit die Welt.

Bis es der Beduinenjunge Ali an-Naimi an die Spitze der Firma Aramco schafft, hat er einige Hindernisse zu überwinden. Als er neun Jahre alt ist, erhält sein älterer Bruder dort eine Anstellung als Laufbursche. Dieser bringt den kleinen Bruder morgens mit in die Schule, die zur Firma gehört. Die Kinder lernen Englisch und mit Zahlen umzugehen. Nachmittags arbeitet Alis großer Bruder.

Von Anfang an spielt Aramco eine zentrale Rolle bei der intellektuellen Erziehung junger Saudi-Araber. Hirten, Kameltreiber, Bauern finden plötzlich Jobs in der Ölbranche. Das Unternehmen baut Schulen, errichtet Colleges, es schickt seine Mitarbeiter hinaus in die Welt, auf die besten Universitäten.

Als Alis Bruder 1947 erkrankt und schließlich stirbt, rückt Ali in der Firma an dessen Stelle. Als Bürojunge ist er mit zwölf Jahren der einzige Ernährer der Familie. Er verdient 90 Rial im Monat. Davon lässt sich zu dieser Zeit ein bescheidener Haushalt finanzieren. Nur neun Monate später erlässt das Arbeitsministerium ein neues Gesetz, das Kinderarbeit unter 18 Jahren verbietet. Ali behauptet jetzt, er sei schon 18. Wegen eines genetischen Fehlers habe er aber keinen Bartwuchs. Man glaubt ihm nicht. Er muss das Unternehmen verlassen.

Im Tausch für sein Öl erhält Saudi-Arabien den militärischen Schutz der USA

Doch es sind einmalig dynamische Jahre in Saudi-Arabien. Ständig tun sich neue Chancen auf, für das Land und die Menschen. Ein solcher Moment ist der 14. Februar 1945.

An diesem Tag ist US-Präsident Franklin D. Roosevelt auf dem Rückweg von der Krim nach Washington. Der Zweite Weltkrieg ist militärisch entschieden. Er ist aber noch nicht zu Ende. Der schon todkranke Amerikaner kommt direkt von der Jalta-Konferenz, auf der die Alliierten die Teilung Deutschlands beschlossen haben. Im Suezkanal empfängt Roosevelt an Bord des Schweren Kreuzers »USS Quincy« König Abd al-Asis. Ihre beiden Länder hatten erst 1939 diplomatische Beziehungen aufgenommen. Es ist das erste Mal, dass sich ein amerikanischer Regierungschef und ein saudischer Monarch begegnen.

Auf den ersten Blick könnten die beiden Staatsmänner kaum unterschiedlicher sein. Roosevelt ist umfänglich gebildet, weit gereist, Präsident einer der fortschrittlichsten Nationen der Welt. Der damals 69-jährige saudische König wiederum hat nie eine Schule besucht. Er kam nie weiter als ins irakische Basra und herrscht über eines der ärmsten Länder der Welt.

Doch beide, Ibn Saud und Roosevelt, sind kluge Strategen. Sie begreifen die schier grenzenlosen Möglichkeiten, die langfristig für beide Seiten in dieser Verbindung liegen. Sofort entwickeln sie ein gutes persönliches Verhältnis. In diesem Moment legen die beiden Männer in mehreren Verträgen das Fundament für die bis heute bestehende Allianz: Danach stehen die USA dem König-reich militärisch gegen Feinde bei – und (auch wenn das nicht schwarz auf weiß festgeschrieben wird) Saudi-Arabien garantiert den Amerikanern dauerhaft die Lieferung von Öl zu günstigen Preisen.

Den Boss gut aussehen lassen

Das Leben von Ali an-Naimi hält überraschende Wendungen bereit. Vielleicht gibt es zu diesem Zeitpunkt nirgendwo sonst vergleichbar große Chancen zur Verwirklichung von Träumen wie in Saudi-Arabien: Der Beduinenjunge Ali, der mit neun Jah-ren erstmals in seinem Leben Schuhe trägt, studiert bald an der American University in Beirut, dann lässt er sich, wie der Ameri-kaner Steineke, an der Elite-Universität Stanford zum Geologen und auch zum Ökonomen ausbilden. Als er mit dreißig erneut bei Aramco anheuert und ein Vorgesetzter den jungen Kollegen fragt, welches berufliche Ziel er anstrebe, zögert Naimi nicht: »Präsident der Firma.«

In den 1970ern ist der Ölboom in vollem Gange. 1984 wird Naimi tatsächlich Präsident und 1988 CEO von Saudi Aramco, wie das Unternehmen ab dann heißt. Da ist die Firma bereits der größte Einzelproduzent von Rohöl weltweit. Heute exportiert das

Land rund acht Millionen Fass Rohöl am Tag. Die saudischen Ölreserven werden auf mindestens 265 Milliarden Barrel geschätzt, das wären die zweitgrößten der Welt, nach Venezuela. Auch wenn niemand weiß, wie viel Öl genau noch in der Erde lagert.

Die Saudi-Araber kaufen den Amerikanern deren Anteile von Aramco über die Jahre ab. Heute ist der Konzern allein in saudischer Hand. Er macht mehr Gewinne als irgendein anderes Unternehmen auf dem Planeten. Man könnte sagen, die Firma sei das Kronjuwel Saudi-Arabiens, der Schatz des Königreichs.

Wenn Naimi gefragt wird, was das Geheimnis seines Erfolges ist, antwortet er verschmitzt: »Harte Arbeit, Glück und den Boss immer gut aussehen lassen.« Das ist nicht immer leicht, wenn das Schicksal der Nation an dieser einen Firma hängt. Denn Saudi-Arabien produziert kein anderes nennenswertes Exportgut, außer vielleicht Datteln.

Staat im Staat

Saudi Aramco ist bald ein Staat im Staat, auch äußerlich. Wer in der Ostprovinz Dhahran das gut gesicherte Tor zur Firma passiert, betritt eine andere Welt. Als kreuze man einen Grenzübergang. Tatsächlich herrschen hinter dem Schlagbaum andere Gesetze. Auf dem riesigen Firmengelände fahren Frauen immer schon und ganz selbstverständlich Auto, selbst Saudi-Araberinnen. Es gibt keine Kleidervorschriften, Frauen tragen Anzüge, Röcke und Blusen, wie überall sonst in weltweit operierenden Firmen auch. Saudi Aramco ist ein hochmodernes, gut gemanagtes Unternehmen. Hier arbeiten Experten aus der ganzen Welt. Männer und Frauen wirken im Arbeitsprozess gleichberechtigt nebeneinander. Viele kommen aus den USA. Die Verwaltungsgebäude sehen aus wie in Washington oder Chicago, funktional, groß, quaderförmig.

Gegenüber, hinter einer weiteren Mauer, liegt Dhahran Camp. Hier wohnen die Angestellten von Aramco. Es ist im Grunde eine moderne, westliche Kleinstadt, in der die saudischen Traditionen und Regeln außer Kraft gesetzt sind.

Die Straßenschilder sind grün mit weißer Schrift, wie in den USA, die Straßen heißen Rolling Hills Boulevard und 7th Street, und die Ampeln sind gelb. Die Häuser sehen aus wie in Maryland oder Virginia, Stein-Bungalows mit flachem Ziegeldach, Carport, Garten. In Dhahran Camp gibt es ein »Recreation Center«, einen Golfplatz, Tennisanlagen, Schwimmbäder, internationale Schulen, Restaurants. Kinder spielen auf gepflegten Grünanlagen. Frauen joggen in kurzen Hosen und Sport-BHs.

Der König erfreut das Volk mit Annehmlichkeiten, das Volk verzichtet auf Kritik

Jeder Bewohner im Königreich ist auf die eine oder andere Weise Profiteur von Aramco. Da sind die 65 000 Angestellten des Unternehmens. Sie haben Familien, Fahrer, Dienstmädchen, Gärtner. Ihre Kinder gehen auf ausgezeichnete Schulen. Da sind die mehrspurigen, gut beleuchteten Straßen, die heute in die entlegensten Städte führen, die Universitäten mit ihren Studentenwohnungen, die kostenlosen Bibliotheken. Selbst die Müllabfuhr und die Kanalisation werden von Petrodollars bezahlt. Ohne Saudi Aramco gäbe es die großzügigen Familienvillen, deren Bau das Regime fördert, ebenso wenig wie die rund 150 F-15-Kampfjets des hochgerüsteten Militärs, die glitzernden Malls und die vielen Vergnügungsparks für Kinder.

So ist über die Jahre eine Art stilles Abkommen entstanden zwischen dem Volk und der Herrscherfamilie. Der König erfreut das Volk mit immer neuen Annehmlichkeiten, mit kostenloser Bildung, Gesundheitsversorgung und Auslandsstipendien. Die Regierung erhebt keinerlei Einkommensteuer. Im Gegenzug hält sich das Volk aus den Regierungsgeschäften heraus und verzichtet auf öffentliche Kritik.

Ein Koffer voller Geld

Mit dem Öl sprudeln die Milliarden. Das Königshaus investiert viele Dollars, um politische und wirtschaftliche Entwicklungen zu lenken, damit sie in seinem Sinn verlaufen. Ein Koffer voller Geld ist fast immer und überall ein gutes Argument. Riad entscheidet auf diese Weise mit über Krieg und Frieden in der Region und auf anderen Kontinenten, oft auch darüber, ob Politiker aufsteigen oder fallen. Auf der Payroll des Landes stehen zum Beispiel Länder wie der kleine, stets fragile Libanon. Die Regierung der Republik Sudan darf mit Finanzspritzen rechnen, Bahrain, aber auch die geostrategisch wichtigen Alliierten Pakistan und Dschibuti.

Im Dezember 2018 etwa nimmt der amtierende tunesische Premierminister Youssef Chahed in Riad einen 830-Millionen-Dollar-Scheck aus der Hand des Kronprinzen entgegen. Damit stützt das Königreich die notleidende Wirtschaft des nordafrikanischen Bruderlandes – und zugleich sichert sich der König die Loyalität der Regierung in Tunis. Für den Fall, dass er sie irgendwann braucht. Viele Tunesier sind auch deshalb alles andere als Fans saudischer Politik.

2013 putscht der ägyptische Verteidigungsminister Abdel Fattah el-Sisi in Kairo gegen den damals frei gewählten Regierungschef Mohammed Mursi. Sisi übernimmt selbst das Präsidialamt, und Riad sichert Sisis neue Machtposition mit einer Finanzspritze von fünf Milliarden Dollar ab. Denn es ist im Interesse des Königreichs, dass Mursi weg ist und Sisi bleibt.

Der gestürzte Mursi ist ein Führer der Muslimbrüder, einer 1928 gegründeten Islamisten-Bewegung. Die Muslimbrüder kämpfen für die Errichtung islamischer Republiken, sie wollen, anders als im Königreich, die Teilhabe des Volkes unter einer Scharia-Gesetzgebung. Die Herrscher in Riad halten die Muslimbrüder deshalb mit für die größte Bedrohung der Stabilität ihrer absoluten Monarchie. Wären morgen freie Wahlen im konservativen Saudi-Arabien, gingen die Muslimbrüder daraus höchstwahrscheinlich als Sieger hervor.

Mit Ölgeld unterstützt Saudi-Arabien aber auch weltweit humanitäres Engagement. Das Land ist ein überragend großzügiger Spender bei den Vereinten Nationen. Doch dann landet Riad bei der Uno plötzlich auf einer Liste mutmaßlicher Kriegsverbrecher. Die Kontrolleure der Vereinten Nationen werfen Saudi-Arabien vor, für den Tod von über 500 Kindern im Jemen mitverantwortlich zu sein, wo Riad seit März 2015 einen Bombenkrieg gegen die Huthi-Rebellen führt. Saudische Diplomaten drohen daraufhin dem damaligen Generalsekretär der Uno Ban Ki Moon, bereits zugesagte Beträge für dringend benötigte humanitäre Projekte der Vereinten Nationen zu stornieren, falls der Name des Königreichs weiterhin auf der Liste stehe.

Generalsekretär Ban ist verzweifelt. Er klagt öffentlich über inakzeptablen Druck, den Saudi-Arabien auf ihn ausübe. Riads Botschafter weist den Vorwurf der Erpressung vehement zurück. Die Uno braucht das saudische Geld dringend, und Ban gibt der Forderung am Ende statt, weil sonst »Millionen anderer Kinder« schwer leiden würden. Es sei eine der schmerzhaftesten Entscheidungen seiner Karriere gewesen, sagt der südkoreanische Diplomat.

Es ist auch Ölgeld, von dem der saudische Kronprinz im März 2018 amerikanisches Kriegsgerät zu astronomischen Summen bestellt. Die Rede ist von Flugzeugen und Waffen im Wert von über 100 Milliarden Dollar. Wie eine Trophäe hält US-Präsident Donald Trump ein Plakat mit bunten Bildern in die Kameras, bei einer gemeinsamen Pressekonferenz. Glücklich zeigt er die Jagdbomber und Helikopter, die darauf abgebildet sind. Verträge über 12,5 Milliarden seien bereits unterzeichnet, triumphiert Trump.

Es ist die Furcht vor erhöhten Ölpreisen und dem Verlust einträglicher Geschäfte, die den amerikanischen Präsidenten sieben Monate später, nach dem Mord an dem saudischen Journalisten Jamal Khashoggi, davon abhalten, Sanktionen gegen Prinz Mohammed bin Salman zu verhängen. Dabei hält es die CIA für bewiesen, dass der Kronprinz selbst als Auftraggeber hinter diesem Mord steckt.

Das Gefügigmachen von Politikern durch Geld und Geschenke gilt weltweit als anstößig. Aber die Herrscher von Riad können es sich leisten. Das Königreich argumentiert mit Summen, gegen die Länder mit steuerbasierten Haushalten oder Organisationen mit Mitgliedsbeiträgen schlicht verblassen. Wen oder was sollen der König und sein Kronprinz noch fürchten, wenn die Vertreter der am meisten respektierten Institutionen der Welt bei ihren Angeboten ihre Prinzipien aufgeben?

Mit dem Wertverlust des Öls schwindet Riads Macht

Doch die Welt ändert sich gerade. Der seit Jahren dramatisch schwankende Ölpreis zeigt, dass Riad längst nicht mehr mit sicher kalkulierbaren Einnahmen rechnen kann. Der Staat lebt inzwischen deutlich über seine Verhältnisse.

Erstmals schrieb der Staatshaushalt des Königreichs in den vergangenen Jahren sogar rote Zahlen. Von den einstmals 700 Milliarden Dollar an ausländischen Währungsreserven schoss die Regierung deshalb mehr als 200 Milliarden zur Tilgung des Haushaltsdefizits zu. Ohnehin ist fraglich, wie lange Öl in Zeiten von Elektromobilität und Klimawandel überhaupt noch eine nachgefragte Ware sein wird. Mit dem Wertverlust des Öls schwindet auch Riads Macht.

Kronprinz Mohammed bin Salman ist sich dessen bewusst. Er ist deshalb wild entschlossen, die königlichen Kronjuwelen zu retten. Saudi Aramco soll so schnell wie möglich umgebaut werden: Um zukunftsfähig zu werden, sollen Gewinne künftig immer weniger aus dem Öl und immer mehr aus erneuerbaren Energien gewonnen werden.

Dafür braucht der Thronfolger aber dringend frisches Geld. MBS plant deshalb, den Schatz des Königreichs, Aramco, an die Börse zu bringen. Fünf Prozent des Firmenwerts sollen als Aktien angeboten werden. Als Firmenwert hat der Kronprinz den stolzen Preis von zwei Billionen Dollar aufgerufen. Wie der junge

Machthaber auf diesen hohen Unternehmenswert kommt, bleibt allerdings sein Geheimnis. Recherchen des Nachrichtendienstes Bloomberg halten Werte zwischen einer und anderthalb Billionen Dollar für deutlich realistischer. So oder so wäre es jedoch der größte Börsengang aller Zeiten.

Wer an die Börse will, muss eine gute Geschichte erzählen. Sie sollte nachvollziehbar sein, denn die Aktionäre müssen an die glanzvolle Zukunft der Firma glauben. Doch noch nie haben unabhängige Prüfer die Bücher von Aramco eingesehen. Niemand weiß genau, wie viele Ölreserven es wirklich noch gibt in Saudi-Arabien, wie viel Gewinn die Firma tatsächlich macht und was davon für welche Zwecke entnommen wird. Die Geldmaschine Aramco ist für Außenstehende eine Blackbox.

Bei einem Börsengang könnte das nicht länger so bleiben. Die für 2018 geplante Emission von Aktien scheiterte an genau diesem Mangel an Transparenz. Der Verkauf ist erst mal verschoben, angeblich auf 2021. Aber wird der Börsengang je kommen? Schließlich ist eine gewisse Undurchsichtigkeit offensichtlich Teil des Geschäftsmodells in Riad.

Das Erfolgsrezept des langjährigen Ölministers Ali an-Naimi wird jedenfalls auch für seinen Nachfolger gelten, Khalid al-Falih, der ihn im Mai 2016 ablöste und heute einen noch größeren Geschäftsbereich verwaltet. Fraglos wird Falih ebenso hart arbeiten wie Naimi, vielleicht hat er auch Glück. Aber es könnte schwer werden, seinen Boss, den Kronprinzen, immer gut aussehen zu lassen.

Bandars Welt:
Der schwarze Prinz aus dem Morgenland

Der Sohn einer sudanesischen Konkubine und eines saudischen Königssohns steigt überraschend zu einem der einflussreichsten Diplomaten der Nachkriegszeit auf. Prinz Bandar bin Sultan ist maßgeblich beteiligt an den großen Krisen der Weltpolitik, von der Iran-Contra-Affäre bis zum Syrien-Krieg – dabei verfolgte er immer das gleiche Ziel.

Als ich Prinz Bandar bin Sultan im Januar 2018 in seinem Palast in Riad besuche, sitzt er in einem großen sandfarbenen Sessel und schmaucht eine Zigarre, so dick wie ein Ast. Bandars Gesicht ist breitflächig mit braunen, blitzenden Augen, die Haut seiner Hände ist dunkel und setzt einen Kontrast zum weißen Thaub, er trägt Sandalen. Der kurz getrimmte Vollbart ist inzwischen grau, aber noch immer so etwas wie Bandars Markenzeichen.

Bandars Blick ist auf zwei große Bildschirme geheftet, sie sind jeweils über einen Quadratmeter groß. Auf einem läuft CNN, auf dem anderen ein Dutzend internationaler Sender gleichzeitig, aus Moskau, Washington, Beirut, Tripolis. Das ist Bandars Welt. Üblicherweise befindet sich Bandar selbst an einem dieser Orte, die er gerade im Fernsehen verfolgt. Auf die eine oder andere Weise war der Prinz in den vergangenen vier Jahrzehnten Mitwirkender an fast jeder internationalen Krise. Wahrscheinlich sogar jeder. Wenn es eine Person gibt, die auf meine Fragen, wie der Kalte Krieg zu Ende ging und der Extremismus nach Afghanistan kam, warum die Amerikaner den Irak besetzten und Syriens Präsident Baschar al-Assad den Krieg gewann, eine Antwort weiß, dann ist es dieser Veteran der diplomatischen Frontlinien. Prinz Bandar bin Sultan.

Ein befreundeter Geschäftsmann hat dieses Treffen mit Prinz Bandar arrangiert.

Um 14 Uhr holt mich ein Chauffeur von meiner Wohnung im Zentrum von Riad ab, in einer schwarzen Limousine. Die Fahrt dauert knapp dreißig Minuten. Bandars Palast liegt etwas außerhalb von Riad. Am Ende einer langen Mauer öffnen sich schwere, grüne Tore und der Wagen gleitet in die Parkanlage. Es ist ein weitläufiges Areal und der Palast ein endloses Labyrinth von Gängen aus Marmor, die mit Mosaiken, handgearbeiteten Holztüren, Springbrunnen, Lichtquellen, Blumen und Grünpflanzen dekoriert sind.

Prinz Bandar ist 68 Jahre alt, als wir uns in Riad begegnen. 22 davon hat er als Saudi-Arabiens Botschafter in den USA gedient. Bis April 2014 führte Bandar den saudischen Geheimdienst und stand danach noch dem Nationalen Sicherheitsrat vor. Prinz Bandar hat Rebellen in Südamerika und Zentralasien bewaffnet, zuletzt in Syrien. Er fädelte einige der größten Waffendeals aller Zeiten ein, im Auftrag Seiner Majestät, und manchmal verhandelte er am Ende den Friedensschluss eines Aufstandes, den er selbst mit angezettelt hatte.

Vier Stunden reden wir, ein Wimpernschlag in diesem atemlosen Leben. Danach verstehe ich immerhin, wie es Prinz Bandar gelang, diese zwei Systeme – das in Riad und das in Washington –, die so widersprüchlich sind, im Grunde unvereinbar, dauerhaft in eine Art gegenseitiges Verzücken zu versetzen. Wie ein junges Ehepaar, bei dem sich beide eigentlich andere Partner wünschen, aber einander schönreden, trunken von der exorbitanten Mitgift, die, sobald Enttäuschung droht, immer weiter erhöht wird.

Treu und liebenswürdig, brutal und vernichtend

Das Bild des ungleichen Paares gilt zumindest für die Zeit, die Bandar in Washington war und dort Präsidenten regierten, die seinem Werben erlagen. Bandar, der in den USA ausgebildet wurde, vermochte selbst noch in der größten Katastrophe, dem Attentat auf das World Trade Center am 11. September 2001, als sich von den 19 Attentätern 15 als Saudis herausstellten, das Gefühl zu verströmen, dass man doch auf der gleichen Seite der Frontlinie stehe.

»Ich tat den Amerikanern so viele Gefallen wie möglich, in Zeiten, in denen ich sie nicht brauchte, damit sie mir einen Gefallen schulden würden, wenn ich sie bräuchte«, erklärt mir Prinz Bandar. Während mir der Diplomat wie nebenbei die Strategie seines Erfolges erklärt, bläst er dicke Rauchwolken der kubanischen Zigarre in die Luft.

Zeugen des Lebens von Prinz Bandar beschreiben ihn als eine in allen Spektralfarben schillernde Figur: Er sei aufmerksam und liebenswürdig, treu und witzig, schlau. Bandar kämpfe mit Charme und Leidenschaft um seine Anliegen, er sei ein brillanter Unterhändler. Wenn es um Geld gehe, und das ist häufig der Fall in Bandars Geschäften, um viel Geld sogar, seien seine Schecks immer gedeckt. Es heißt aber auch, Bandar sei ein gefährlicher Manipulator, ein Draufgänger, der drohe, brutal und sogar vernichtend sei, wenn das Ziel seines Herren es erfordere.

Dem Beschriebenen würde diese Charakterisierung seines Wesens wahrscheinlich sogar gefallen. Schon in seiner Masterarbeit für Internationale Politikwissenschaften an der Johns Hopkins University in Baltimore hatte sich Bandar den Thesen des italienischen Staatsphilosophen Niccolò Machiavelli verschrieben, wonach Akteure bei Handlungen, die zum Wohle der Allgemeinheit geschehen, nicht für die moralischen Kosten verantwortlich gemacht werden dürften. Man könnte auch sagen, Gut und Böse existieren nicht für Bandar. Nur der Auftrag.

Prinz Bandars Auftrag war ziemlich eindeutig, als König Fahd den ehemaligen Kampfpiloten 1983 als seinen Gesandten nach Washington schickte: Es ging darum, die Amerikaner als verlässliche Schutzmacht für das Königreich zu gewinnen und dieses Bündnis tief zu verankern.

Eine magische Formel

»Die USA sind unser wichtigster Verbündeter und unsere größte Bedrohung!«, soll König Fahd, der sein Onkel war, ihm erklärt haben.

»Warum Bedrohung?«, frage ich. »Weil man ihnen nicht wirklich trauen kann und sie einen möglicherweise morgen überfallen, wie zum Beispiel Saddam Hussein«, erklärt Bandar. Wer lernen will, wie im Nahen Osten Weltpolitik gemacht wird, hat in Prinz Bandar bin Sultan seinen Lehrer gefunden.

Saudi-Arabien wird reich in den 1970er Jahren. Trotzdem bleibt das Land verletzlich. Einen größeren Angriff könnte die königliche Armee allein kaum abwehren, obgleich das saudische Waffenarsenal zum größten Teil aus westlicher Spitzentechnologie besteht. Doch ohne die Unterstützung der Amerikaner geht hier militärisch fast gar nichts: Wenn ein saudisches F-15-Kampfflugzeug von der King Khalid Air Base im Südwesten Saudi-Arabiens zu einem Angriff über den Jemen abhebt, kommen das Fluggerät und die Bomben aus den USA. Amerikanische Mechaniker warten den Jet und führen die Reparaturen am Boden durch. Amerikanische Techniker aktualisieren die Zielsoftware und andere verschlüsselte Technologien. Die Saudis dürfen sie nicht einmal anrühren. Wahrscheinlich ist auch der Pilot von der United States Air Force ausgebildet.

Das Königreich kann sich also nur sicher fühlen, wenn die größte Militärmacht der Welt auch tatsächlich hinter dem Regime steht. Der Kitt dieses ungleichen Paares, den USA und des Königreichs, besteht aus einer einfachen und doch magischen Formel gegenseitiger Abhängigkeit: günstiges Öl gegen Waffen und militärischen Schutz. Das ölreiche Saudi-Arabien sorgt maßgeblich dafür, dass im Westen die Autos fahren, die Maschinen laufen, die Wohnungen im Winter warm sind. Dafür erfreut sich Riad der Sicherheitsallianz mit den USA.

Doch fossile Brennstoffe wie Öl verlieren rapide an Bedeutung. Die USA haben sich durch das Fracking unabhängiger von ausländischer Produktion gemacht. Der Ölpreis liegt dauerhaft niedrig.

Die Klammer, die die beiden Mächte über Jahrzehnte zusammenhielt, ist noch da, aber sie ist nicht mehr so eng. Plötzlich sieht man über Gegensätze nicht mehr so einfach hinweg, auch wenn sie natürlich vorher schon vorhanden waren. Viele in Washington, in London, Paris und Berlin fragen jetzt: Passt diese Partnerschaft überhaupt noch?

Frostige Beziehungen mit Berlin

Die Häuser der einzelnen Familienmitglieder von Prinz Bandar liegen auf dem Gelände verteilt. Mit den weitläufigen Gängen und Wegen durch den Park sind sie dennoch alle miteinander verbunden, hier leben auch Bandars Kinder. Prinzessin Reema ist eine in Washington ausgebildete Kunstexpertin. Sie stieg unter der neuen Führung von König Salman zur prominentesten Politikerin des Landes auf, wirkte kurz als eine Art Sportministerin und wurde gerade zur ersten Botschafterin in der Geschichte des Landes berufen, in Washington. Ihr jüngerer Bruder, Prinz Khalid, ist ein internationaler Geschäftsmann, stets gekleidet wie ein englischer Gentleman, Weste, hoher Kragen, seidenes Einstecktuch. Der 43-Jährige hat in Oxford studiert und dient aktuell als Botschafter in London. Zuvor vertrat er das Königreich in Berlin.

An diesem Tag ist Prinz Khalid – damals noch Botschafter in Deutschland – trotzdem in Riad und schließt sich unserer Unterhaltung an. Die Beziehungen zwischen der Bundesrepublik und dem Königreich sind zum Zeitpunkt meines Besuchs ziemlich frostig. Der rabiate Führungsstil des jungen Kronprinzen Mohammed bin Salman wird in Deutschland mit Sorge betrachtet.

Umgekehrt teilen die Saudis gegen Kritiker im Ausland kräftig aus. Im August 2018 zog Thronfolger MBS den Botschafter aus Kanada ab, die diplomatischen Beziehungen laufen auf Sparflamme seit dem Tweet von Außenministerin Chrystia Freeland, in dem sie die Verhaftung der Bürgerrechtlerin Samar Badawi anprangerte und deren Freilassung forderte.

Gänzlich blank liegen die Nerven beim Thema Iran. Deutschland ist einer der führenden Unterhändler, die das Nuklearabkommen mit Iran auf den Weg brachten. Saudi-Arabien ist empört über die politische Aufwertung des Rivalen. Iran sei mit seinem expandierenden militärischen Einfluss in Libanon, Syrien und Jemen eine existentielle Bedrohung für die Region, sagt auch Botschafter Prinz Khalid bin Bandar. In der Tat unterstützt Iran viele Gegner des Königreichs, darunter militärische Milizen wie die Hisbollah im Libanon und die Huthi-Rebellen im Jemen, und das direkt vor Saudi-Arabiens Haustür.

Amerikanische Diplomaten sagen gerne, die Saudis seien, was Iran angeht, »zwar paranoid, aber auch nicht verrückt«. Das soll heißen, Riad bewerte die Gefahr, die von Iran ausgehe, als deutlich zu hoch, doch es sei auch viel Wahres an ihren Sorgen. Die gegenseitigen Aggressionen zwischen Riad und Teheran beherrschen inzwischen den Konflikt im Nahen Osten.

Grimmige Generäle

Im Wohnzimmer von Prinz Bandar bin Sultan stehen gerahmte Bilder der acht Kinder und seiner Frau Haifa, einer Tochter von König Faisal. An den Wänden und auf den Konsolen reihen sich scheinbar endlos Fotos mit Ehrenbekundungen von Berühmtheiten aus der ganzen Welt. Prince Charles ist darunter und Michail Gorbatschow, Ronald Reagan, der ehemalige US-Außenminister Colin Powell. Es fällt auf, dass Bandar gleichzeitig mit unter schiedlichsten Menschen befreundet ist, von denen sich einige zu Lebzeiten möglichst aus dem Weg gingen, wie der Friedensnobelpreisträger Nelson Mandela und die britische »Eiserne Lady« Maggie Thatcher, die Mandelas Partei, den ANC, einmal eine Terrortruppe nannte. Beide zählte Bandar zu seinem engsten Kreis.

Prinz Bandar ist ein fulminanter Erzähler. Es sind Geschichten, die wir alle kennen, aber er hat sie selbst erlebt. Zum Beispiel, als er 1988 im Namen von US-Präsident Ronald Reagan und König Fahd zum sowjetischen Führer Michail Gorbatschow nach Moskau flog. Der Krieg zwischen den afghanischen Mudschahidin und den Sowjets war bereits seit über acht Jahren in Gange, und Bandar kam, um dem Russen zu drohen, dass die Saudi-Araber die Gelder für die Aufständischen falls nötig noch verdoppeln würden, wenn sich die Sowjets nicht endlich zurückzögen. Gorbatschow habe ihn zusammen mit einem Heer grimmiger Generäle empfangen und angeherrscht, die Saudis sollten sich nicht einmischen und die Terroristen nicht weiter unterstützen. Dann habe Gorbatschow ihn in sein Büro gedrängt, an seine Brust gedrückt und geküsst: »Es sind die Generäle, die nicht glauben wollen, dass wir uns das nicht mehr leisten können. Berichten Sie König Fahd, dass ich im März 1989 das Land verlassen haben werde.«

Die Sowjets zogen tatsächlich ab. Die Szene markiert den Anfang vom Ende des Kalten Krieges.

Grauzone zwischen Diplomatie und Geheimdiensttätigkeit

Seit fast zwanzig Jahren schreibe ich über Krisen und Kriege auf der Welt. Ich reiste auf den Balkan, nach Zentralasien, Afrika und in den Nahen Osten. Wer dort den islamistischen Kampfgruppen nachspürt, trifft immer wieder auf Hinweise, dass »die Saudis« Geld gegeben, Waffen geschickt, Politiker »gekauft« hätten. Doch nie treten die vage benannten Akteure aus dem Morgenland öffentlich auf. Golf-Emissäre wie Prinz Bandar sind keinem Parlament verpflichtet und berichten allein ihrem Gebieter, dem König. Sie agieren in einer Grauzone zwischen Diplomatie und Geheimdiensttätigkeit, außerhalb jedes Protokolls und unter dem Radar der Weltöffentlichkeit. Doch ihr Geld, ihre Verbindungen, ihre Interessen fließen überall mit ein.

Was zum Beispiel hat der Frieden in Afghanistan heute mit Saudi-Arabien zu tun? Sehr viel. Denn genau genommen haben die Saudi-Araber und die Amerikaner die Taliban erfunden, damals in den 1980ern. Entscheidend daran beteiligt war auch diesmal ein Mann namens Prinz Bandar.

Die Sowjets marschierten 1979 nach Afghanistan ein. Moskau wollte dort einen weiteren Satellitenstaat errichten und langfristig möglichst nach Pakistan und ans Arabische Meer vordringen. Es waren angespannte Zeiten im Kalten Krieg zwischen Ost und West. Die Amerikaner sahen eine Chance, die Rote Armee in einem auszehrenden Guerilla-Krieg in die Knie zu zwingen, auf dem afghanischen Schlachtfeld. Die Saudi-Araber wiederum wollten verhindern, dass die Kommunisten einen Fuß in die Region setzten, die Riad im weitesten Sinne als seine Einflusszone betrachtet.

Gemeinsam unterstützten saudische Geheimdienstler und Agenten der CIA seit 1980 die afghanischen Aufständischen. Diese wiederum bekämpften die Rote Armee aus dem sicheren Rückzugsgebiet in Pakistan heraus. Nur hießen sie damals nicht Taliban, sondern Mudschahidin.

Der Plan ging auf: Die Amerikaner lieferten die Waffen und die Saudi-Araber die Kontakte sowie das wahhabitische Gedankengut für die Schulbücher der Madrasas. Diese Koranschulen in den Flüchtlingslagern agitierten und rekrutierten immer neue Jugendliche, die bereit waren, ihre Heimat im Kampf gegen die »Ungläubigen« aus der Sowjetunion zu befreien. Man könnte also sagen, die Taliban seien die Kinder der Mudschahidin.

Es war nicht beabsichtigt, die islamistischen Guerillakämpfer länger als nötig aktiv zu halten. Dass sie nach dem Abzug der Sowjetarmee dort zurückblieben, ist ein Unfall der Geschichte. Unter den Mudschahidin befanden sich jede Menge Ausländer, die zur Privatmiliz des späteren Al-Qaida-Gründers Osama bin Laden zählten und dann zur Keimzelle des globalen, militanten Extremismus wurden.

»Syrien ist schiefgegangen«

Riad hat aber auch Einfluss auf die anderen Kriege im arabischen Raum, in Libyen zum Beispiel, im Irak und in Syrien. Jede Menge sogar. Saudi-Arabien ist als Geldgeber oder Vermittler ein Schwergewicht in fast allen Konflikten, an denen islamistische Gruppierungen beteiligt sind. Als der Arabische Frühling nach Syrien kam, hatten die Saudis dem syrischen Präsidenten Assad zunächst Unterstützung angeboten. Der wichtigste Unterhändler war erneut Prinz Bandar, der seit 2012 den saudischen Geheimdienst führte.

»Wir sagten zu Assad, verbessere die Beziehung zu deinem Volk, sie wollen nur Reformen, keinen Putsch, keine neue Regierung, du kannst bleiben«, erzählt der Prinz. »Er hörte nicht.« Die Saudi-Araber forderten, dass Damaskus seine enge Bindung zu Iran aufgeben müsse. Assad sollte die über sein Land verlaufenden Waffenlieferungen von Teheran an die verbündete Hisbollah-Miliz im Libanon stoppen. Das war Bandars Preis. Riad sieht sich durch die militärische Achse bedroht, die Teheran mit Damaskus und Beirut verbindet. Das Königreich will diese Verbindung zerschlagen und so Teherans Einfluss schwächen.

Doch Assad lehnte ab. Die USA hatten ihm bereits Ähnliches offeriert. Der Syrer sah seine Lebensversicherung aber eher in Teheran als in Riad oder Washington. Damit war der Krieg erklärt.

Saudi-Arabien und Katar bewaffneten daraufhin jedermann, der bereit war, gegen das Regime zu kämpfen. »Ich war oft dort«, sagt Prinz Bandar an diesem Tag im Februar 2018 in seinem Palast. »Wir haben die Free Syrian Army aufgerüstet. Es ist total schiefgegangen.«

Schiefgegangen sind vor allem zwei Dinge: Bandar hatte den Rebellen zugesagt, die Amerikaner würden ab einem bestimmten Zeitpunkt in den Krieg eingreifen. Präsident Barack Obama wiederum drohte Präsident Assad, dass für ihn die »rote Linie« überschritten sei, sollte er Giftgas gegen Zivilisten einsetzen. Prinz Bandar und die Rebellen lasen das als klares Bekenntnis dafür, dass die USA ihnen in Syrien bald zu Hilfe kommen würden.

Als am 21. August 2013 in Ost-Ghouta nahe Damaskus hunderte Zivilisten durch einen Giftgasangriff zu Tode kommen, macht Obama jedoch einen Rückzieher. »Wir legten den Amerikanern unwiderlegbare Beweise vor«, erklärt ein enger Vertrauter von Prinz Bandar, der unserem Gespräch bisher wortlos gefolgt ist.

In Riad wird die Geschichte erzählt, US-Präsident Obama habe versucht, Abdullah, den damaligen König, anzurufen. Er habe dem Verbündeten erklären wollen, warum er nicht bombardiere. Aber der König lehnte ab, das Telefonat des angeblich wortbrüchigen Alliierten überhaupt entgegenzunehmen. An dieser Stelle sollte allerdings erwähnt werden, dass sich die Russen und die Amerikaner auf eine Uno-Resolution verständigten, nach der Syrien dem Chemiewaffenabkommen beitrat. Daraufhin wurden unter Aufsicht der Vereinten Nationen etwa 95 Prozent der syrischen Chemiewaffen vernichtet.

Dennoch, zum ersten Mal kann Bandar sein Versprechen gegenüber seinen Partnern auf dem Schlachtfeld nicht halten. Der Prinz ist außer sich. Für ihn ist das der Worst Case.

Zerwürfnis mit den USA

Die Iraner verstärken daraufhin ihren Einsatz, und auch die Russen kommen Damaskus zu Hilfe. Gemeinsam verhindern Teheran und Moskau Assads Fall. Nun sitzen die Iraner erst recht dort, wo Riad sie nicht haben will – direkt in Damaskus.

Das große Spiel mit den USA funktionierte nicht mehr. Zuvor hatte Prinz Bandar vier US-Präsidenten, zehn US-Außenminister, elf nationale US-Sicherheitsberater erlebt, mit den meisten hatte er bestens zusammengearbeitet. Aber Obama ließ sich nicht einfangen, weder von Bandars Charme noch von seinen Argumenten. Er hatte andere Pläne für den Nahen Osten.

Der Demokrat wollte aus den Kriegen in Afghanistan und Irak herauskommen und in keinen weiteren Konflikt hineingezogen werden. Ein Nuklearabkommen mit den Iranern sollte deren Aufrüstung mit Atomwaffen verhindern. Ziel der USA unter Obama war es, die Beziehungen zu dem ebenso an Ressourcen reichen Rivalen Saudi-Arabiens zu normalisieren.

Es kam zum Zerwürfnis. Bandar wurde im politischen Washington der Obama-Administration zur persona non grata, schreibt der Korrespondent Bilal Saab von der emiratischen Zeitung *The National*. König Abdullah rief seinen Frontmann aus Washington zurück. Der Prinz blieb jedoch sein persönlicher Gesandter für Spezialaufträge, bis Abdullah im Januar 2015 starb.

Der Aufstieg Bandars zu einem der einflussreichsten Mitglieder der Herrscherfamilie und Agenten für Staatsaffären aller Art hat etwas Märchenhaftes. Der Diplomat ist das Kind einer schwarzen Sklavin aus Asir, einer Provinz ganz im Süden des Landes, und des damaligen Gouverneurs von Riad, Prinz Sultan bin Abd al-Asis bin Saud. Khisaran, Bandars Mutter, kam als Magd ins Haus und wurde bald die Konkubine des Prinzen.

Die Großmutter lehrte ihn Politik und den Umgang mit Frauen

Als sie den Jungen zur Welt bringt, ist Khisaran 16, Prinz Sultan 20 Jahre alt. Prinz Sultan ist einer der sieben Söhne des Staatsgründers Abd al-Asis mit dessen Lieblingsfrau Hessa as-Sudeiri.

Unter islamischem Recht werden grundsätzlich alle Söhne gleich geboren. Khisaran und der Säugling werden dennoch zunächst abgefunden und müssen den Palast verlassen. Erst als Achtjährigem gelingt es dem kleinen Prinzen, den Vater auf sich aufmerksam zu machen. Bandar darf Prinz Sultan besuchen, als dieser krank in seinem Schlafzimmer liegt. Der Vater zieht den Sohn auf sein Bett. Das ist der Beginn ihrer Beziehung, in der Prinz Bandar ein Leben lang versuchen wird, den Vater zu beeindrucken.

Prinz Bandar ist elf Jahre alt, als sich das Leben für ihn grundlegend ändert. Seine Großmutter, Hessa al-Sudeiri, die vielleicht einflussreichste Frau in Saudi-Arabien, entscheidet, dass der Junge und seine Mutter künftig bei ihr im Palast leben sollen. Da ist Bandars Großvater Abd al-Asis, der Gründer der Nation, schon einige Jahre tot.

Hessa ist fromm und willensstark. Bandar betet sie an. Sie erwidert seine Zuneigung und lehrt ihn Politik, den Umgang mit Frauen, die Geschichte des Landes und die Verehrung für seinen Großvater. Vor allem gibt sie ihm das Gefühl, etwas Besonderes zu sein. »Sie war der einflussreichste Mensch in meinem Leben«, sagte Bandar einmal dem Magazin *New Yorker*.

Anders als andere Royals wird Bandar nicht auf eine vornehme Elite-Universität geschickt. Mit 16 Jahren geht er auf das Royal Air Force College in England, will sich als Kampfpilot beweisen. Er fliegt riskante akrobatische Manöver, bis er eines Tages abstürzt und eine schwere Rückenverletzung erleidet. Er muss die Fliegerei aufgeben.

Tollkühne Einsätze

Eher zufällig gerät Bandar als Oberstleutnant in Washington in die Verhandlungen über den Kampfjet F-15, von dem Saudi-Arabien sechzig Maschinen für 2,5 Milliarden Dollar kaufen will. Während der Präsidentschaft von Jimmy Carter gelingt es Bandar, dafür die politische Unterstützung zu gewinnen. Der Deal kommt zustande. Kurz darauf beginnt Bandars Karriere als Botschafter in Washington. Er ist damals keine dreißig Jahre alt.

Es ist möglicherweise diese Mischung aus Charme und Draufgängertum, gepaart mit der Aura eines Prinzen aus dem Morgenland, die Bandar außergewöhnliche Zugänge verschafft. Niemand vermag besser auszuschöpfen, was in der orientalischen Welt als Wasta bezeichnet wird: Vorteile durch inoffizielle Kontakte zu generieren, die unter dem Tisch verhandelt werden.

Bandars Einsatz ist tollkühn, als er die aufständischen Mudschahidin gegen die Soldaten der Roten Armee unterstützt. Unter Präsident George Bush senior ist Bandar ein fast täglich gesehenes Gesicht im Oval Office. Er wird von den Bushs bald wie ein weiteres Familienmitglied betrachtet. Das trägt ihm in Amerika den halb spöttischen, halb ehrfürchtigen Spitznamen Bandar-Bush ein.

Es gibt dieses Foto von Prinz Bandar und Präsident George W. Bush, dem Sohn, das Bände spricht, es stammt aus dem August 2002: Der US-Präsident sitzt in Cowboystiefeln in einem Loveseat, in Chino und Hemd, und er ist es auch, der dem etwas höher sitzenden Bandar groß gestikulierend etwas erklärt. Bandar trägt Jeans und ein Jackett, den Blick auf Bush gerichtet. Er hört ihm aufmerksam zu.

Es sind diese Vertrauensbeziehungen, die es Prinz Bandar erlauben, Unmögliches einzufädeln, etwa, dass gleich nach dem Attentat vom 11. September 2001 zahlreiche Mitglieder der einflussreichen Bin-Laden-Familie die USA geordnet und diskret verlassen können. Es ist der weitere Verwandtenkreis von Al-Qaida-Gründer Osama, der damals für das Attentat mitverantwortlich gemacht wird.

Bis heute haben Familien der Opfer des Attentats in New York den Verdacht, dass saudische Beamte bei diesem Terrorakt mitgewirkt haben könnten. Sie haben Anhaltspunkte dafür – und viele offene Fragen. Sie wollen die saudische Regierung verklagen. Im März 2018, fast 17 Jahre nach dem Anschlag, hat ein Bundesrichter in New York überraschend diese Klagen zugelassen, die Riad bisher mit aller Macht zu verhindern suchte.

Die Kläger werfen dem Königreich vor, den Aufstieg al-Qaidas zu einer Terrororganisation befördert zu haben. Die Gruppe habe die Anschläge nur verüben können, weil sie finanzielle und operative Unterstützung von Organisationen erhalten habe, die direkt vom saudischen Staat kontrolliert worden seien. Das Königreich wiederum sieht sich selbst als Opfer des Terrors. Schließlich sei der Sturz des Königshauses in Riad das Ziel von al-Qaida.

Die Vorwürfe sind vielleicht haltlos. Jedenfalls konnten sie nie aufgeklärt werden, auch weil die Bush-Administration 28 Seiten des parlamentarischen Abschlussberichts als geheim eingestuft hatte.

Seit Juli 2016 sind die Passagen freigegeben. Es geht darin um direkte Telefonverbindungen zwischen den Flugzeugentführern und saudischen Beamten in den USA. Im Adressbuch einer Schlüsselfigur des Qaida-Netzwerkes, Abu Subaida, findet sich unerklärlicherweise auch die Telefonnummer der Firma, die sich um die Villa des damaligen saudischen Botschafters in den USA in Aspen, Colorado, kümmerte. Sie gehörte Prinz Bandar.

Es kommt leider nicht mehr dazu, dies zu diskutieren in unserem Gespräch in Prinz Bandars Palast. Seine Königliche Hoheit ist eigentlich in bester Erzähllaune, aber eine Abendessenverabredung wartet.

In den vier Stunden, die das Gespräch dauert, lerne ich dennoch, wie das System Bandar in Washington 22 Jahre lang funktionierte. Und wie Prinz Bandar schließlich an Barack Obama scheiterte, im Syrien-Krieg, weil mit den Personen im Oval Office auch die Ansichten wechselten und sich damit ebenso seine zweite Arbeitsthese als richtig erwies: Dass man sich auf die Amerikaner eben nicht verlassen kann.

Datteln mit Feuerwasser

Die Früchte der Dattelpalme sind nicht nur
gesund und lecker, sie vertreiben auch den Teufel.

Der mitteleuropäische Körper ist an die nächtlichen Temperaturstürze in der Wüste nicht gewöhnt. Und so liege ich schon seit zwei Tagen fiebrig im Bett. Der Vermieter, Oberst Hassan, schickt mir seine äthiopische Haushälterin.

Mariam ist eine gemütliche Frau mit dunklem Teint und schwarzem Haar, das sie kunstvoll zu einem hohen Knoten auf den Kopf bindet. Sie bringt mir Suppe und ungerösteten Kaffee mit scharfem Ingwer, dazu Datteln, jede Menge, in schwerem Kristall.

Kurz darauf meldet sich Herr Hassan persönlich, am Telefon. Der Hausherr erkundigt sich nach meinem Befinden, schon zum zweiten Mal heute.

Eigentlich bin ich nur seine Mieterin. Doch Herr Hassan betrachtet die westliche Reisende als in der Fremde Gestrandete, die nun seines männlichen Schutzes und Aufbaus bedarf, und ich bin gerade zu schwach, um mich aufzubäumen gegen diese Intensivpflege. Nebenbei schmeckt Mariams scharfer Ingwer-Kaffee großartig, wie medizinisches Feuerwasser.

Datteln gehörten bislang nicht zu meinem Lieblingsobst. Hier aber wird die klebrige braune Frucht angeboten wie kostbarer Wein oder exklusive Trüffelpralinen, zumal wenn sie von der Farm des Gastgebers stammt. Ob es die »Sukkari« aus der Provinz al-Kassim ist, dem Herzen des Wüstenreichs, oder die »Klalas al-Ahsa«-Sorte aus dem Gebiet al-Ahsa im Osten der Reichs, ist ein Unterschied angeblich so bedeutsam wie zwischen einem toskanischen Brunello und einem Grand Cru aus Saint-Émilion.

Herr Hassan rät mir, heute noch drei Stück zu mir zu nehmen. Die Dattel enthalte Vitamine und wichtige Spurenelemente, zum Beispiel Magnesium, das würde mich aufrichten, sagt er: »Eine göttliche Frucht, die Allah den Menschen schenkte.« Nie vergisst Herr Hassan, Allah ins Spiel zu bringen, in der Hoffnung, dass die verirrte Seele seiner Mieterin doch noch auf den Pfad der religiösen Einsicht finde.

Es ist sicher nicht falsch zu sagen, dass das gelegentlich stark aufkeimende Gefühl von Stolz und Stärke der Saudi-Araber auch von der Urkraft der Dattel herrührt. Über 25 Millionen Dattelpalmen stehen im Königreich, und die nahrhafte Frucht bestimmte sogar schon einmal die Weltpolitik; zum Beispiel als König Faisal, der dritte Herrscher nach Gründung des modernen Königreiches, aus Protest gegen die amerikanische Unterstützung Israels gegen die Palästinenser den Ölfluss Richtung Westen abdrehte. Das war Ende 1973, als die Ölkrise begann. Der damalige US-Außenminister Henry Kissinger, erst wenige Monate im Amt, eilte daraufhin nach Riad, um die Scheiche zu bewegen, den Ölboykott wieder aufzuheben. Kissingers stärkstes Argument war – typisch Amerikaner – die Drohung, die saudischen Ölfelder könnten von den USA mit Gewalt übernommen werden, falls die Araber das Öl nicht wieder fließen lassen würden.

König Faisal aber wies den Besucher aus Washington kühl ab: »Ihr seid es doch, die das Öl brauchen. Wir dagegen kommen aus der Wüste, unsere Vorfahren lebten von Datteln und Kamelmilch, wir können jederzeit in die Wüste zurückkehren und wieder von Datteln und Kamelmilch leben.«

Die Ölkrise war für den Westen eine sorgenvolle Zeit, in

Deutschland gab es deshalb sogar vier Sonntagsfahrverbote. Der Streit um Palästina und das Öl in Riad hatte also schon damals direkten Einfluss auch auf unser Leben in der Bundesrepublik. Ältere Saudi-Araber wie Herr Hassan erinnern sich gut an diese Geschichte und erzählen sie gerne, heute ganz stolz auch mir.

Dann muss ich meinem Vermieter versprechen, ab morgen täglich sieben Datteln zu essen, auf jeden Fall eine ungerade Zahl müsse es sein. Sieben Datteln hielten den Teufel ab und heilten jede Krankheit.

Und tatsächlich, nach einer Woche bin ich wieder ganz gesund.

Die Royals: Eine schrecklich nette Familie

*Hinter den Mauern der Paläste von Riad rivalisieren
die Prinzen des Herrscher-Clans miteinander,
wer das größte Vermögen anhäuft und die meiste
Macht. Dabei geht es selten zimperlich zu.*

Es ist verstörend, den laut *Forbes*-Magazin bis dato reichsten
Mann der arabischen Welt so zu sehen, nach fast drei Monaten
Haft. Prinz Walid bin Talal sitzt in einem Zimmer des Fünf-
Sterne-Hotels Ritz Carlton in Riad, einer der teuersten Herber-
gen Saudi-Arabiens. Der 62-Jährige ist ein hochrangiges Mitglied
der Königsfamilie und wird dort von seinem Cousin und dessen
Vater festgehalten, keinem Geringeren als dem jungen Kronprinz
Mohammed bin Salman und dem König.

Prinz Walid bin Talal ist abgemagert, ergraut, nervös. Der Milliardär gibt ein Interview und spielt die missliche Lage, in der er
sich befindet, herunter. Er will offenbar, dass die Situation weniger demütigend erscheint, als sie ganz offensichtlich ist.

Prinz Walid wurde in der Nacht vom 4. November 2017 erst
aus seinem privaten Wüstencamp nach Riad zitiert, an den Königshof, und dann in das Hotel gezwungen. Wie ihm geht es
in dieser Nacht über 300 weiteren Prinzen, Politikern und Geschäftsleuten.

Es ist eine seit Monaten sorgfältig geplante Operation. Die Grenzen des Landes sind geschlossen, der Flughafen gesperrt und das Ritz ist zum Edel-Gefängnis umfunktioniert. Man nimmt Prinz Walid das Handy ab. Ihm werden hochkriminelle Machenschaften vorgeworfen: Geldwäsche, Bestechung, Erpressung. Er selbst wiederum spricht von »Missverständnissen«, die es gegeben habe zwischen ihm und der Regierung.

Die Nacht der langen Messer

»Warum werden manche Prinzen wie Walid eingesperrt, und warum müssen hunderte Milliardäre und Politiker ihr Vermögen abgeben, andere aber nicht?«, frage ich den früheren Botschafter in Deutschland und neuen Kultur- und Informationsminister Awwad al-Awwad damals im November 2017. Ich bin nach Riad gereist, um herauszufinden, was hinter der sogenannten Anti-Korruptions-Kampagne steckt. So nennt die Regierung die Razzia, zu deren Opfern Prinz Walid zählt.

Es fällt auf, dass die Häftlinge im Ritz eines gemeinsam haben: Sie wirken seit Jahrzehnten im Dunstkreis der Herrscherfamilie. Nur ist das Muster nicht klar, nach dem die Beschuldigten ausgesucht und verhaftet werden. Noch wichtiger ist vielleicht die Frage, warum andere verschont bleiben.

Bisher glaubten die meisten Royals, sie stünden kraft ihrer Zugehörigkeit zum Herrscherhaus über dem Gesetz. Aber diese eine Nacht ändert alles: Die weit verzweigte Familie der Sauds ist in Aufruhr und Angst. Niemand fühlt sich mehr sicher vor dem Zugriff des neuen Herrscher-Duos. MBS gilt als treibende Kraft der Reformen, aber auch als eiserne Faust hinter den radikalen Entscheidungen, die in diesen Tagen fallen, zum Beispiel im Ritz.

Es ist der fünfte Tag nach der Razzia, sie wird als saudische Version der »Nacht der langen Messer« in die Geschichte eingehen. Ich treffe Awwad kurz vor Mitternacht in seinem Büro im Hochhaus der Digital City in Riad, einer futuristisch wirkenden

Siedlung mit kubistischen Riesenbauten. Sie ist weiß und grün angestrahlt, die Farben Saudi-Arabiens.

Awwad al-Awwad wirkt aufgekratzt, aber er ist auch erschöpft. Die Säuberungsaktion sind die News weltweit, und Awwad sorgt dafür, dass die spärlichen Nachrichten, die das Königreich dazu veröffentlicht, zur richtigen Zeit an die richtigen Stellen fließen.

Awwad ist kein Prinz. Er hat sich hochgearbeitet, hat in England promoviert, in Finanzrecht. Jetzt will der 46-Jährige dem Prinzen Mohammed bin Salman helfen, in seinem Land den »Sumpf der Korruption trockenzulegen«. Meine Frage, auf welcher juristischen Grundlage genau die Massenverhaftungen gegen die alte Elite stattfinden, findet er eigentümlich. Awwad glaubt fest, dieses Ereignis sei der Anfang einer neuen Gerechtigkeit.

Er sagt: »Endlich passiert das, endlich hat jemand den Mut, aufzuräumen, und beendet die Kultur der Diebe. Sehen Sie nicht, die Menschen tanzen vor Freude auf der Straße!«

Worüber nicht diskutiert wird zu diesem Zeitpunkt, ist das Vermögen der heutigen Herrscher und wie dieses erwirtschaftet wurde. König Salmans Besitz wird auf 17 Milliarden Dollar geschätzt, das Geld stammt angeblich aus Gewinnen seines Medienimperiums. Der Besitz des Kronprinzen Mohammed wiederum wird mit drei Milliarden Dollar angegeben. Ende 2016 kaufte er eine Yacht für eine halbe Milliarde Dollar, im Jahr darauf ein französisches Schloss, Chateau Louis XIV., für angeblich 300 Millionen, außerdem eines der teuersten Gemälde der Welt.

Angesprochen auf seine privaten Ausgaben von 1,25 Milliarden Dollar in den vergangenen zwei Jahren, erwidert der Thronfolger dem Sender CBS, er rede nicht gerne über sein Privatleben: »Ich bin ein reicher Mensch und kein armer Mensch. Ich bin nicht Gandhi oder Mandela. Ich bin ein Mitglied der Herrscherfamilie.«

Prinz Walid ist der international Bekannteste der hunderten von Inhaftierten im Ritz, die sich jetzt ihren Weg in die Freiheit teuer erkaufen müssen. Von Folter ist die Rede und Männern, die »Spezialbehandlungen« durchführen, damit die Delinquenten zustimmen, bestimmte Teile ihres Vermögen zu überschreiben. Die Folterer sprechen Englisch miteinander, heißt es, was darauf hindeutet, dass sie aus dem Ausland kommen und eigens für diese Mission engagiert wurden, möglicherweise von privaten amerikanischen Sicherheitsfirmen. Auf Anfragen erklärt die Regierung, solche Behauptungen entbehrten jeder Grundlage. Der Generalstaatsanwalt habe die Anklageschriften gemäß der saudischen Gesetze vorbereitet. Sie seien den Beschuldigten zugegangen, diese könnten sich mit ihren Verteidigern beraten. Es gebe aber die Möglichkeit, sich außergerichtlich zu einigen. Falls dies nicht gelinge, würden die Fälle vor Gericht verhandelt.

Mindestens ein Gefangener im Ritz überlebt die Behandlung nicht, ein General. Später wird sich herausstellen, dass er eine Schlüsselfigur im Machtgeflecht des früheren Königs war, das nun beseitigt werden soll.

Das Gesetz der Sauds

Ein paar Häftlinge im Ritz können ihre Unschuld angeblich rasch belegen, sie verlassen das Gefängnis schon nach wenigen Tagen. Bei Prinz Walid wird es dagegen lange 83 Tage dauern, bis die »Missverständnisse« ausgeräumt sind. Ein paar Stunden nach seinem Fernsehinterview darf auch er endlich gehen, wenn auch um sechs Milliarden Dollar leichter. So sei die stillschweigende Vereinbarung, berichtet das *Wall Street Journal*. Prinz Walids Gesamtvermögen war vor seiner Verhaftung auf 18 Milliarden Dollar geschätzt worden. Der Prinz selbst äußert sich nicht. Die Details seien »vertraulich«.

Am Ende landet kein einziger Fall vor Gericht. Nicht ein Verteidiger meldet sich öffentlich zu Wort. Die Familien der Eingesperrten schweigen eisern. Bis auf den jüngeren Bruder von Prinz Walid, Khalid. Der protestiert und wird daraufhin gleich selbst eingesperrt. Wer das Land tatsächlich geschädigt hat und wie viel Geld gestohlen oder als Entschädigung entrichtet wurde, erfährt man nicht. Genauso wenig, ob womöglich Unschuldige inhaftiert worden sind.

König Salman und sein Sohn holen sich jetzt viele Milliarden zurück, die sich die Familienmitglieder und Höflinge in den vergangenen Jahrzehnten in die eigene Tasche gesteckt haben. Über 100 Milliarden Dollar sollen auf diese Weise zusammengekommen sein, heißt es offiziell. Das Königreich ist in wirtschaftlicher Bedrängnis. Der Staat braucht Cash.

Unklar ist jedoch, um welche Art von Vermögenswerten es sich überhaupt handelt. Unter den neuen »Kronjuwelen« befinden sich jetzt immerhin auch die großen Medienstationen des Landes, die Einfluss weit über die Landesgrenzen ausüben. Die abgetretenen Milliarden sollen künftig vom Staat gemanagt werden, genauer gesagt durch den von Kronprinz Mohammed bin Salman kontrollierten Public Investment Fund. Man könnte auch sagen, der Kronprinz sei durch die Operation im Ritz seinem mutmaßlich angestrebten Ziel, über die Reichtümer des Landes zu gebieten, ein gutes Stück näher gekommen.

Bei der Verhaftung der Reichen und Einflussreichen geht es eben nicht nur um Korruptionsbekämpfung. Sie soll auch König Salmans Herrschaft festigen und die Thronfolge seines Lieblingssohnes Prinz Mohammed absichern. Sie ist eine Machtdemonstration gegenüber dem weit verzweigten Geschlecht der Sauds und seiner Günstlinge, wie es sie seit Gründung des Staates 1932 nicht gegeben hat. Genau genommen gibt es die Herrscherfamilie, wie sie vor diesem 4. November bestanden hat, nicht mehr.

Trotzdem treten die Royals nachher wieder gemeinsam auf, als wäre nichts geschehen. Auf Fotos und im Fernsehen scherzen die Ex-Gefangenen mit König und Kronprinz, preisen sie als vorzügliche Führer des Landes und schwören ihnen Treue.

Bei der Eröffnung des jährlichen staatlichen Kulturfestivals Dschanadriya plaudert Prinz Walid scheinbar heiter mit König Salman, nur drei Wochen, nachdem dieser ihm einen stattlichen Teil seines Reichtums abgenommen hat. Der Geschäftsmann sagt kurz darauf irritierende Sätze wie: »Es mag schockierend sein für viele, aber meine Beziehung zu ihm [Prinz Mohammed bin Salman, Anm. d. Autorin] ist sogar stärker [als vor der Verhaftung, Anm. d. Autorin]. Ich habe alles vergessen und vergeben.«

Ein ehemaliger in Riad stationierter US-Diplomat hat die besondere Familiendynamik der Royals 2006 einmal in einer Analyse für seine Vorgesetzten in Washington so beschrieben: »Saudi-Arabien ist wie die Ford Motor Company. Der Nachname steht an der Tür. Es ist das einzige Land in der Welt, das von einer Familie geschaffen und auch nach ihr benannt wurde.« Fast alle Schlüsselpositionen, die Posten der Gouverneure, Minister, Nachrichtendienste, werden von königlichen Hoheiten besetzt. Den Familienmitgliedern bleibt letztlich keine Wahl, als sich untereinander zu einigen.

Der Einfluss der Bürgerlichen ist dagegen vergleichsweise verschwindend. Es gibt die Schura mit ihren zwölf Ausschüssen, ein Beratergremium ohne legislative Befugnisse. Hier können Volksvertreter Belange vorbringen. Der letzte König, Abdullah, beschloss immerhin, dass unter den 150 Repräsentanten auch Frauen sein sollten, seit 2013 sind sie mit dreißig Mitgliedern repräsentiert.

Mit dem Ölboom kommt die Gier

Die Familie der Sauds ist gewaltig angewachsen, seit der Staatsgründer Abd al-Asis bin Abd ar-Rahman Al Saud – kurz Ibn Saud genannt – das Land Anfang des 20. Jahrhunderts auf der Arabischen Halbinsel eroberte. Die alten Saudi-Araber scherzen gerne, Abd al-Asis habe stets mit zwei Schwertern gekämpft, als er die Nation zusammenschweißte: Das eine sei aus Stahl gewesen und das andere aus Fleisch. Gemeint ist, dass er die Stammesführer, die sich ihm entgegenstellten, mit der Klinge unterwarf und tötete, danach aber deren Frauen ehelichte und mit ihnen zahlreiche Kinder zeugte – mit dem Schwert aus Fleisch.

Über achtzig direkte Nachkommen gingen aus diesen Verbindungen hervor, davon 45 Söhne. So entstand der heute führende Familienzweig der Sauds. Prinz Walid bin Talal ist einer der Enkel des Staatsgründers. Inzwischen gibt es gut 15 000 Prinzen und Prinzessinnen im Land.

Direkte Nachkommen erhalten von Geburt an festgelegte Apanagen. Den 45 Söhnen und Töchtern werden monatlich, so noch am Leben, je zwischen 200 000 und 270 000 Dollar überwiesen. Die Enkel wiederum bekommen 27 000 Dollar, die Urenkel 13 000 Dollar und deren Kinder immerhin noch 8000 Dollar. Wenn Prinzen und Prinzessinnen heiraten, wird ihnen für den Bau eines Palasts eine Summe von ein bis drei Millionen Dollar zur Verfügung gestellt. Die königlichen Stipendien im Gesamtwert von zwei Milliarden Dollar machen bei einem Haushalt von 40 Milliarden Dollar jährlich fünf Prozent des Gesamtbudgets des Landes aus.

Die lange topgeheime Versorgungsliste der Royals hatte Prinz Walid bin Talal in einem vertraulichen Gespräch mit dem früheren US-Botschafter in Riad, William Fowler, 1996 ausgeplaudert. Der wiederum hatte darüber ein Memo an seine Vorgesetzten gekabelt. Fünfzehn Jahre später kannte sie die ganze Welt, nachdem Wikileaks die geheime Korrespondenz des US-Außenministeriums veröffentlicht hatte.

Die internen Rivalitäten der Royals erschließen sich aber eher aus einem weiteren Detail in Fowlers Depesche. Für ein paar auserwählte Prinzen an der Regierungsspitze gibt es demnach noch sehr viel mehr Geld: Immer wieder werden große Summen außerhalb des Haushalts vergeben, dazu gehören zum Beispiel Entwicklungsprojekte um die beiden heiligen Moscheen in Mekka und Medina, die, wie Prinz Walid berichtet, damals mit jährlich fünf Milliarden Dollar ausgewiesen waren.

Aus der damaligen Tagesproduktion von acht Millionen Barrel Öl wurde außerdem täglich eine Million Barrel abgezweigt. Die Einnahmen wurden unter nur fünf oder sechs Prinzen verteilt, berichtet Walid dem US-Botschafter. Mitte der 1990er entsprach das pro Tag einer Summe von zwanzig Millionen Dollar.

Saudi-Arabien hatte nicht immer den Ruf, korrupt zu sein. Staatsgründer Abd al-Asis galt als ehrlicher und bescheidener Mann, entsprechend dem puritanischen Lebensentwurf der Wahhabiya. Er war bekannt dafür, dass er, wenn er in seinem Wagen übers Land fuhr und einen offensichtlich armen Menschen sah, anhielt, ausstieg und dem Bedürftigen eine Goldmünze in die Hand drückte. Damit besaß dieser schlagartig ein kleines Vermögen. Abd al-Asis starb 1953. Aber auch sein Sohn, König Faisal, der elf Jahre nach seinem Bruder Saud 1964 den Thron bestieg, gilt als unbescholten.

Zu dieser Zeit befindet sich die Nation im Aufbau, und der Ölboom erfordert rasche Veränderungen. Faisal errichtet Institutionen, um das Land zu verwalten, ein Verteidigungsministerium wird gebaut, ein Innenministerium, ein Gesundheitsministerium. Die Leitung der Ministerien überlässt er seinen Brüdern.

Mit dem Ölboom kommt aber auch die Gier. Da gibt es die tägliche Korruption von Klinikdirektoren, Baufirmenchefs und Amtsleitern. Sie kaufen Patientenbetten, schweres Arbeitsgerät, Büroausstattungen zu marktüblichen Konditionen und rechnen mit der Verwaltung Mondpreise ab. Das funktioniert so bis heute, wenn jeder in der Hierarchie seine Unterschrift unter den Auftrag setzt und am Ende seinen Anteil erhält.

Prinzen wiederum beanspruchen Land und tragen es auf ihren Namen ein. Manchmal nehmen sie es Bewohnern weg, oder sie kaufen es ihnen zu Spottpreisen ab, zum Beispiel, wenn sie wissen, dass dort große Bauprojekte geplant sind. Wenn die Zeit gekommen ist, lassen sie sich das Land dann vom Staat zu Höchstpreisen abnehmen.

Und es gibt eine Handvoll Prinzen, die das ganz große Provisionsgeschäft entdecken. Der britische Korruptions-Experte Nicolas Gilby behauptet: »Seit fünfzig Jahren ist es gängige Praxis zwischen Saudis und hohen britischen Beamten, Bestechungsgelder zu bezahlen, um Waffendeals abzusichern.«

Es beginnt damit, dass saudische Mittelsmänner den Auslandsvertretungen in Saudi-Arabien oder Waffenherstellern im Westen anbieten, für sie in Riad Aufträge in Milliardenhöhe an Land zu ziehen, gegen eine Vermittlungsgebühr. Dabei handeln sie im Auftrag führender Königlicher Hoheiten, zwei Namen werden immer wieder genannt: der ehemalige Kronprinz Sultan, der von 1962 an jahrzehntelang das Verteidigungsministerium führte, und dessen Halbbruder, der letzte König, Abdullah.

Mal geht es angeblich um 7,5 Prozent »Provision«, später auch schon mal um 15 Prozent, die jene Vermittler erhalten und die dann an saudische Prinzen weitergereicht werden. Nach Gilbys Recherchen und einer Dokumentation der BBC gelangen auf diese Weise über einen Zeitraum von mehreren Jahrzehnten um die 500 Millionen Britische Pfund an Prinz Abdullah. Dafür vermittelte der Prinz den Kauf britischer Kommunikationsmittel für die 100 000 Mann starke Nationalgarde. Der Mittelsmann für den Auftrag ist Abdullahs Schwager.

Größter britischer Waffen-Deal aller Zeiten

1985 unterschreiben die Regierungen von London und Riad dann den größten britischen Waffenliefervertrag aller Zeiten. Sie nennen es das Yamamah-Projekt. Yamamah bedeutet »Taube«.

Bei diesem Deal geht es um verdeckte Zahlungen. Die beiden Regierungen vereinbaren zunächst den Verkauf von 132 Kampfflugzeugen inklusive umfänglicher Serviceleistungen, die Laufzeit beträgt zehn Jahre. Die Saudis bezahlen 43 Milliarden Pfund (damals 63 Milliarden Euro). Verborgen eingepreist sind darin etwa sechs Milliarden Pfund Schmiergelder. Das finden britische Ermittler später heraus.

Die Rechnungen des Rüstungskonzerns BAE an das britische Verteidigungsministerium enthalten neben den erbrachten Dienstleistungen zusätzliche, nicht näher definierte Posten, zum Beispiel für »Unterstützungsleistungen«. Die Höhe der Schmiergelder ergibt sich aus der Differenz tatsächlicher Kosten und der Erstattung durch das Verteidigungsministerium. Die zuständigen

Manager der BAE leiten die Gelder an die Mittelsmänner weiter und die wieder an die Prinzen in Saudi-Arabien und deren engstes Umfeld.

Ausgehandelt hatte das eigentliche Waffengeschäft Premierministerin Margaret Thatcher, bei einem Treffen mit dem damaligen saudischen Botschafter in Washington, Prinz Bandar bin Sultan. Doch als England 2002 ein neues Anti-Korruptionsgesetz erlässt, geben kenntnisreiche Informanten Hinweise und britische Journalisten recherchieren den Fall. Seitdem wird der saudische Diplomat Bandar bin Sultan beschuldigt, beim Yamamah-Projekt über einen Zeitraum von mindestens zehn Jahren insgesamt eine Milliarde Dollar Bestechungsgelder erhalten zu haben, in Tranchen, 30 Millionen Pfund pro Quartal. Deklariert waren die Gelder als Marketing-Dienstleistungen.

Das Geld landete jedenfalls auf Bandars Konto in Washington bei der Riggs-Bank. Ein Bankangestellter von Riggs erzählte der BBC, der saudische Botschafter habe nie getrennt zwischen seinen Privatkonten und den Botschaftskonten.

Als ich Prinz Bandar im Januar 2018 in seinem Palast in Riad treffe, kommt er von sich auf das Thema zu sprechen. Es scheint ihm unangenehm, dass der unschöne Verdacht der Korruption an ihm haftet.

»Nichts davon ist wahr«, sagt er. »Das Geld ging nicht in meine Tasche.«

»Wie war es dann?«, frage ich.

Prinz Bandar zieht an seiner Zigarre. Er denkt nach. Im Detail könne er das nicht erzählen, sagt er, leider. »Ich würde zu viele Geheimnisse verraten.« Aber dann gibt er doch noch eine überraschende Antwort: »Das Geld wurde in Waffenkäufe investiert für die Contras* und für die Mudschahidin im Krieg gegen die Sowjets in Afghanistan. Schreiben Sie das!«

---

* Eine von den USA unterstützte Rebellengruppe, die in den 1980er Jahren gegen die linksgerichtete sandinistische Regierung in Nicaragua kämpfte und die Prinz Bandar im Auftrag von US-Präsident Ronald Reagan protegierte.

Ich entgegne, das sei nun eine völlig neue Version. Auf die Schnelle lasse sich das nicht verifizieren, ich sage jedoch zu, es aufzuschreiben. Hiermit geschehen.

Der gewaltige Korruptionsfall hat gute Chancen, nie mehr vollständig aufgeklärt zu werden. 2006 blockierte der damalige britische Premierminister Tony Blair persönlich die offiziellen Ermittlungen des Serious Fraud Office, der britischen Anti-Korruptions-Behörde. »Weitere Ermittlungen hätten schwerwiegende Vorwürfe gegen die saudische Königsfamilie bedeutet und unter Umständen zur kompletten Zerstörung einer wichtigen strategischen Beziehung geführt«, erklärt Blair später.

Riad hatte die britische Regierung unter Druck gesetzt. Die saudischen Alliierten drohten, die Kooperation in Terrorfragen mit Großbritannien zu stoppen, falls die Recherchen nicht sofort eingestellt würden.

Für den Ermittlungsbeamten Robert Wardle, der zu dem Team gehört, das den Fall fast schon aufgeklärt hatte, ist es ein bitterer Moment: »Sie sagten uns, wenn wir weitermachen, seien britische Leben gefährdet«, erklärt Wardle in einem Interview und sein Gesicht sagt, dass er diese Verantwortung nicht hätte übernehmen wollen.

Immerhin muss sich der Waffenhersteller BAE wenig später bei einem Verfahren in den USA zu den Schmiergeldzahlungen verantworten. Um einer Verurteilung zu entgehen, erklärt sich BAE zu einer Zahlung von 400 Millionen Dollar bereit. Die Verantwortlichen in den Regierungen allerdings bleiben unbehelligt.

Das schöne Gesicht des Königreichs

Von den 15 000 saudischen Prinzen und Prinzessinnen gelten 2000 als steinreich. Alle Prinzen, die ich treffe in Riad, sind bestens erzogen. Sie besitzen Abschlüsse von den teuersten Privatunis der Welt, in Großbritannien und den USA.

Die Älteren unter ihnen fühlen sich noch stärker mit der traditionellen Lebensweise des Königreichs verbunden als die Jüngeren. Sie kennen noch die Dörfer mit den Lehmhütten, in denen ihre Eltern aufgewachsen sind. Und sie verbrachten ihre Jugend fast alle im Königreich. Die jungen Royals dagegen lernen oft schon früh die internationale Welt kennen, sie leben mal hier, mal dort.

Der Islam spielt in den Leben aller eine Rolle, ob jung oder alt. Doch in keiner meiner Begegnungen ist Religion je als Thema dominant. Der Bund mit den Ultra-Religiösen, den strengen Salafiten, die den Lehren von Abd al-Wahhab folgen, erscheint zumindest heute als ausschließlich strategisches Bündnis.

Unter den Royals, die ich kennenlerne, sind der Besitzer eines Golfclubs, ein junger IT-Spezialist und Comic-Zeichner, ein langjähriger Geheimdienstchef, ein Hobbykoch und immerhin auch eine Frau – Prinzessin Reema bint Bandar, eine Museumswissenschaftlerin. Sie ist die Tochter des legendären und langjährigen saudischen Vertreters in Washington Prinz Bandar bin Sultan und inzwischen selbst erste Botschafterin in der Geschichte ihres Landes. Prinzessin Reema repräsentiert Saudi-Arabien damit in der für das Königreich wichtigsten Auslandsvertretung, in Washington.

Als ich Prinzessin Reema treffe, sitzt sie in einem Großraumbüro irgendwo in Riad. Die Geschäftsräume der sogenannten Mass Participation Federation sehen aus wie ein großer Tanzsaal. Hohe Decken, hohe Türen, Holzboden. Mitarbeiterinnen laufen eilig hin und her. Mass Participation Federation lässt sich etwa mit »Vereinigung zur Volksbeteiligung« übersetzen. Damals leitet Prinzessin Reema die gerade erst gegründete Organisation. Sie soll die bewegungsfaulen Saudi-Araber auf Trab bringen und das Land zu einer Sportnation machen. Reema ermutigt vor allem die Frauen, über den Sport am öffentlichen Leben teilzunehmen und dadurch sichtbarer zu werden. Die Stimmung im Team ist hektisch, aber gut, fast euphorisch.

Die Prinzessin trägt eine blaue Stoffhose, Absatzschuhe und

einen kimonoartigen, eleganten blassblauen Mantel. Der Schleier um ihren Kopf ist ein lässig drapierter, hauchdünner Seidenschal. Gerade hat sie das erste Fußballspiel organisiert, an dem auch Frauen als Zuschauerinnen zugelassen werden.

Reema bint Bandar ist 1975 geboren, eine zupackende Frau, dunkle Haare, eine natürliche Schönheit. Sie ist hin- und hergerissen zwischen der Anspannung, die dieser Aufbruch in ihrem Land bedeutet, und der Begeisterung darüber, dass sie dabei eine führende Rolle spielt. Sie ist die derzeit prominenteste Politikerin im Königreich.

Reemas Mutter ist eine kunstverständige Frau mit einer Sammlung außergewöhnlicher Artefakte, der Vater ist geschäftstüchtig und als Diplomat politisch weltweit mit den höchsten Kreisen vernetzt. Sie selbst hat in den USA studiert. Nach ihrer Rückkehr aus Amerika 2005 managt Prinzessin Reema zunächst das Haute-Couture-Kaufhaus Harvey Nichols in Riad.

»Ich kann es nicht fassen, dass dies alles wirklich hier passiert«, sagt sie jetzt, und man nimmt ihr die Freude über die jüngsten Entwicklungen ab, die den Frauen so viel mehr Bewegungsfreiheit verschaffen. Kronprinz Mohammed ist Prinzessin Reemas Onkel. Er hat ihr den Auftrag gegeben, die Strandpromenade von Dschidda in einen »zweiten Venice Beach« zu verwandeln. Die weitläufige Strandpromenade soll sich mit Leben füllen.

Prinzessin Reema ist das schöne Gesicht des neuen Königreichs. Sie ist gebildet, modern, eine erfolgreiche Unternehmerin, sozial, alleinerziehende Mutter, kreativ, eine starke Persönlichkeit. Auf dem Weltwirtschaftsforum 2018 in Davos beklagt sie den trotz allem immer wieder kritischen Unterton in der Berichterstattung über ihr Land, obgleich sie doch alle hart an den Reformen arbeiteten. Sie findet das ungerecht.

Ein paar Monate später, im Juni 2018, erklärt Prinzessin Reema den Amerikanern auf CNN, was es für die saudischen Frauen bedeutet, jetzt endlich Auto fahren zu dürfen, auch wenn sie selbst in den USA natürlich immer schon Auto gefahren ist. Höchst diplomatisch erläutert sie wie nebenbei, wie es zusammenpasst, dass

Kronprinz Mohammed jetzt allen Frauen dieses Recht gewährt, während er genau jene Aktivistinnen verhaften und misshandeln ließ und ins Gefängnis steckte, die jahrelang für das Autofahren gekämpft haben: »Wir Frauen übernehmen die Kontrolle, aber wir übernehmen sie gemeinsam. Das ist keine Einzelaktion oder ein Akt der Autonomie. Das ist unser Zukunftsstaat und da gibt es kein Zurück.«

Intrigen um die königliche Nachfolge

Anders als in anderen Königsfamilien – in England oder Schweden – ist die Thronfolge in Saudi-Arabien nicht eindeutig geregelt. Wenn ein Herrscher stirbt und der nächste folgt, birgt dieser Moment stets das größtmögliche Potential politischer Instabilität.

König Abdullah sorgt deshalb zu Lebzeiten vor: Er ordnet an, dass sein Halbbruder, der damalige Kronprinz Salman, ihm auf den Thron nachfolgen soll und der noch jüngere Halbbruder der beiden, Mukrin, der bis 2012 den Geheimdienst führte, dann als Kronprinz aufrückt. Schon 2006 stellt er einen Treuhandrat aus 34 Familienmitgliedern zusammen, der über die geordnete Nachfolge wachen soll. Darin verankert ist ein festgelegtes Mehrheitswahlprinzip, durch das künftige Könige bestätigt werden müssen.

2014 wird bei König Abdullah Lungenkrebs diagnostiziert. Das Ende ist absehbar, und die Mitglieder der königlichen Familie beginnen, sich gegenseitig zu belauern und auszuspionieren. Um im Kampf um die Nachfolge mögliche Intrigen aufzuspüren, werden Telefone angezapft, Kameras und Abhörgeräte in Palästen versteckt. Das Lager um König Abdullah kauft nach Informationen der *New York Times* ein Gerät aus China, das die Nummern von Telefonen im Umkreis von 100 Metern orten kann.

Im Januar 2015 fällt Abdullah ins Koma. Seine Söhne und der königliche Hof versuchen, seinen Zustand vor der Familie und der Öffentlichkeit geheim zu halten.

Am 23. Januar erscheint der damalige Kronprinz Salman laut *New York Times* im Krankenhaus. Er fragt: »Wo ist mein Bruder?« Der Chef des Königlichen Hofes, Chalid at-Tuwaidschri, dem zu diesem Zeitpunkt auch die Finanzgeschäfte des Königs unterstehen, antwortet, dass Abdullah »ruht«. Abdullah ist zu diesem Zeitpunkt aber bereits tot.

Als Salman die Wahrheit erfährt, vernehmen Zeugen laute Schläge auf dem Flur des Krankenhauses, sie gelten dem entmachteten Vorsteher des Königlichen Hofes. Tuwaidschri ist bei den meisten Familienmitgliedern, vor allem den Geschwistern von König Abdullah, schon lange verhasst. Er setzte zunehmend alles daran, die Familie von Abdullah fernzuhalten. Manche bezeichnen ihn als »Krake und Kopf der Korruption«. Später ist auch er einer der Häftlinge im Ritz.

Der neue König, Salman, beginnt bereits in der ersten Woche seiner Amtszeit, die Ränge von familiärer Konkurrenz zu säubern. Zwei Söhne Abdullahs, Prinz Turki und Prinz Mischal, werden verhaftet. Sie hatten als Gouverneure von Riad und Mekka zu den mächtigsten Männern im Staat gehört. Prinz Turki, ein politisch ambitionierter Kopf, will den Durchmarsch des schon jetzt erkennbar einflussreichen Prinz Mohammed aufhalten. Er warnt seine amerikanischen und chinesischen Kontakte vor den hitzköpfigen Entscheidungen seines Cousins.

Auch Turki und Mischal werden am 4. November ins Ritz gebracht. Prinz Turki wird bis zum Erscheinen dieses Buches nicht aus der Gefangenschaft zurückgekehrt sein. Sein Militärberater, Generalmajor Ali al-Qahtani, ist jener Häftling, der die harsche Behandlung im Fünf-Sterne-Gefängnis nicht überlebt.

Ende April 2015 wird der von Abdullah eingesetzte Kronprinz Mukrin entmachtet. An dessen Stelle setzt König Salman zunächst seinen bei den Amerikanern beliebten Neffen, Innenminister Prinz Mohammed bin Naif.

Der US-Geheimdienst CIA schätzt den erfahrenen Sicherheitsmann, denn Prinz Mohammed bin Naif greift hart durch im Anti-Terror-Kampf. Er kennt das Sicherheitsgeschäft seit zwanzig

Jahren. König Salman bringt nun erstmals aber auch seinen Lieblingssohn Prinz Mohammed bei der Thronfolge in Stellung – als stellvertretenden Kronprinz. Damit bricht er erstmals die Regel, dass die Krone wie bisher stets unter den Söhnen des Staatsgründers – also von einem Bruder zum anderen – weitergereicht wird. Erstmals würde ein Enkel Ibn Sauds das Land regieren.

Der stille Putsch

Es dauert nicht lange, bis auch die politische Karriere von Kronprinz Mohammed bin Naif ein abruptes Ende nimmt. In der Nacht vom 20. Juni 2017 zwingt König Salman den CIA-Liebling in einem vertraulichen Gespräch, als Kronprinz abzudanken. Er will seinen eigenen Sohn Mohammed als nächsten König installieren. Käme es dazu, würde der Zweig der Salmans also fortan die Geschicke des Königreichs leiten. Andere Zweige der Familie wären dann auf absehbare Zeit ausgeschlossen.

An diesem Abend bestellt König Salman Prinz Mohammed bin Naif in seinen Palast nach Mekka ein, in den vierten Stock. Die beiden Männer sind allein im Raum, aber mehrere Quellen berichten später gleichlautend vom Verlauf des Gesprächs.

Der König sagt: »Ich möchte, dass du zurücktrittst, weil du den Rat nicht befolgt hast, dich wegen deiner Abhängigkeit [von Medikamenten, Anm. d. Autorin] behandeln zu lassen; das beeinträchtigt auf gefährliche Weise die Entscheidungen, die du triffst.«

Der Innenminister ist schockiert. Bin Naif ist zu diesem Zeitpunkt 57, er leidet unter chronischen Schmerzen, seit ein Selbstmordattentäter sich 2009 neben ihm in die Luft sprengte. Splitter stecken noch in seinem Körper, sie lassen sich nicht entfernen. Die Schmerzen hält er mit starken Medikamenten in Schach. Aber keiner hat je an seinem auffallend wachen Verstand und seiner Entscheidungsfähigkeit gezweifelt.

Erst im Februar 2017 hatte ihm der damalige CIA-Direktor Mike Pompeo die George-Tenet-Medaille überreicht, als Anerkennung für »hervorragende nachrichtendienstliche Leistungen im Bereich Terrorismusbekämpfung und Ihren unermüdlichen Beitrag für Sicherheit und Frieden«. Nie hatte es Prinz Mohammed bin Naif für möglich gehalten, dass er einem so jungen, unerfahrenen Mann wie Prinz Mohammed bin Salman weichen soll, dem damals die wenigsten zutrauen, das Königreich durch die schwierigste Zeit seit der Gründung zu steuern: mit niedrigen Ölpreisen, dem Krieg im Nachbarland Jemen, dem aufsteigenden Rivalen Iran und einer zerfallenden Golf-Gemeinschaft.

Es gibt zwei Versionen, wie sich die Absetzung des Kronprinzen zugetragen hat. Die erste geht so: In einem von Prinz Mohammed bin Salmans Beratern verfassten Brief des Königs an die 34 Mitglieder des Treuhandrates, der über die königliche Nachfolge bestimmt, heißt es, der Innenminister leide an einer Krankheit, er sei medikamentenabhängig und »wir haben seit über zwei Jahren versucht, ihn dazu zu bewegen, sich einer Behandlung zu unterziehen, ohne Erfolg.« Deshalb solle er von seiner Position entbunden werden und MBS an seine Stelle treten.

Den Mitgliedern des Rates wird der Brief am Telefon vorgelesen. Bis auf drei unterstützen alle die Absetzung Mohammed bin Naifs. Gesandte werden zu den Ratsmitgliedern geschickt, damit sie ihre Unterschriften leisten.

Innenminister Mohammed bin Naif wird in dieser Nacht isoliert in einem Raum festgehalten – ohne Handy, ohne Zugang zu Mitarbeitern oder zu seiner Familie. Selbst seine Leibwächter aus dem Innenministerium werden ausgetauscht. Zudem werden ihm die aufgezeichneten Anrufe derjenigen Ratsmitglieder vorgespielt, die gegen ihn stimmen. Dies soll dem Noch-Kronprinzen vorführen, wie wenig Unterstützung er in der Familie hat.

Im Morgengrauen gibt Mohammed bin Naif auf. Es sei ein kurzes Treffen mit dem König gewesen, heißt es. Der Kronprinz stimmt zu zurückzutreten und unterzeichnet ein entsprechendes Dokument.

Die zweite Version lautet so, wie es ein hochrangiger saudischer

Endlose Wüstenlandschaften, Oasen, unberührte Natur: Ab Sommer 2019 öffnet sich das bisher verschlossene Königreich für internationale Reisende. Visa sollen künftig unkompliziert vorab online bestellt werden können. Es wird sie aber auch direkt bei der Einreise geben.

Revolution durch den öffentlichen Nahverkehr: Die neue U-Bahn in Riad soll die Aufweichung der strikten Geschlechtertrennung fördern.

Picknick am Feuer: Saudi-Araber
genießen die Wüste mit ihrer vollkom-
menen Stille.

Wahrzeichen der Hauptstadt: Der
Kingdom-Tower im Stadtteil Olaya.
Der Wolkenkratzer beherbergt eine
Shopping-Mall, ein Fünf-Sterne-
Hotel und zahllose Büros. Von der
sogenannten Skybridge in 300 Meter
Höhe lässt sich ganz Riad übersehen.
Vor achtzig Jahren gab es hier nichts
als Lehmhütten, Beduinen, Schafe
und Kamele.

»Das Glück kommt zu dem, der warten kann«: Die Oase al-Ahsa in der Ostprovinz ist die größte der Welt und eines der ältesten Siedlungsgebiete. Die Region war weithin vergessen. 2018 wurde sie zum Unesco-Welterbe erklärt.

Hinrichtung mit dem Schwert: Auf dem Deera Square vor dem Justizge-bäude – umgangssprachlich Chop Chop Square (»Hackplatz«) genannt – werden Verurteilte vom Henker öffentlich enthauptet.

Beduinen-Romantik in der Moderne: Der Schammar-Stamm in Dschubba erinnert in einem Museum an das Erbe der Vorfahren.

Nicht alle Saudi-Araber haben zuhause goldene Wasserhähne: Schuster in der ultrakonservativen Stadt Buraida.

Stets verfügbar für die Herrschaft: Millionen von Billiglohnarbeitern aus Asien und Afrika machen den Saudi-Arabern das Leben leichter. Jetzt sollen sie gehen.

Teuerste Essenzen der Welt: Parfümhändler auf einem Basar am Masmak-Fort in Riad

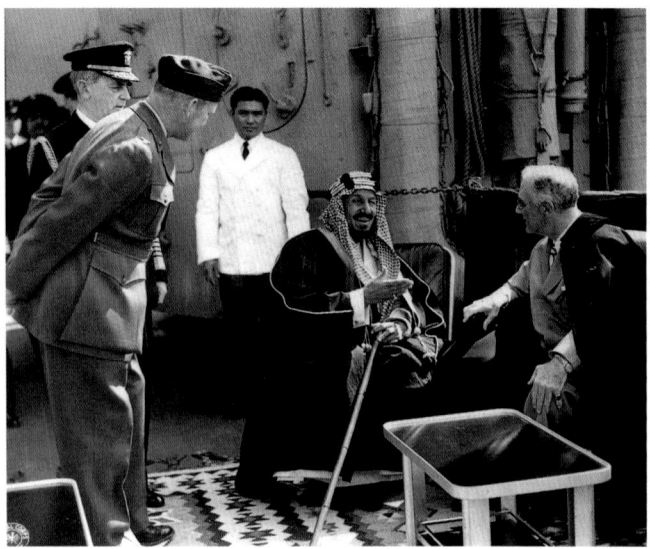

Militärischer Schutz der USA für das Öl Saudi-Arabiens: US-Präsident Franklin D. Roosevelt und Ibn Saud treffen sich am 14. Februar 1945 im Suezkanal auf dem Schweren Kreuzer »USS Quincy«. Erstmals begegnen sich ein amerikanischer Regierungschef und ein saudischer Monarch. Die beiden Staatschefs besiegeln damals die historische Allianz zwischen den beiden Ländern.

Der Ölfund verändert alles – das Land, die Politik, die Welt: Geologe Max Steineke (re.) und sein lokaler Führer, Khamis bin Rimthan (o.), stoßen im März 1938 in über 1400 Metern Tiefe auf das schwarze Gold.

»Der wichtigste Mann, von dem Sie noch nie gehört haben«: Der langjährige Ölminister Ali an-Naimi stammt ursprünglich aus einer armen Nomadenfamilie. Als Laufbursche hatte er bei Aramco angefangen, später wurde er der Chef der profitabelsten Firma der Welt.

»Bin ich schön genug?«: Verschleierte Saudi-Araberinnen auf dem staatlichen Kulturfestival Dschanadriya. Frauen haben unterschiedliche Meinungen zur religiösen Kleiderordnung.

Auf dem kürzesten Weg ins Mittelalter: Drei Frauen-Generationen – Mutter, Tochter, Enkelin – im radikal konservativen Buraida. Die Damen beklagen sich im Gespräch jedoch nicht über die ihnen aufgenötigte Kleiderordnung, sondern darüber, dass männliche Verwandte wegen politischer Aktivitäten verhaftet wurden. Das Bild entstand im Frühjahr 2011.

»Hier soll sich nichts ändern«: Fromme Männer in einer Scheba in Hail erklären, warum sie ihren bisherigen Lebensstil beibehalten wollen. Frauenrechte und Liberalismus gelten in ihrem Sprachgebrauch als Schimpfworte.

Radikale, Rebellen und Reformer: Die Stadt Buraida gilt als Wiege der Wahhabiya. Extreme Unterstützer der »reinen Lehre« sind hier besonders häufig anzutreffen, aber auch Widerständler. Für das gemeinsame Foto baten die ultrareligiösen Gastgeber die Autorin um Verschleierung.

Vermittler im Dienste des Königreichs: Jamal Khashoggi (Mitte li.) Ende der 1980er Jahre in den Höhlen von Tora Bora in Afghanistan mit Osama bin Laden (2. v. li.) und seinen arabischen Mudschahidin.

Jamal Khashoggi in Riad im Kingdom-Tower, 2013

Bizarre Szenen nach dem Mord: Kronprinz Mohammed bin Salman kondoliert dem Sohn des getöteten Journalisten, Salah Khashoggi, in seinem Palast in Riad.

»Wie geht's dir, Richard, mein Freund?«: Königssohn Prinz Sultan (Mitte re.) gibt zu Ehren des deutschen Landschaftsgärtners Richard Bödeker (Mitte li.) ein Abendessen auf seiner Privatfarm in Diriya.

Herrentreff mit Dame: Im sogenannten Wednesday Club in Riad trifft sich wöchentlich ein exklusiver Kreis der ersten Generation saudischer Elite-Stipendiaten, die in den USA studierten. Das Foto entstand am 2. Mai 2011, dem Tag, als Osama bin Laden von einem US-Sonderkommando im pakistanischen Abbottabad aufgespürt und getötet wurde. Als der Leichnam des Terrorchefs gemäß muslimischen Ritualen behandelt, dann aber ins Meer geworfen wurde, waren sich die Herren einig – die wahren Barbaren seien die Amerikaner.

»Kommen Sie doch noch mal vorbei«: Königssohn Prinz Sultan bin Salman (li.) bei einer Führung für die Autorin durch die alte Herrscherstadt Diriya, die aufwendig restauriert wurde und nun erstmals zu besichtigen ist.

»Sie haben mich vollkommen unter Kontrolle«: Der bekannte Prediger und Wahhabiten-Scheich Salman al-Auda in seinem Büro in Riad, mit der Autorin, bevor er vergangenes Jahr verhaftet wurde.

Guantanamo-Häftling No. 155: Osama bin Ladens Sprengstoffexperte Khalid al-Hubaischi im Resozialisierungs-Camp »Mohammed bin Naif Center for Counseling and Care« für Ex-Terroristen in Riad.

»Was ist normal?«: Saudi-Araberin im Haus ihrer Verwandten im Osten des Landes

Plötzlich kommunizieren Menschen offen miteinander: Nach vierzig Jahren strikter Geschlechtertrennung gibt es erste Orte, an denen sich Männer und Frauen frei begegnen können.

»Jetzt lassen Sie uns wenigstens atmen«: Frauen beim Festival Comic-Con 2018 in Dschidda. Unter der Abaja tragen sie Jeans und T-Shirt wie andere junge Menschen auch.

An der Kasse, in Banken, im Wäschegeschäft: Frauen arbeiten jetzt und sind in der Öffentlichkeit sichtbar. Riad hat die Frauen als Katalysator für die Wirtschaft erkannt.

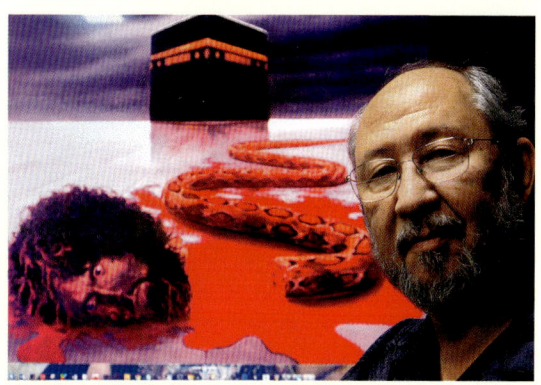

»Einen Tag lang bin ich jemand, der ich nie sein darf«: Die Comic-Con-Messe in Dschidda geht drei verrückte Tage lang. Dann ist der Traum zu Ende.

Land ohne Kunsterziehung: Maler Dia Asis Dia in seinem Atelier in Dschidda vor dem Gemälde »Dschuhaiman« aus dem Schicksalsjahr 1979.

Eine Zukunft voller Unterhaltungsparks, innovativer Industrien, Fünf-Sterne-Hotels und moderner Megastädte: Die Saudi-Araber beginnen das Leben im öffentlichen Raum außerhalb der eigenen vier Wände zu genießen, hier in einer Grünanlage vor dem Nationalmuseum in Riad.

Die neue Religion heißt Nationalismus, Entertainment, Tourismus und Sport: Werbestand für eine Mascara-Marke am Rande des ersten Popkonzerts in der Geschichte des Landes, in Dschidda.

Beamter der Agentur Reuters in den Block diktiert. Demnach ist die Geschichte der Intrige gegen den Innenminister »eine komplette Fantasie, die Hollywoods würdig ist.« Mohammed bin Naif sei im nationalen Interesse aus seiner Position entfernt worden. Er habe weder Druck noch Respektlosigkeit erfahren. Die Gründe für seine Entlassung seien »vertraulich«.

Mohammed bin Naif ist, als er am Ende dieser Nacht die Residenz des Königs verlässt, überrascht, dass sein Widersacher und Nachfolger, Prinz Mohammed, auf ihn wartet, um ihn zu verabschieden. Der küsst ihm die Hände, umarmt ihn.

Der Abschied wirkt befremdlich. Die Szene ist jedoch Teil einer minutiös vorbereiteten Inszenierung. TV-Kameras halten den Moment fest. Das Video, wie Prinz Mohammed dem gerade abgelösten Kronprinzen seinen angeblichen Respekt bezeugt, wird den Medien zugespielt. In den kommenden Tagen läuft es als Dauerschleife über alle Sender, in Saudi-Arabien und am ganzen Golf.

Von diesem Moment an spielt Mohammed bin Naif keine Rolle mehr in der Politik. Er darf das Königreich nicht verlassen und lebt unter einer Art erweitertem Hausarrest. Der stille Putsch ist geglückt und MBS damit als nächster König gesetzt.

Das Wirtschaftsmagazin *Forbes* hat Prinz Walid nach der »Nacht der langen Messer« von der Liste der hundert reichsten Menschen der Welt gestrichen und mit ihm alle weiteren saudischen Milliardäre. Ihr Besitz lässt sich nicht mehr zuverlässig beziffern, heißt es, es sei unklar, wie viel davon sie überhaupt noch kontrollieren. In den Medien wird inzwischen nur noch vom Gesamtvermögen der Sauds gesprochen, mit 1,4 Billionen Dollar seien sie die reichste Familie der Welt, 16-mal vermögender als die britische Monarchie.

Im Wettbewerb innerhalb der Herrscherfamilie war es bisher meist darum gegangen, den größten Teil vom Kuchen für sich abzuschneiden. Seit Kurzem gibt es allerdings eine neue Kategorie, die über den Vergleich der persönlichen Vermögenswerte hinausgeht. Auf der Liste von *Forbes,* auf der die 75 *mächtigsten*

Menschen der Welt registriert werden, gibt es einen Neuzugang: Kronprinz Mohammed bin Salman.

Er steht auf Platz acht.

Der faustische Pakt von Diriya

*Der Aufstieg des Hauses Saud begann in einer
unbedeutenden Lehmbausiedlung, um sie
rankt sich der heroische Gründungsmythos der
Nation. Der Königssohn Prinz Sultan hat den
alten Regierungssitz aufwendig restaurieren
lassen. Nun ist er öffentlich zugänglich.*

Einer meiner ersten Besuche im Königreich war im Frühsommer
2011. Ich erinnere die arabische Welt damals in großem Aufruhr:
In Tunesien, Jordanien, Ägypten hatten die Bürger gerade ihre
autokratischen Herrscher aus deren Palästen verjagt oder deren
Regierungen gestürzt. Ich bin damals mit den Landschaftsarchitekten Richard und Jens Bödeker, Vater und Sohn, unterwegs. Sie
fahren zu einem ihrer Lieblingskunden, Prinz Sultan bin Salman,
einem Sohn des damaligen Gouverneurs von Riad, dem heutigen
König Salman.

Auf der Fahrt nach Diriya erklärt mir Richard Bödeker seine
Strategie im Umgang mit der Herrscherfamilie: »Gehe nicht zu
deinem Herrn, wenn du nicht gerufen wirst, er verliert den Respekt und du deine Unabhängigkeit.« Jetzt aber hat der Prinz ihn
gerufen, und der deutsche Geschäftsfreund erscheint natürlich
pünktlich.

Die sogenannte Farm von Prinz Sultan bin Salman liegt einige Kilometer nordwestlich der Hauptstadt, in Diriya. Es ist eine Art Vorstadt und ein Ort, von dem es heißt, er sei die Seele des Königreichs. Hier wurde einst der erste saudische Staat gegründet. Das ist lange her, im Jahr 1744, um genau zu sein.

Es ist deshalb kein Zufall, dass Prinz Sultan seinen Traum von einem paradiesischen Stück Erde ausgerechnet hier errichtet hat, in Diriya, wo alles begonnen hat. Die Geschichte von Diriya ist auch seine Geschichte, die Geschichte der Sauds und ihres Königreiches.

Wir zweigen von der großen Straße ab. Der Besitz des Prinzen scheint länger als ein Fußballfeld, und die Lehmmauern, die ihn umgeben, sind höher als die Palmen davor. Mehrere schwere Tore öffnen sich langsam hintereinander. Der Weg führt direkt auf ein verschachteltes Haupthaus zu, es ist neu, aber in der alten Lehmbauweise errichtet, mit Patio und verschiedenen Terrassen.

Diener stehen Spalier, sie reichen Wasser und frische Säfte aus Limonen und Mangos. Prinz Sultan begrüßt die Bödekers wie alte Freunde. Hände werden geschüttelt, Wangen geküsst. Prinz Sultan ist schlank und großgewachsen, er misst fast zwei Meter, seinen Schnauzbart trägt er kurz getrimmt. Seine Königliche Hoheit wirkt auf den ersten Blick eigentlich ganz lässig. Gerade schwärmt er von einem Urlaub in den Schweizer Alpen, dort war er kürzlich zum Paragliding. Saudi-Araber schätzen die kühlen Alpen Europas als Fluchtort, vor allem in den Sommermonaten, in denen die Temperaturen hier gerne mal auf 50 Grad klettern. Viele wohlhabende Saudi-Araber besitzen eine Villa oder ein Schloss in der Schweiz, in Deutschland oder Frankreich.

Die Geschichte des Königreichs neu erzählen

Prinz Sultan ist unprätentiös, witzig, geduldig. In seiner Bodenständigkeit wirkt er ganz anders als sein viel jüngerer, viel mächtigerer Halbbruder, Kronprinz Mohammed bin Salman.

Bedienstete in weißen Westen servieren geschmortes Lamm, schenken Getränke nach. Sie lesen den Gästen jeden Wunsch von den Augen ab, während der Prinz sie mit einem Bericht aus erster Hand über die Magie der alten Königsstadt Diriya unterhält. Die Unesco hat das Siedlungsensemble im Jahr zuvor zum Welterbe erklärt. Jetzt wird Diriya, unter der Aufsicht von Prinz Sultan, aufwendig restauriert, die Verwaltungsgebäude, die Paläste, ein altes öffentliches Bad.

Prinz Sultan ist zu diesem Zeitpunkt quasi Minister für Tourismus und damit auch zuständig für das archäologische Erbe des Landes. Er will die Geschichte des Königreichs neu erzählen, genauer gesagt, wie das Wüstenreich durch seine Familie wurde, was es heute sei: eine Oase des Fortschritts.

Die Tage, als das Öl sicherstellte, dass es mit der Entwicklung des Landes immer weiter nach oben geht, sind schon damals gezählt. Das weiß natürlich auch Prinz Sultan, deshalb soll der Tourismus nun eine der größten Jobmaschinen des Königreichs werden. Die Regierung will die archäologischen Schätze erstmals für den internationalen Tourismus öffnen. Und wenn es nach Prinz Sultan ginge, könnte die aufregende Geschichte der Königsfamilie und ihres Wüstenreichs schon morgen zur wichtigsten Quelle dieser neuen Industrie werden.

Der Gründungsmythos Saudi-Arabiens ist tatsächlich eine aufregende Geschichte und geht so: Ein Vorfahre von Prinz Sultan, ein gewisser Mohammed bin Saud, hatte Anfang des 18. Jahrhunderts in Diriya ein sehr bescheidenes Reich regiert, eine größere Lehmbausiedlung – bis er sich 1744 mit einem radikalen Religionsgelehrten verbündete. Zusammen erschufen sie dann den ersten saudischen Staat.

Zentralarabien war damals geprägt von Scharmützeln konkurrierender Clans. Die Menschen sehnten sich nach Stabilität, und so erschien das strenge religiöse Regelwerk im Verbund mit einer ordnenden zentralstaatlichen Kraft vielen Wüstenbewohnern als attraktiver Ausweg aus der ständigen Bedrohung, überfallen oder gar getötet zu werden. Machthaber Saud hatte die rigorose

Auslegung der neuen Religion zunächst nur in seinem kleinen Machtbereich durchgesetzt. Aber es war dann ein Leichtes, in Zentralarabien eine Region nach der anderen einzunehmen. So gesehen war der frühe saudische Staat ein großer Erfolg.

Saud scheiterte trotzdem. Man könnte sogar sagen, er scheiterte ausgerechnet an diesem großen Erfolg. Das saudische Herrschaftsgebiet schloss inzwischen den Irak und Teile der Golfküste mit ein, sogar den Hedschas, dieses Kerngebiet mit den prestigeträchtigen Pilgerstätten. Mekka und Medina standen damals unter dem Einfluss der Osmanen, und der Sultan in Istanbul ließ sich den dreisten Gebietsraub nicht gefallen. Er sandte seine ägyptischen Vasallen.

Den modernen Kanonen der Ägypter hatten die Machthaber in Diriya nicht viel entgegenzusetzen. 1818 war alles zu Ende: Die saudischen Führer wurden hingerichtet, die Dattelpalmen abgeholzt. Damit war die Lebensgrundlage der Menschen dort zerstört. Vom Regierungssitz der Sauds blieben nur noch Ruinen. Der erste saudische Staat war vernichtet.

Ein zweiter saudischer Staat folgte. Diesmal befand sich das Hauptquartier bereits in Riad, doch auch dieser Staat ging unter. Dann aber eroberte Prinz Sultans Großvater Abd al-Asis bin Saud – mit angeblich nur vierzig Kämpfern – im Jahr 1902 die heutige Hauptstadt durch eine taktische Meisterleistung zurück. Seine Leute schlichen sich von verschiedenen Seiten an das Gebäude heran, in dem der damalige Statthalter wohnte. Sie töteten ihn, als er morgens das Haus verließ. In der Eingangstür des gegenüberliegenden Masmak-Forts, das zu Riads Sehenswürdigkeiten gehört, steckt heute noch die Spitze eines Speers, den einer der Angreifer schleuderte.

Ich lausche Prinz Sultans Erzählung und bin begeistert, als er sagt: »Kommen Sie doch noch mal vorbei!«

Bekräftigung des alten Machtanspruchs

Tatsächlich laufe ich ein paar Tage später mit Seiner Königlichen Hoheit durch die engen Gassen dieses alten Labyrinths Diriya.

Es wird gehämmert und geklopft. Balken werden ausgestemmt, die alten Dekors an den schweren Holztüren vorsichtig konserviert, Lehmwände befestigt. Die ursprünglichen Siedler hatten ihr Baumaterial aus einem Gemisch von Ton und Sand gefertigt, die sie im Flussbett des Wadi Hanifa fanden.

Prinz Sultan zeigt mir die Maueraufbauten des alten Salwa-Palasts der Sauds. An den geometrischen Wanddurchbrüchen lasse sich noch das ausgeklügelte System erkennen, mit dem man die Luft zirkulieren ließ, um die Hitze erträglich zu machen. Die Architektur Zentralarabiens, im sogenannten Nadschd, sei primitiv gewesen, erläutert Prinz Sultan, aber hochfunktional.

Stolz sagt er: »Wir ehren unsere Vergangenheit, denn sie ist auch ein Versprechen für unsere Zukunft.« Was sich zunächst anhört wie eine Phrase, ist nichts weniger als ein Ausdruck für die Erneuerung des alten Machtanspruchs der Sauds in politisch aufgeheizten Zeiten.

Der rasante Aufstieg der Herrscherfamilie wäre allerdings nur halb erzählt, würde nicht die Rolle des Religionsgelehrten Mohammed bin Abd al-Wahhab näher beleuchtet. Abd al-Wahhab steht weniger im Rampenlicht als die saudischen Führer, die sich um die Regierungsgeschäfte kümmern. Die Scheichs dagegen, wie Wahhabs Familie schnell hieß, herrschen bis heute über die Seelen und Sitten des Landes. Der Einfluss des kompromisslosen Reformers auf die Saudi-Araber ist mindestens so prägend wie der des Herrscherclans.

Abd al-Wahhab war der Sohn eines Richters aus Uyaina, einer Stadt fünfzig Kilometer nordwestlich von Diriya. Er lebte von 1703 bis 1792. Durch seine Studien und Forschungsreisen war er davon überzeugt, im Koran und den mündlich übermittelten Lehren des Propheten, der Sunna, das getreue Abbild der frühen islamischen Gemeinden in Mekka und Medina gefunden zu haben. Der Theologe wollte eine grundsätzliche Reform des religiösen Lebens durchsetzen.

Er verfolgte die Idee der Einheit Gottes als alleiniger Schöpfer und Gestalter des Universums. Er duldete deshalb keine Verehrung von Heiligen und Gräbern oder von Steinen und Pflanzen, in der aber viele Menschen Trost fanden. Der Scheich ließ Bäume abholzen, wenn sie Objekte der Anbetung geworden waren.

Im Kampf um die Herrschaft autorisierte Abd al-Wahhab auch die Tötung Andersgläubiger, selbst die von Muslimen, wenn diese dem »wahren Islam« nicht folgen wollten. Seine religiösen Erlasse dienen militanten Extremisten bis heute zur Rechtfertigung von Grausamkeiten. Saudische Theologen lassen sich bei diesem Punkt noch immer nicht gerne auf Diskussionen ein. Sie sprechen dann meist vom »Missbrauch« der wahrhaften Lehren ihres Religionsstifters und beenden die Debatte rasch.

Doch so einfach ist das nicht.

Von Anfang an polarisierte der Theologe und spaltete die Gemeinden, wo immer er seine puristischen Ideen exerzierte: In Huraimila, einer Stadt im Nadschd, in der er zeitweise lebte, entkam er nur knapp einem Attentat. In seiner Geburtsstadt Uyaina, in die sich der Reformer schließlich flüchtete, verlangte der übergeordnete Herrscher bald den Tod des Unruhestifters. Der Emir von Uyaina ließ Abd al-Wahhab zwar am Leben, drängte ihn aber, sein Hoheitsgebiet zu verlassen.

Der Gesellschaftsvertrag zwischen Volk und König geht nicht mehr auf

Asyl fand der Religionsgelehrte schließlich bei Mohammed bin Saud in Diriya. Der erkannte die gesellschaftliche Sprengkraft hinter Abd al-Wahhabs Bewegung. Sie machte die Menschen zu glühenden Unterstützern oder produzierte ebenso fanatische Gegner. Diese Energien wollte er für seine politischen Interessen nutzen.

Es ist schwer zu sagen, wann die Symbiose zwischen den religiösen Fundamentalisten und dem modernen Staat Saudi-Arabien begann, erste Risse zu bekommen. Jedenfalls lange bevor Prinz Sultan in den USA Politikwissenschaften studierte und dann, 1985, als erster arabischer Astronaut mit der amerikanischen Raumfähre »Discovery« ins All startete. Da war Sultan 28 Jahre alt. Das sei der Zeitpunkt gewesen, an dem sich sein Denken grundsätzlich verändert habe, erzählt er. Während des Starts und der Landung habe er die ganze Zeit gebetet: »Du siehst die Erde und erkennst, wie klein du eigentlich bist, nur ein Punkt im Universum.«

In Saudi-Arabien lehrten berühmte islamische Religionsführer wie Abd al-Asis ibn Bas ihre Studierenden damals noch immer Irrigkeiten wie die, dass die Erde eine Scheibe sei und das Zentrum dieses Universums, und dass die Sonne sich um unseren Planeten drehe. Prinz Sultan musste ibn Bas versichern, er habe mit eigenen Augen gesehen, wie die Erde um die eigene Achse rotiere.

Ibn Bas stieg trotzdem noch weiter auf. Von 1994 bis zu seinem Tod 1999 war er als Großmufti die höchste religiöse Autorität im Land. Der Religionsführer war im Alter von nur 16 Jahren erblindet und wollte offenbar, dass die Gläubigen die Welt wahrnehmen, wie er sie sich vorstellte.

Immer wieder frage ich mich, wie die Politik eines so modernen Staates überhaupt zusammenpasst mit dem rückwärtsgewandten Weltbild der Wahhabiten. Jeder hier kann im Internet nachlesen, dass es Unsinn ist, wenn saudische Religionsgelehrte behaupten, dass das Autofahren der Fruchtbarkeit von Frauen schade oder dass die Erde eine Scheibe sei.

Als Prinz Sultans Vater Salman im Januar 2015 den Thron bestieg, befahl er nur Wochen später etwas Ungeheuerliches: Nach fast achtzig Jahren entmachtete er plötzlich die gefürchtete Religionspolizei, die der Staat zur Kontrolle seiner Untertanen einsetzte. Die Mutawwa müssen sich heute mit dem Ermahnen der Gläubigen begnügen.

Was aber brachte den alten König zu dieser Entscheidung?

Und warum gerade jetzt? Zwischen den Saudi-Arabern und dem Herrscherhaus der Sauds hatte es lange eine stille Übereinkunft gegeben: Der Monarch versorgte das Volk mit Wohlstand wie ein gütiger Vater, dafür hielten sich die Untertanen aus der Politik heraus.

Dieser alte Gesellschaftsvertrag ist heute brüchig geworden. Der niedrige Ölpreis der vergangenen Jahre hat ein tiefes Loch in den Haushalt gerissen. Die Devisenreserven des Landes schmelzen. Der Staat kann keine Geschenke mehr verteilen, er ist auf neue Einnahmen angewiesen. Die jungen Saudis fordern aber trotzdem ein gutes Leben, so wie sie es gewohnt sind. Sie wollen Wohlstand und Jobs, aber auch mehr Freiheit.

Die islamistische Ideologie, die in der Vergangenheit so lange nützlich für soziale Stabilität schien, hemmt den jetzt dringend benötigten Fortschritt. Eine moderne Wirtschaft mit Tourismus, Dienstleistung und Handel kann es nur mit einer offenen Gesellschaft geben.

Die Königsstadt Diriya mit dem prächtigen Salwa-Palast der Sauds im At-Turaif-Distrikt steht auf einem Kalksteinplateau. Von dort fällt es ins Tal von Wadi Hanifa hinab und geht in eine Ebene über, den sogenannten Budschairi-Park. Dort unten lebte Abd al-Wahhab mit seiner Sippe.

Vielleicht liegt schon in diesem geografischen Gefälle ein Stück Wahrheit: Der Budschairi-Park mit Abd al-Wahhabs Moschee wird heute als öffentlicher Park genutzt. Die Anlage ist elegant mit ihren Restaurants und Parkterrassen, den Souvenirläden, und doch wird sie jetzt historisch deutlich weniger bedeutsam präsentiert als der Regierungsbezirk at-Turaif auf der anderen Seite, das Denkmal des ersten Herrschersitzes der Sauds.

Der Reformer Abd al-Wahhab wird natürlich immer Teil der glorreichen Entstehungslegende dieses Landes bleiben. Auch wenn die entfesselte Gewalt von Terrorgruppen wie al-Qaida und dem Islamischen Staat ohne seine gelehrte Intoleranz gegen Andersdenkende und andere Glaubensgemeinschaften kaum denkbar wären.

Nun aber passen seine extremen Ansichten nicht mehr zum Erscheinungsbild einer jungen, modernen Wirtschaftsnation, wie sie Saudi-Arabien jetzt sein will. Prinz Sultans Bruder, Kronprinz Mohammed bin Salman, hat Saudi-Arabien einen »moderaten Islam« verordnet. Das Land muss sich ändern. Es steht nichts weniger auf dem Spiel als seine Zukunft.

Der Duft von Holz und Schweiß

*Oud ist als geharztes Holz oder Öl erhältlich und
in seiner höchsten Qualität kaum zu bezahlen –
die Essenz gilt als eines der kostbarsten Parfüms
der Welt.*

Zu einer geglückten Feier im Königreich gehört nicht nur, dass
die Schafe gut auf dem Markt ausgesucht sind und zum richtigen
Koch gefahren werden. Es sind die kleinen Dinge, die ein Fest
gelingen lassen. Dazu gehört auch der Duft von Bakhur – dem
Rauch aus dem Harz des Adlerholzbaums.

Ich weiß das von Tarek, ich habe ihn ursprünglich als privaten
Fremdenführer bei einem Ausflug in die Wüste kennengelernt.
Seither begleitet er mich manchmal auf meinen Entdeckungstou-
ren durch die Stadt.

Einmal im Jahr geht Tareks Mutter in Riad zum großen Basar,
um das teure Holz zu kaufen, dessen Harz sich durch Verbrennen
auf einem Stück Kohle in eine herb-süße Duftschwade verwandelt. Ein guter Gastgeber wie der Vater von Tarek wedelt dem
Besucher bereits an der Haustür den Kelch mit dampfendem
Oud unter die verschwitzte Achselhöhle. So heißt dieses Aroma,
aus dem hier die teuersten Parfümessenzen gewonnen werden.
Die weiblichen Gäste haben sich dann schon längst gegenseitig

das gelöste Haar mit Harz-Bouquet parfümiert. Männer wiederum stellen den qualmenden Kelch mit Oud gerne minutenlang unter ihren bodenlangen Rock, damit auch wirklich alles gut riecht. Der Überlieferung nach lässt sich auf diese Weise auch Ungeziefer am Körper nachhaltig vertreiben.

Dem balsamisch-würzigen Oud, in dem sich ein Hauch von Schweiß verbirgt, schreiben die Araber seit 2000 Jahren eine aphrodisierende Wirkung zu. Der Westen hat Oud erst spät entdeckt. 2002 nutzte Yves Saint Laurent die Note erstmals für sein Männerparfüm M7. Es habe etwas Animalisches, Holziges, gleichzeitig Modernes, sagte sein Parfümeur.

Oud ist hierzulande so etwas wie der Bocksbeutel in Franken oder die Romeo-y-Julieta-Zigarre in Berlin. Zu besonderen Anlässen wie dem bevorstehenden Familientreffen am heutigen Freitag leistet man sich ein paar gute Unzen Oud. Bis zu 50 000 Euro kostet so ein Kilo edler Duft-Schnipsel, natürlich gibt es auch jede Menge Ramsch.

Das beste Oud kommt aus Indien und Vietnam, heißt es. Vollkommen sei der Duft aber erst, erklärt mir Tareks Vater, ein gelernter Chemiker, der früher bei der Ölfirma Aramco beschäftigt war, wenn sich das Harz mit einem seltenen Pilz verbindet, dem *Phaeoacremonium parasiticum*, der sich auf der Rinde ansiedelt. Aus diesem raren Mix aus Harz und Schimmelsporen wird eines der teuersten Öle der Welt gewonnen.

Tareks Mutter jedenfalls erlaubt mir, sie heute zum Oud-Kauf zum Basar zu begleiten. Sie geht immer in dasselbe Geschäft, seit vielen Jahren. Es ist ein fast quadratischer Laden, elegant dekoriert, der Tresen ist ausgelegt mit rotem Samt. Das Oud-Holz lagert in mit Gold verzierten Glaszylindern, allerdings hat gerade der Händler gewechselt.

Der neue Inhaber ist ein hagerer Mann mit hohen Wangenknochen, seine Brauen wölben sich buschig über die dunklen Augen, fleischige Lippen, hohe Stirn. Der Mann legt der 72-Jährigen verschiedene Hölzer vor, wedelt mit einer Räucherprobe hier, dann dort, bietet uns Kaffee an, Sesamkekse und einen Stuhl.

Schließlich öffnet der Kaufmann eine Kiste, die so kostbar aussieht, als könne darin nur ein Schatz verborgen sein.

»Diese Ware ist ausschließlich für besondere Kunden«, flüstert er geheimnisvoll. Das Holz riecht betörend stark. Tareks Mutter kauft zehn Unzen aus der Schatzkiste für 3400 Rial, fast 800 Euro.

Zurück vom Basar stellt Tareks Vater, der Chemiker, schnell fest, dass seine Frau betrogen wurde. Das Holz enthält kein kostbares Harz, sondern lediglich darauf getröpfelte, billige Duftöle.

So in Form hat Tarek seine Mutter lange nicht gesehen. Mit zwei ihrer fünf Söhne im Schlepptau, Tarek und dem jüngeren Haschim, stampft sie zurück in den Laden und fordert ihr Geld zurück.

»Ich habe solche Ware nie verkauft«, behauptet der Verkäufer dreist und zieht dabei die hohe Stirn in Falten. Tareks Mutter zischt zurück, dass falls er den Verkauf ein zweites Mal verneine, sie auch verneinen würde, dass ihre Söhne ihm etwas angetan hätten. Dabei schießt die Araberin aus dem schmalen Sehschlitz ihres schwarzen Gesichtsschleiers Feuerpfeile ab. Tarek steht dicht hinter seiner Mutter, er ist zwei Meter groß und einen Meter breit, daneben hat sich sein etwas schmalerer Bruder aufgebaut. Plötzlich fällt dem Geschäftsmann sein »Irrtum« ein, und er gibt Tareks Mutter das Geld zurück. Die alte Dame dreht sich auf dem Absatz um, verlässt den Laden. Sie kauft dann nebenan, bei der Konkurrenz.

Abends kommt die Familie wie geplant zum Essen, zwei Dutzend Menschen im Alter von sechs Monaten bis 79 Jahren. Das Haus ist erfüllt vom Harzduft des Adlerholzbaums, und Tareks Tante Adila bittet die Mutter dringlich um die Adresse des Oud-Händlers, bei dem sie schon so viele Jahre Kundin ist.

»Geschäftsgeheimnis, meine Liebe«, gibt die Hausherrin lächelnd zurück.

Katar: Mein Bruder, mein Feind

Die Menschen betrachten das kleine Emirat Katar und das große Königreich Saudi-Arabien als einen Lebensraum, die Grenze war unwichtig. Mit dem jähen Abbruch der Beziehungen 2017 ist das Leben für die Bewohner im Grenzgebiet kompliziert geworden.

Die weiße Wüste auf dem Weg nach Salwa ist einsam, weit und unbewohnt. Der Sand scheint hier endlos hineinzureichen in den Himmel, nur selten kommt uns auf der vierspurigen Asphaltstraße überhaupt ein Fahrzeug entgegen.

Das war bis vor Kurzem ganz anders: Die Lastwagen bildeten hier lange Kolonnen und stauten sich zur Einfahrt nach Tamani, einer größeren Siedlung fünfzig Kilometer vor der saudischen Grenzstation zum Mini-Emirat Katar. Die Laster brachten Obst, Reis, Kamele.

Es ist sechs Uhr morgens am Sonntag, einem ganz normalen Werktag der von Samstag bis Donnerstag gehenden Arbeitswoche. Ich reise mit Fahd, einem Elektroingenieur aus Riad. Wir hatten zufällig beide denselben Vortrag besucht in einer der neuen Kultureinrichtungen der Hauptstadt. Es ging um europäische Maler und wie sie den Orient darstellen. Der Redner zeigte Bilder mit sich las-

ziv räkelnden Damen, die dürftig bekleidet auf großen Polstermö-
beln lagern, wie Jean-Joseph Benjamin-Constants »Odalisque«. Auf
einem anderen Gemälde war eine Tänzerin mit nacktem Oberkör-
per zu sehen, »Intérieur oriental« heißt es, von Théodore Chassériau,
beide sind französische Künstler des 19. Jahrhunderts.

Die Saudis staunten sehr über diese Wahrnehmung der arabischen Welt. Nach der Vorlesung kamen Fahd und ich ins Gespräch darüber, wie wir jeweils die andere Kultur betrachten und
wie sie Menschen ausstellt, insbesondere Frauen. Ich erfuhr, dass
Fahd in Salwa arbeitet, der letzten Stadt vor dem Grenzübergang
nach Katar. Der Techniker ist dort in der Verwaltung für die War-
tung der Geräte zuständig.

Mich interessiert, wie es kam, dass Saudi-Arabien den Bruderstaat Katar über Nacht zum Todfeind erklärte, im Juni 2017, und
was das bedeutet für diejenigen, die von der plötzlichen Scheidung der beiden Länder betroffen sind. Fahd bietet an, mich auf
seiner nächsten Fahrt dorthin mitzunehmen.

Betonpoller blockieren den Weg

Wie viele Familienväter pendelt Fahd wöchentlich von Riad in
die Ostprovinz, donnerstags kehrt er in die Hauptstadt zurück.
Fahd sagt, in Salwa bauen sie jetzt Wohnhäuser für Soldaten, die
künftig die Grenze sichern sollen. Wir fahren vorbei an den Neu-
bauten, sie stehen in Reih und Glied. Es sind viele.

Wir rollen Richtung Grenzübergang zum Emirat. Er ist abge-
sperrt, Betonpoller blockieren den Weg zum Schlagbaum. Salwa
ist der einzige offizielle Übergang der 60 Kilometer langen Land-
grenze, die Katar mit dem Königreich verbindet.

Ich steige aus dem Wagen, meinen deutschen Pass in der Hand.
»Was machst du hier?«, fragt mich ein Mann in weißem Thaub.
Früher ließ sich dieser Übergang hier so unkompliziert passieren
wie die Grenze von Deutschland in die Schweiz – man wurde
einfach durchgewinkt.

Der Mann ist ein Sicherheitsoffizier in Zivil. Er wirkt misstrauisch. Ich antworte, dass ich hoffte, über die Grenze in die Hauptstadt Doha zu gelangen. Für eine Sekunde stutzt der Sicherheitsbeamte ungläubig. Dann macht er eine kategorische Handbewegung und gibt mir zu verstehen: Hier kommt niemand durch. Ungeduldig weist er mich an, den Rückmarsch anzutreten.

Macht, Verrat, verletzter Stolz

Katar ist eine kleine bauchige Halbinsel, die in den Golf hineinragt. Glaubt man den staatlich gelenkten Zeitungen in Saudi-Arabien, würde Riad das Mini-Land am liebsten gleich im Meer versenken. Tatsächlich plant Saudi-Arabien, das Emirat durch einen Kanal von der Arabischen Halbinsel physisch abzuschneiden. Dann wäre Katar künftig von Saudi-Arabien getrennt.

Bis zu 750 Millionen Dollar will sich das Königreich den Kanalbau kosten lassen. Ein Teil der Wassertrasse, heißt es, könnte später als Atommülldeponie dienen. Viel deutlicher lässt sich die Geringschätzung für den Nachbarn kaum ausdrücken.

Aber was steckt dahinter?

Offiziell begründet Saudi-Arabien seine Abkehr mit dem Vorwurf, dass Katar den Extremismus unterstütze und Terroristen beherberge, angefangen bei den Taliban über die Hamas bis hin zu den Muslimbrüdern.

Katar gewährt ohne Zweifel einigen internationalen Figuren Gastfreundschaft, die als radikal einzuordnen sind. Chalid Maschal zum Beispiel, einem der Anführer der palästinensischen Hamas. Die Taliban unterhalten in Doha ein Büro, ganz offiziell: Es wurde mit Billigung der internationalen Gemeinschaft eingerichtet, um Verhandlungen zwischen der afghanischen Regierung und den Amerikanern zu fördern. Die verfeindeten Parteien nutzen es aktuell rege für ihre Zusammenkünfte.

In Katar leben außerdem hochrangige Mitglieder der Muslimbruderschaft, eine Islamisten-Bewegung, die 1928 in Ägypten gegründet wurde. Riad gewährte der Bruderschaft lange Jahre Unterschlupf, bis sie diese 2014 zur Terrorgruppe erklärte. Und den Aufstieg der radikalislamischen Taliban in Afghanistan hat kaum ein Land mehr gefördert als Saudi-Arabien.

Es muss also etwas anderes hinter dem Bruch mit dem kleinen Bruderstaat stecken – ein alter Streit. Die Beziehungen zwischen den beiden Herrscherfamilien in Doha und Riad sind seit vielen Jahren vergiftet. Es geht um Macht, Verrat und verletzten Stolz.

Die Saudi-Araber bezweifeln, dass in Katar tatsächlich der Emir, Tamim bin Hamad Al Thani, die Zügel der Politik in der Hand hält. Sie verdächtigen den Vater, Scheich Hamad bin Khalifa Al Thani, im Hintergrund die Fäden zu ziehen. Mit dem Vater verbindet Riad, wie andere arabische Länder, eine alte Fehde. Er hatte 2013 schließlich zugunsten des Sohnes abgedankt.

Scheich Hamad hatte 1995 gegen seinen eigenen Vater geputscht, was die Saudi-Araber damals zu verhindern suchten. Der mit Hilfe von Riad organisierte Gegenputsch scheiterte jedoch an einem Verräter. Scheich Hamad hasse die Saudis, behaupten länger in Doha stationierte Diplomaten, die den damaligen Herrscher trafen, und er lässt offenbar kaum eine Gelegenheit aus, die Nachbarschaft zu verärgern.

Deutlich wurde das einmal mehr in einem geleakten Mitschnitt eines wahrscheinlich im Jahr 2003 geführten Telefonats zwischen dem Emir und dem früheren libyschen Diktator Muammar al-Gaddafi. Hamad Al Thani zog darin übel über die Royals in Riad her und prophezeite den baldigen Zerfall des Königreichs. In spätestens zwölf Jahren sei es soweit. Dabei bekannte er, dass er selbst über verschiedenste Kanäle aktiv an der Destabilisierung Saudi-Arabiens arbeite. Streit gab es auch immer wieder über den Umgang mit den Muslimbrüdern.

Ein Augenöffner für Riad war das politische Schicksal des früheren ägyptischen Präsidenten Husni Mubarak. Der Autokrat galt im Königreich als treuer Verbündeter. 2011 wurde er dann von seinem wütenden Volk gestürzt, nach fast dreißig Jahren im Amt. Der politische Arm der Muslimbrüder übernahm die Macht in Kairo, als gewählte Volksvertreter.

Ein Ende ihrer Macht, wie Mubarak es erlebte, ist der Alptraum aller Autokraten. Deshalb verfolgt Riad die Anhänger der Bruderschaft inzwischen als Terrorgruppe.

Der junge Katar-Emir Tamim bin Hamad Al Thani betrachtet die Bruderschaft dagegen als Hoffnung für die islamisch geprägten Länder des Nahen Ostens. Die Muslimbrüder sind oft gut ausgebildet und bekleiden in Doha viele zentrale Positionen. Die Regierung des an eigenem Personal armen Katar hatte sie gezielt als Funktionäre angeheuert, als sie in der zweiten Hälfte des vergangenen Jahrhunderts eilig einen komplexen Staat aufbauen musste. Dennoch entbehrt die Strategie nicht einer gewissen Ironie, denn die Abschaffung der arabischen Monarchien gehört zu den ersten Zielen der Muslimbrüder.

Eine gefälschte Rede

Emir Hamad Al Thani glaubt allerdings, dass sein kleines Volk nicht anfällig sei für demokratische Aufstände. Nicht mal 2,7 Millionen Menschen leben in Katar, weniger als in Berlin, und nur 300 000 von ihnen sind tatsächlich geborene Katarer. Das Pro-Kopf-Einkommen in Katar ist das höchste der Welt. Die saudische Königsfamilie dagegen kontrolliert ein großes Volk von 34 Millionen Menschen, von denen es vor allem den Jüngeren wirtschaftlich nicht allzu gut geht.

Zum endgültigen Bruch zwischen den Thanis und den Sauds kam es jedenfalls am 5. Juni 2017. Anlass war eine vermeintlich feindselige Rede von Emir Tamim bin Hamad am 23. Mai, die er aber, wie sich bald herausstellte, nie gehalten hatte.

Es gibt deutliche Hinweise darauf, dass russische Hacker die Fälschung produziert haben, in der Tamim bin Hamad die Kampfgruppen der Hamas und der Hisbollah pries, für eine Verbesserung der Beziehungen mit Iran eintrat und US-Präsident

Donald Trump gleich noch eine kurze Regentschaft voraussagte. Kurzum, die Rede war eine Kriegserklärung an Riad.

Die Saudis stellten über Nacht die Flugverbindungen ins Nachbarland ein und sperrten die Grenze. Katarer im Königreich hatten 14 Tage lang Zeit, ihre Sachen zu packen und das Land zu verlassen.

Die Hacker wiederum hatten mit dem Cyberangriff genau diese Reaktion beabsichtigt. Das FBI fand kurz darauf heraus: Die brüchige Allianz zwischen Katar und Saudi-Arabien sollte gespalten und Katar dem Russland-Freund und Nachbarn Iran zugetrieben werden, als neuer Verbündeter. Und so geschah es auch.

Fake News oder nicht, der Eklat mit Katar kam Riad offenbar gelegen. Zu lange schon ärgerten sich die Führer in Riad über den einflussreichen Sender Al Jazeera, in dem der junge Emir und oppositionelle Gruppen täglich ihre Ansichten zur Weltpolitik kundtaten, die so ganz anders waren als ihre. Gemeinsam mit einigen weiteren Verbündeten, Bahrain, den Vereinigten Arabischen Emiraten, Ägypten, Senegal, Mauretanien, Dschibuti, Libyen und dem Jemen, sagte man sich von Katar los.

Ahmad sieht seine Familie jetzt nur noch alle drei Monate

Katar ist zwar wie Saudi-Arabien ein Freund Amerikas. Schätzungsweise 10 000 GIs sind dort auf der Al Udeid Air Base stationiert. Doch Emir Tamim bin Hamad unterhält zumindest pragmatische Beziehungen zu Iran, Saudi-Arabiens Erzfeind und regionalem Gegenspieler. Mit der Iranischen Republik teilt das Land das größte Erdgasfeld der Welt, South Pars. Damit verfügt das Emirat über geschätzte 15 Prozent der weltweiten Gasreserven und gilt als das reichste Land der Welt.

Am Ende geht es bei diesem Bruderstreit also um persönliche Empfindlichkeiten und eine alte Feindschaft, aber auch um künftige strategische Machtallianzen in der arabischen Welt. Insider sagen, die Großfamilien seien beide nicht glücklich mit der Situation. Einflussreiche Mitglieder suchten mittelfristig womöglich nach einer neuen Konstruktion in der Führung der Al Thanis.

Was aber bedeutet der Abbruch der Beziehungen für die Kamel-händler und Schlachter von Tamani? Für die Tankstellenbesitzer an der Salwa Road, für die Teestuben-Betreiber? Was machen die saudisch-katarischen Familien, die auseinandergerissen wurden?

In Salwa stellt mein Begleiter mir Ahmad vor. Verheiratet ist der saudische Mediziner mit Amira, einer Managerin von Qatar Airways. Das Ehepaar lebt gemeinsam in der Hauptstadt Doha. Seit die Nachbarstaaten verfeindet sind, sieht Ahmad seine Familie nur noch alle drei Monate. Seit drei Jahren arbeitet er in einem Krankenhaus in Salwa.

Bis zu dem politischen Eklat war Ahmad mit seinem weißen Toyota täglich zur Arbeit nach Saudi-Arabien gefahren, zum Abendessen war er wieder daheim in Doha. Sein Haus ist nicht mehr als 60 Kilometer Luftlinie von seinem Arbeitsplatz entfernt.

Jetzt aber ist Ahmad mindestens neun Stunden unterwegs, wenn er seine Frau und den kleinen Sohn sehen möchte. Dazu besteigt er ein Flugzeug nach Kuwait, von dort ein weiteres nach Katar und nimmt am Flughafen noch den Bus.

Der Arzt sitzt nervös auf einem Stuhl in der Notaufnahme im Hospital von Salwa. Der 33-Jährige fürchtet, er könnte seinen Job verlieren, wenn seine Geschichte veröffentlicht und dies als Kritik an Riads radikaler Katar-Politik verstanden wird. Das Thema Katar ist im Königreich ein rotes Tuch, wie so viele Themen.

Niemand spricht offen darüber und die Zeitungen schreiben es nicht: Aber für die Ostregion des Königreichs ist die Strafaktion gegen Katar wirtschaftlich ein schwerer Schlag, der nicht das Emirat trifft, sondern vor allem die eigenen Leute. Der Handel ist abgeebbt.

Der Lebenspuls ist erloschen

Im Königreich sind die Lebensmittel deutlich preiswerter als im Nachbarland, deshalb kauften viele Katarer in Saudi-Arabien gleich für den ganzen Monat ein, frisches Gemüse, Eier, Linsen, Reis. Besonders gerne fuhren sie nach al-Ahsa, eine alte Oasenstadt gut 200 Kilometer südlich der Grenze. Dort fehlen heute die Gäste in den Hotels und die Kunden im Souk Qaisariya, dem »überdachten Markt«, einem verwinkelten Basar mit hunderten von Läden.

Besonders hart trifft der Niedergang die Händler entlang der Salwa-Road. Tamani war der bedeutendste Umschlagplatz für Kamelfleisch. Die Tiere wurden hier oft an Ort und Stelle geschlachtet. Das Fleisch war frisch und günstig. Jetzt aber sind die Kamelpferche verlassen, die Hotels und Teestuben leer. Der Lebenspuls von Tamani ist erloschen. Entlang der Route häuft sich bereits der Sand an den verwaisten Zapfsäulen der Tankstellen.

Bevor ich nach Riad zurückreise, trinken Fahd und ich noch einen Tee an einer der zwei letzten geöffneten Raststätten. Fahd sagt, vielleicht finde man wieder einen Weg, aufeinander zuzugehen, irgendwann. Manchmal verkehren sich die Dinge hier ganz schnell ins Gegenteil.

Ende 2018 sprach Kronprinz Mohammed bin Salman bei einer internationalen Investorenkonferenz in Riad tatsächlich von den »starken Wirtschaften« am Golf, die in den kommenden Jahren zusammenwachsen und blühen würden – der Nahe Osten sei »das neue Europa«. Dabei zählte er überraschend Katar mit auf. Das Emirat war seit dem Bruch nicht mal mehr einer Erwähnung wert gewesen. Offenbar gibt es Druck aus Washington, die Blockade aufzuheben.

»Da läuft etwas im Hintergrund«, sagt Fahd.

»Hoffentlich«, denke ich.

Die Magie von Batha

Im Viertel der Billiglohnarbeiter wird
gefeilscht, gedrängelt und gebrüllt. Das Leben
der Dienstboten der Saudis ist hart und
voller Ungerechtigkeiten. Und doch findet man
hier Rettung.

Zu den Geheimnissen dieser Weltgegend gehören die überraschenden Wendungen in scheinbar aussichtslosen Lagen. Es geht um die kleinen Wunder des Alltags, auf die man hier hoffen darf, wenn man sich der Fremde anvertraut: Etwa wenn das Visum abgelaufen und unklar ist, ob man das Land legal verlassen kann, oder wenn ein unbekanntes Bakterium angreift und einen aufs Krankenlager zwingt, oder wenn sich – wie jetzt – die Festplatte nicht mehr aktivieren lässt, auf der dieses Buch gespeichert ist, das in Kürze erscheinen soll.

Adrenalin schießt mir in die Adern, ich klingle beim Nachbarn ein Stockwerk unter mir, einem Amerikaner. Er zuckt die Achseln. Er kennt sich mit Unternehmensberatung aus, mit Informationstechnik nicht.

Verzweiflung breitet sich in mir aus, ich weiß: Die Lösung dieses Problems vermag ich allein nicht zu bewerkstelligen. Ich brauche Hilfe – was genau und von wem, weiß ich noch nicht. Aber ich habe eine Idee, wo ich sie finde. Also los, ein Taxi nehmen und ab nach Batha.

Batha ist das Viertel der armen Migranten und Dienstboten in Riad. Hier leben die Billiglohnarbeiter aus Bangladesch, von den Philippinen, aus Pakistan und Indien.

Ich zeige dem Fahrer meine Festplatte, versuche mit den dazugehörigen Kabeln und Handzeichen zu vermitteln, dass sie nicht mehr leuchtet, wenn sie mit einer Stromquelle verbunden ist. Der pakistanische Fahrer spricht kaum Englisch, ich kein Urdu, die Nationalsprache in Pakistan. Unser beider Arabisch beschränkt sich auf wenige Sätze. Er sieht nicht wirklich aus wie ein Technikexperte, aber das alles macht nichts, er ist offensichtlich einer jener Menschen, die hier jeden Tag allen denkbaren Widrigkeiten gegenüberstehen und sie überwinden.

Irgendwann nickt er und sagt: »Al Obaid.« Ich weiß nicht, wer Al Obaid ist, aber ich habe das Gefühl, dass sich die Dinge jetzt zum Guten wenden.

Von den 34 Millionen Bewohnern im Königreich zählen gut zehn Millionen zu den Expats, Ausländern. Die aus dem Westen leben meist in bewachten Wohnanlagen mit Tennisclub und Swimmingpool. Die anderen in Batha oder noch weiter südlich, am Stadtrand.

Sie verkaufen den Kaffee an der Imbissbude und bügeln in der Wäscherei, sie putzen im Krankenhaus die Klos und stehen an der Kasse im Supermarkt, um die Ware in Plastiktüten zu packen. Sie fahren die Kinder in die Schule und die Mütter in die Mall, sie räumen den Müll von der Straße, schmeißen den Haushalt der Familien, windeln den Nachwuchs. Sie sind überall, um den Saudi-Arabern das Leben leichter zu machen, und verschwinden nachts in enge Schlafräume, die sie sich mit anderen teilen, in oft fensterlosen Souterrains und Baracken. Sie arbeiten in Schichten, immer verfügbar für die Herrschaft.

Ihre Familien haben die Arbeitsmigranten fast alle in der Heimat zurückgelassen. Sie wollen der nächsten Generation dort eine Ausbildung ermöglichen und sehen ihren Kindern für durchschnittlich 300 Euro Monatsverdienst über Skype beim Wachsen zu.

Saudis machen sich die Hände nicht schmutzig

Saudische Staatsgehälter sind etwa zehn- bis fünfzehnmal höher als die der Billiglohnarbeiter. Umgerechnet 3000 bis 6000 Euro verdient ein saudischer IT-Manager, Chemieingenieur oder Universitätsprofessor, je nach Seniorität. Dazu kommen Sonderzulagen und Boni, die der König regelmäßig vergibt, um die Untertanen günstig zu stimmen. Aber all das wird weniger und wird es irgendwann überhaupt nicht mehr geben.

Saudi-Araber arbeiten nur selten in der Privatwirtschaft, sie sind bevorzugt beim Staat beschäftigt, dem bei weitem größten Arbeitgeber. Sie machen sich die Hände nicht gerne schmutzig. Saudi-Araber kommen gerne etwas später ins Büro, so gegen zehn Uhr, gehen lange beten, um dann pünktlich beim Mittagessen zu sein, beantworten die wichtigsten E-Mails und beten noch mal, um dann früh nach Hause zu gehen. Auch das alles ändert sich gerade.

Seit Januar 2018 bezahlen Einwohner mit saudischer Staatsangehörigkeit erstmals Steuern, fünf Prozent Mehrwertsteuer auf die meisten Waren und Dienstleistungen.

Der Staat will die Gastarbeiter loswerden. Deshalb wurde für Arbeitgeber eine Abgabe von 100 Rial für Beschäftigte aus dem Ausland eingeführt, das sind etwa 25 Euro pro Person und Monat. Das gilt, falls vorhanden, auch für deren Ehefrauen oder weitere Familienangehörige. Die Abgabe steigt jährlich: In diesem Jahr sind es schon 200 Rial und nächstes 300, bis es sich am Ende keine Familie und kein saudisches Unternehmen mehr leisten kann, einen Fahrer aus Pakistan oder Indonesien einzufliegen, Kost und Logis bereitzustellen und ihn auch noch zu entlohnen.

Riad will die »Saudisierung« der Wirtschaft. Hinter diesem Wort verbirgt sich nichts anderes, als dass die Bürger ihre Autos künftig selbst chauffieren und den Rasen vor der Villa eigenhändig mähen sollen. Viele, die aus den ärmsten Ländern der Welt hierhergekommen waren, wurden bereits arbeitslos. Hunderttausende haben das Land schon verlassen.

Der Staat ist nicht mehr märchenhaft reich wie noch vor ein paar Jahrzehnten. Er hat kein Geld mehr zu verschenken und vor allem viel zu wenige Jobs für die jungen, anspruchsvollen Saudis, die jährlich zu hunderttausenden ein Studium an der Universität absolvieren und dann auf den Arbeitsmarkt drängen.

Ziel ist, dass junge Saudi-Araber ebenfalls in der gefürchteten Privatwirtschaft ihr Geld verdienen, wenn auch zu viel niedrigeren Löhnen als beim Staat. Sie werden geringere Tätigkeiten übernehmen müssen als noch ihre Eltern. Dass saudische Frauen jetzt arbeiten gehen sollen, hat nicht zuletzt damit zu tun, dass ein Gehalt nicht mehr reichen wird, um eine Familie zu ernähren.

Einer, der das schon verstanden hat, ist Istar, fünfzig. Ich traf ihn, als ich das erste Mal die saudische Version des Taxidienstes Uber nutzte. Sie heißt Careem. Istar ist einer der »Captains« des neuen Fahrservice, der eine Alternative bietet zu den üblichen Straßentaxis. Die sind in Saudi-Arabien bisher fest in der Hand pakistanischer Fahrer, und die Regierung will, dass jetzt verstärkt Saudis das Fahrgeschäft übernehmen.

Istar ist eigentlich Kantinenchef in einem Militärhospital im Stadtteil as-Sulaimaniya. Er ist groß, durchtrainiert, trägt ein schwarzes T-Shirt und Jeans. Mit Boni kommt er monatlich auf 15 000 Rial, umgerechnet etwa 3500 Euro, das ist hier nicht wenig, aber auch nicht viel.

Istar und seine Frau gehören zur Mittelschicht. Er ist Vater von drei Jungs, 14, neun und drei Jahre alt, seine Frau hat keinen Fahrer. Istar bringt die Kinder täglich selbst in die Schule und holt sie wieder ab. 5000 Rial gehen für die Wohnung der Familie nahe dem Flughafen drauf. Eingekauft wird gemeinsam, zwischen Kantinendienst im Krankenhaus und Taxifahren.

Istar erzählt, sein Vater sei eigentlich sehr wohlhabend, ein pensionierter Vier-Sterne-General und Geschäftsmann. Er machte ein Vermögen während des Ölbooms in den 1970ern und besitzt einen Palast in Dschidda am Roten Meer und einen weiteren in Riad. Doch er sei zerstritten mit seinen Kindern – fünf Söhne und drei Töchter. Er habe seinen Reichtum nie geteilt. Sie alle wohnen zur Miete.

Richtig herzlich scheint es also nicht zuzugehen in Istars Familie. »Aber die Familie ist wie eine Hand«, sagte Istar und spreizt die Gliedmaßen, »man kann die Finger nicht abschneiden, ohne dass sie nutzlos wird.« Der Vater sei nun 86 Jahre alt, krank, hinfällig. Sie warteten alle nur auf seinen Tod. Bis dahin fährt Istar nachmittags Careem-Taxi, sechsmal die Woche. Damit verdient er nochmal 2000 Rial dazu, manchmal auch 3000, das sind 500 bis 700 Euro.

Alle zwei Jahre in die Heimat

Das Durchschnittseinkommen in Saudi-Arabien liegt bei knapp 20 000 Euro im Jahr, in Deutschland ist es eineinhalb mal so hoch, im Jahr 2017 waren es gut 34 000 Euro, brutto. Dabei klafft eine gewaltige Lücke zwischen den Einkommen der Dienstboten, die üblicherweise nur ein paar hundert Euro erhalten, und denen der Staatsbediensteten. Anders als in der Bundesrepublik gibt es das Gehalt im Königreich immerhin cash auf die Hand. Die Einkommenssteuer ist hier bisher unbekannt. Das Leben wiederum ist so teuer wie in Europa.

Frisches Gemüse und Obst, importiert aus den USA oder den Niederlanden, kostet oft doppelt so viel wie in der Bundesrepublik. Für sechs Bio-Eier muss man 40 Rial berappen, 8 Euro, zumindest im edlen Supermarkt Carrefour in Olaya.

In Batha dagegen ist alles preiswert. Batha ist Riads ältestes Geschäftszentrum. Es liegt im Süden der Stadt, gleich neben dem Al-Oud-Cemetery, dem öffentlichen Friedhof, auf dem die alten Könige begraben liegen, von Staatsgründer Abd al-Asis, Ibn Saud, bis zum bisher letzten gestorbenen Herrscher, Abdullah. Dahin-

ter beginnt die Welt des Prekariats, das die Regierung nun absto-
ßen will.

Mein Taxi heute ist ein weißer Toyota Corolla, der Fahrer
kommt aus Pakistan, er hat einen grau-roten Bart und trägt Turban und Shalwar Kamiz, die traditionelle Kleidung für Männer
seiner Heimat. Seit 13 Jahren lebt er in Riad, natürlich in Batha.
Nur alle zwei Jahre reist der Mann nach Hause in die pakistanischen Stammesgebiete, nach Wasiristan. Öfter kann er sich die
Reise dorthin nicht leisten.

Es gibt viele traurige Geschichten über die Menschen, die hier-
her kommen, um zu arbeiten. Manchen geht es gut, sie finden eine
Familie, die sie freundlich aufnimmt, fast wie einen Verwandten.
Aber viele haben Pech. Das liegt vor allem am sogenannten Kafala-
System.

Die Arbeitgeber sind die Bürgen der von ihnen angeheuerten
Arbeitskräfte und kontrollieren deren Bewegungsfreiheit. Umgekehrt bietet das Verfahren den Migranten aber keinen Schutz vor
möglichem Missbrauch. Man könnte auch sagen, sie seien den Lau-
nen ihrer Chefs willkürlich ausgeliefert, wie das Hausmädchen Tuti
Tursilawati. Die junge Indonesierin war 2009 ins Land gekommen,
um eine Stelle in einem Privathaushalt anzutreten. Ihr Arbeitgeber
und Bürge war ein Mann namens Suud Malhaq al-Utaibi.

Gewalttätige Hausherren

Tursilawati war eine freundliche Person, sie hatte den Mut beses-
sen, sich auf dieses so fremde Land einzulassen. Ihre mandelför-
migen Augen waren eingerahmt von schräg nach oben führenden
Brauen, die dunklen Haare trug die junge Frau aus der Provinz
West-Java meist im Nacken zusammengebunden, und wenn sie
lachte, traten zwischen ihren vollen, breiten Lippen zwei etwas
groß geratene Schneidezähne hervor. Eine indonesische Migran-
tenzeitung veröffentlichte ihr Bild, nachdem Tursilawati 2010 in
Taïf in der Provinz Mekka verhaftet wurde.

Das Dienstmädchen hatte ihren Arbeitgeber mit einem Stock erschlagen und war danach geflohen. Ihr Bürge Utaibi hatte versucht, sie zu vergewaltigen, verteidigte sich Tuti Tursilawati vor Gericht, sie habe in Notwehr gehandelt. Immer wieder habe er sie sexuell genötigt.

2011 wurde Tursilawati zum Tode verurteilt und am 29. Oktober 2018 hingerichtet. Sie wurde 34 Jahre alt.

Die Bitte hochrangiger Politiker ihres Heimatlandes, das Leben der jungen Gastarbeiterin zu schonen, blieb ungehört. Tursilawati war bereits die dritte ausländische Haushälterin, die 2018 in Saudi-Arabien geköpft wurde.

Es gibt Videodokumente, auf denen sich Dienstmädchen über den Balkon in den Tod stürzen, auf der Flucht vor einem gewalttätigen Hausherrn. Frauen, denen es gelang, aus dem Land zu entkommen, berichteten einer Reporterin in einem Schutzhaus im Libanon, wie sie drangsaliert wurden, geschlagen, sexuell bedrängt.

Auf Baustellen haben ausländische Arbeiter selten eine andere Wahl, als gefährliche Arbeiten zu verrichten. Immer wieder erzählen Migranten davon, dass sie nach Monaten harter Arbeit nicht bezahlt werden und vor Gericht gegen ihre Bürgen machtlos seien. Ihr Pass ist in der Hand des Arbeitgebers, und die Polizei steht fast immer auf der Seite der saudischen Bürger.

Wir fahren jetzt über die Olaya Street vorbei am Innenministerium. Abends sind dort alle Stockwerke beleuchtet und das Gebäude sieht aus wie ein trichterförmiges Raumschiff. Die Beamten hier dürften sich wenig Sorgen machen um ihre berufliche Zukunft. Der Sicherheitssektor in Saudi-Arabien wird immer weiter ausgebaut. Dann geht es weiter über die King Faisal Street zum Murabba-Park, dahinter beginnt Batha.

Vor uns wird gehupt, hinter uns auch, Rushhour in Batha, es geht nur meterweise vorwärts. Eine Gruppe Männer drängt sich zwischen den stehenden Autos hindurch. Sie sind bepackt mit Plastiktüten voller Obst, Reissäcken und Wasserflaschen.

In Batha wird gedrängelt und gerempelt, gefeilscht, gerannt

und gebrüllt, Batha ist schmutzig, laut und am Wochenende gänzlich überfüllt, aber zugleich ist Batha einer der wenigen wirklich lebendigen Orte der Hauptstadt. Männer und Frauen laufen durcheinander, mit und ohne Kopftuch, und die sonst so strikten Verhaltensregeln sind hier ein Stück weit außer Kraft gesetzt. Allerdings: Saudi-Araber sieht man hier nur wenige.

Ihre Alma Mater ist die Straße

Batha ist eine Parallelwelt. Hier leben die Anderen.

Wir fahren vorbei am Fischmarkt und an Goldgeschäften, an vegetarischen Imbissbuden und Teestuben. Auf den Straßen werden Gewürze abgewogen, und Obst wird verkauft. Irgendwann erreichen wir eine Gasse, in der nur Technik- und Computerzubehör angeboten werden. Der Fahrer heißt mich auszusteigen, um in einem alten Mall-Komplex aus den 1970er Jahren nach »Al Obaid« zu fragen. Zweiter Gang rechts, so heißt es.

»Al Obaid« ist ein kleines Fotogeschäft. Hier gibt es die neuesten Videokameras, Sofortbildgeräte, teure digitale Spiegelreflexkameras von Nikon, Canon, Panasonic.

Ich zeige meine Festplatte, die Kabel, die nicht mehr imstande sind, das Gerät zu aktivieren. Der ägyptische Besitzer nestelt jetzt mehrere Kabelstränge aus dem Regal unter der Kasse hervor, steckt sie nacheinander in die Festplatte und dann das jeweils andere Ende in ein Netzteil. Nichts passiert. Er schickt seinen Mitarbeiter ins Lager, ein Inder, dieser holt weitere Kabel.

Der Ägypter hat sich jetzt ausgeklinkt, er wendet sich neuen Kunden zu. Der Inder und sein pakistanischer Kollege aber suchen weiter. Sie stöpseln ein und aus, schließlich geht der Pakistaner in den benachbarten Laden und kommt mit einem Kollegen zurück. Dieser sieht sich mit fachkundigem Blick die Festplatte an, verschwindet kurz, um Minuten später mit einem neuen Kabel wiederzukehren, das in der Mitte einen Knubbel hat und am Ende einen britischen Stecker.

Mit einem Schraubenzieher piekst er in die Steckerbuchse meines digitalen Speichergeräts, in dem die Buchkapitel lagern. Ich sehe schwarz, wahrscheinlich stehe ich kurz vor einem Herzstillstand. Der Mann scheint jedoch zu wissen, was er tut. Er zerlegt das Kabel mit dem Knubbel in zwei Teile, zupft und biegt und verbindet es mit dem Festplattenkabel. Das Wunder von Batha. Die LED beginnt zu blinken. Halleluja! Die Festplatte lebt wieder.

Ich bin erleichtert, nein, begeistert und hole Karak für alle, schwarzen, süßen Tee mit Kondensmilch.

Der Einfallsreichtum der Menschen in Batha ist sensationell. Die meisten haben kaum eine formale Schulausbildung genossen und ganz sicher keinen Universitätsabschluss. Ihre Alma Mater ist die Straße. Sie stützen sich gegenseitig und speisen ihre unterschiedlichen Fähigkeiten in ein höheres System, das dann die Dinge irgendwie zusammenfügt. So meistern sie schwierigste Aufgaben.

Ich stecke Al Obaids Visitenkarte ein, als sei sie pures Gold, verneige mich vor den Pakistanern und streune noch ein wenig durch die Straßen.

Ein Schneider hat vor sich einen Näh-Shop auf einem Brett aufgebaut, er nimmt *Walk-in*-Aufträge an. Aus einer mit Ziegelsteinen errichteten Backstube dringt ein Lied von Ahmad Zahir, dem berühmten afghanischen Volksbarden. Der Bäcker zieht gerade einen Tamies-Fladen aus dem Bauch des Tandur-Ofens. Er duftet köstlich und dampft in der kühlen Abendluft.

Auf den ersten Blick erscheint Batha wie ein wenig Glück verheißender Ort. Das Leben der Männer und Frauen, die sich hier ein paar Rial auf der Straße verdienen, ist voller Mühsal und Erniedrigungen.

Der Straßenschuster will zehn Rial dafür haben, dass er ein paar Nähte meiner Handtasche nachzieht. Sie droht sich aufzulösen, weil ich den Laptop täglich mehrmals hineinstopfe. Zehn Rial sind umgerechnet 2,50 Euro. Betriebswirtschaftlich gesehen kann das Geschäft des Schusters oder auch des Obstverkäufers hier nicht aufgehen. Eine Familie lässt sich damit schon gar nicht ernähren.

Dieser private Billigsektor mit seinen winzigen Gewinnmargen funktioniert nur, weil ein Heer von Verwandten das gleiche tut, jeden Tag, hier, in Katar, in Dubai oder anderswo am Golf. Sie sammeln die Brosamen der Wohlhabenden ein, und alles zusammengenommen reicht dann gerade so für das Überleben des Clans zuhause.

Nicht zuletzt deshalb strotzt Batha vor Energie. Hier laufen die Kräfte von Menschen zusammen, die, jeder für sich, eine bedeutsame Aufgabe verfolgen, auch wenn die Welt sie allein als ungelernte Hilfskräfte wahrnimmt. Sie sind die Lebensader vieler anderer.

Die Menschen hier kennen sich nicht, aber sie helfen einander. Selbst mir, die ich doch so offensichtlich aus einer anderen Welt komme.

Wie der kleine Karim versuchte, die Jemen-Krise zu lösen

Der Bombenkrieg im Nachbarland lastet wie ein dunkler Schatten auf dem Königreich. Die meisten Saudis schweigen lieber über die Kämpfe im Süden der Arabischen Halbinsel. Überraschend verwickelt mich ein elfjähriger Junge in ein Fachgespräch.

Saudi-Arabien ist ein mächtiges Land mit 13 Provinzen. Das feiern die Bürger jedes Jahr, beim Dschanadriya-Festival Anfang Februar nahe Riad, mit Schwerttanz, Kamelreiten und regionalen Spezialitäten. Das staatlich organisierte Großereignis geht zwei Wochen lang und wirkt wie eine Weltausstellung nur für Saudi-Arabien – jede Region präsentiert ihre Geschichte und Architektur, ihr Handwerk und typische Produkte. Es gibt seltene Kostbarkeiten zu kaufen – Rosenessenzen aus der Stadt Taïf, Honig aus den Wäldern von Raghadan oder Palmblattkörbe aus der Provinz Asir.

Das Kulturfestival erinnert mich an die Mittelalterfeste in Deutschland, auf denen die Besucher verkleidet als Mägde, Schmiede und Gräfinnen erscheinen. Nur ist hier niemand verkleidet. Im Morgenland trägt man vielerorts auch heute noch den Dolch am Gürtel, wenigstens bei offiziellen Anlässen. Und die überall zugänglichen Beduinenzelte sind unverändert die bevorzugte Behausung bei Wochenendtrips in der Wüste.

Karim begleitet mich auf das Folklorefest. Er ist elf und der Sohn meiner Freundin Nura. Wir wollen sie später noch treffen. Schon auf dem Weg hierher hat es begonnen leicht zu regnen. Als wir die Eingangsschranke passieren, fällt das Wasser plötzlich wie aus Eimern vom Himmel.

Karim und ich flüchten in den Mekka-Pavillon, mit dem sich die heilige Stadt auf dem Festival präsentiert. Wir lassen uns auf dicken Bodenkissen nieder und trinken Karak, den heißen, gezuckerten Tee. Eine große Übersichtskarte zeigt an, wo genau wir uns gerade auf dem Gelände befinden. Sie ist eingebettet in eine noch größere Regionalkarte, die das Königreich mit all seinen Nachbarn zeigt. Als der Junge die Karte entdeckt, erklärt er mir, ganz Diplomatensohn, spontan die Sicherheitsstrategie seines Landes: »Wir sind die Größten und Stärksten hier auf der Arabischen Halbinsel und im ganzen Nahen Osten«, sagt er. »Wir haben eigentlich nur Freunde, und wenn sie mal gegen uns sind, helfen uns die Amerikaner.«

Ich bin aufrichtig beeindruckt und sage Karim, viel besser hätte sein Vater das auch nicht erklären können.

Karim reicht mir knapp bis unter das Kinn. Er hat dichte, schwarze Haare, die durch einen Mittelscheitel geteilt sind. Er trägt Jeans und ein oranges T-Shirt, auf dem steht: »I love KSA«. KSA steht für Kingdom of Saudi Arabia. Karim besucht die fünfte Klasse, und er spricht ein bisschen Englisch. Damit gehört er jetzt schon zur Elite des Landes.

Karim zeigt jetzt noch auf Irak, Iran und Syrien, weil dort die Freunde sitzen, die auch mal gegen die Saudi-Araber seien, und auf Jemen, im Süden. Dort führt das Königreich gerade Krieg gegen die Huthi-Rebellen, gemeinsam mit anderen Golfstaaten. »Das dauert da noch ein bisschen«, sagt Karim und wirkt ein wenig genervt. Das trifft durchaus die Stimmung der meisten Saudi-Araber. Sie wünschen, dieser Kriegseinsatz wär längst beendet oder, besser, er hätte nie begonnen.

Karim unterbricht seinen Vortrag und rennt nach draußen, in den Regen. Er will süße Sambusa erstehen, gebackene Teigtaschen.

Eigentlich hatte Prinz Mohammed bin Salman seinen Untertanen ja einen schnellen Sieg im Jemen versprochen, damals im März 2015, als er den saudischen Truppen befahl, die Stellungen der Huthis im Jemen zu bombardieren. MBS nannte die Operation »Decisive Storm«, übersetzt Entscheidungssturm, wohl in der Hoffnung, die Mission im Jemen würde ähnlich erfolgreich verlaufen wie die amerikanische Mission »Desert Storm« (Wüstensturm) im Januar 1991, bei der die USA das kleine Emirat Kuwait nach dem Überfall Iraks in wenigen Wochen befreiten.

Um den Krieg schnell zu gewinnen, schmiedeten die Saudi-Araber eine Allianz mit anderen arabischen Staaten, ihre wichtigsten Verbündeten sind die Vereinigten Arabischen Emirate. Zusammen wollten sie die Rebellenarmee der Huthis zerschlagen und den aus Sanaa vertriebenen Präsidenten, Abdul Rabbo Mansur Hadi, wieder als rechtmäßigen Staatschef einsetzen.

Die Huthis füllten das Machtvakuum

Die Huthis sind eine schiitische Rebellengruppe aus dem Nordjemen. Sie gehören zu den Zaiditen, einer eigenständigen Spielart der Schia. Die Theologie der Aufständigen ist von der Islamischen Revolution in Iran inspiriert. Ihr Konflikt mit der Regierung in Sanaa schwelt schon seit mehr als einem Jahrzehnt. Sie fühlten sich vom langjährigen ehemaligen Präsidenten Ali Abdullah Saleh übergangen und verlangten mehr Unterstützung für ihre Region im Norden des Landes. Es kam zu einer Reihe von Kämpfen zwischen der Zentralregierung und ihnen. 2011 stand dann aber die Mehrheit des Volkes gegen Präsident Saleh auf. Es war die Zeit des Arabischen Frühlings, die Jemeniten wollten ihr Schicksal selbst in die Hand nehmen. Der Präsident übergab – ein großer Fehler – die Macht an seinen schwachen Vize Hadi, als er selbst in die USA reiste, um sich medizinisch behandeln zu lassen.

Die Huthis nutzten die Gelegenheit, um das Machtvakuum zu füllen. Im September 2014 eroberten sie im Bündnis mit weiteren Stämmen die Hauptstadt Sanaa. Im März 2015 musste schließlich auch Salehs Nachfolger Hadi aus dem Land fliehen.

Riad fürchtet das Vorrücken der Huthi-Rebellen durchaus als militärische Bedrohung. Schon zu Zeiten Präsident Salehs hatte es im Grenzgebiet vereinzelte Zusammenstöße zwischen den Huthis und Saudi-Arabien gegeben. Aber vor allem geht es den Saudis und ihren Verbündeten in diesem Kriegseinsatz darum, den Einfluss Irans vor ihrer Haustür zurückzudrängen.

Saudi-Arabien fühlt sich zunehmend eingekreist von Kampfgruppen, die gegenüber dem Rivalen Iran loyal sind. Riads Befürchtung ist, dass sich Teheran über die Huthis künftig Einfluss im Jemen verschaffen könnte, wie schon im Libanon durch die radikale schiitische Hisbollah und im Irak durch schiitische Milizen. Nicht zuletzt könnten die Huthis versuchen, Teile der saudischen Bevölkerung, die unzufrieden sind oder die Wahhabiya ablehnen, gegen die Monarchie aufzuwiegeln.

100 Millionen Dollar kostet der Krieg am Tag

Im Jemen-Krieg geht es indirekt also auch um die Konfrontation der zwei großen Rivalen im Nahen Osten: Iran und Saudi-Arabien.

Karim ist jetzt zurück vom Sambusa-Stand. Sein Haar und das T-Shirt sind tropfnass vom Regen. Stolz hält er mir die heiß dampfenden Teigtaschen entgegen, sie sind gefüllt mit Khoya, einer Art Quark, Safran und Nüssen. Wir kosten von den Süßigkeiten und Karim kommt nochmal zurück auf unser Gespräch. Etwas bang erzählt er jetzt, dass er vergangene Woche gehört habe, wie Raketenteile aus dem Jemen nahe ihrer Wohnung in Riad niedergingen. Das habe ihm Angst gemacht.

Tatsächlich hat es in den vergangenen Wochen immer wieder Angriffe mit diesen wenig präzisen Geschossen auf Riad gegeben. Auch ich hatte in meinem Apartment in Olaya eine solche Detonation wahrgenommen. Die Rakete war jedoch abgefangen worden und einige Kilometer entfernt explodiert. Dennoch starben zwei Menschen.

Die Mittelstreckenraketen werden immer nachts abgefeuert. Unscharfe Filmschnipsel, die über WhatsApp kursieren, zeigen den Feuerschweif und die Stellen, an denen die Raketen dann einschlagen. Seit den Raketenangriffen fürchten viele Saudi-Araber, dass ihr Land womöglich ebenfalls von Krieg und Unruhe erfasst werden könnte wie Syrien, Irak, Libyen oder der Jemen.

Der Krieg macht aus Huthi-Führern Multimillionäre

Niemand hier spricht gerne über den Krieg im Jemen. Von dort kommen nur schmerzhafte Nachrichten. Die Hilfsorganisation »Save the Children« berichtete Ende 2018 von 85 000 jemenitischen Kindern, die seit 2015 verhungert seien, weil die von den Saudi-Arabern geführte Militärallianz die See- und Luftwege für Lebensmittellieferungen blockiert. Drei Millionen Jemeniten sind auf der Flucht. Bomben haben mehr als 10 000 Menschenopfer gefordert; jedes dritte ist ein unschuldiger Zivilist. Wer es wissen will, findet die ganze Tragödie im Internet.

Die Medien in Riad berichten trotzdem täglich von sogenannten militärischen Fortschritten. Kommentatoren und Fernsehmoderatoren machen glauben, dass der Sieg unmittelbar bevorstehe. Deshalb überrascht es nicht, dass ein logisch denkender Elfjähriger wie Karim fragt: »Susanne, wieso hört der Krieg eigentlich nicht auf, wenn wir doch schon so lange fast gewonnen haben?«

Man könnte antworten, weil ein Krieg immer schwerer zu beenden ist als zu beginnen. Er entwickelt sich und mit ihm die Interessen der Beteiligten.

Die Huthi-Rebellen und ihre Verbündeten in Sanaa zum Beispiel ziehen gerade den größten Gewinn aus dieser menschlichen Katastrophe. Ihre Anführer leben heute besser als je zuvor. Durch Schwarzmarktgeschäfte wurden viele von ihnen zu Multimillionären, sie fahren jetzt teure Autos und leben in großen Häusern.

In den Krankenhäusern wiederum gibt es kaum Medikamente. Millionen von Menschen auf dem Land, auch die Stammesgebiete der Huthis, sind vom Hungertod bedroht. Trotzdem ist die Hauptstadt Sanaa ein florierendes Zentrum für die Machthaber und ihre Unterstützer. Neue Gebäude werden hochgezogen. Die Regale der Supermärkte sind durch den Schmuggel prall gefüllt wie in London, Paris oder Berlin, und es gibt genügend Reiche, die sich die Lebensmittel leisten können. Warum also sollte die Führung der Huthis nachgeben, wenn der Krieg für sie doch so viele Vorteile bringt?

Den Iranern wiederum kommt es gelegen, dass das Königreich feststeckt im Sumpf dieses Krieges. Zwischen 100 und 200 Millionen Dollar, so Schätzungen, kostet Riad der Militäreinsatz – jeden Tag.

Umgekehrt investiert Teheran so gut wie nichts in diesen Krieg und fügt seinem ärgsten Feind, dem Königreich Saudi-Arabien, dabei größten Schaden zu. Iran hat kaum menschliche Verluste, leistet keine aufwendigen Waffenlieferungen. Das Land schickte lediglich Militärberater, hilft beim Schmuggel von Waffen und Munition und lieferte – das stellte der Uno-Sicherheitsrat in einem Bericht fest – Raketenteile.

Anfangs war die iranische Militärhilfe für die Huthi-Rebellen kaum der Rede wert. Sie bestand aus Absichtserklärungen und einer Fluglinie zwischen Sanaa und Teheran. Die Saudi-Araber schätzten die Gefahr aus Teheran deutlich höher ein, als sie tatsächlich war.

Inzwischen aber dauert der Krieg fast vier Jahre an und die Kooperation zwischen den Rebellen und Teheran ist mittlerweile zu einer starken Allianz gediehen. Man könnte sagen, die Prophezeiung Saudi-Arabiens, die Handlanger Irans stünden an seiner südlichen Grenze, sei durch den Krieg tatsächlich wahr geworden.

Karim hat schon zwei der süßen Sambusas verspeist, doch er wartet noch immer auf Antwort. Er kann nicht verstehen, dass ein mächtiges Land wie Saudi-Arabien den Frieden nicht herbeibomben kann, um den Freund, den international anerkannten Präsidenten Hadi, zurückzubringen nach Sanaa in seinen Amtssitz.

Verschobene Kräfteverhältnisse

»Am Anfang hat das Königreich vielleicht einen Fehler gemacht«, beginne ich vorsichtig. Saudi-Araber sind empfindlich, wenn ihre Entscheidungen kritisiert werden, das fängt schon bei den Kleinsten an. »Jetzt gibt es viele, die diesen Fehler ausnutzen, sie wollen, dass Saudi-Arabien in diesem Krieg noch so viel Geld und Ansehen wie möglich verliert und am Ende aufgeben muss.«

Mit seinem unvorstellbaren Reichtum und dem Export seiner radikalen Religion hat Saudi-Arabien jahrzehntelang weltweit Einfluss ausgeübt. Riad kauft politische Loyalitäten, im Libanon und Jordanien, in Bahrain, Ägypten und Sudan, und beansprucht als Hüter der beiden heiligen Stätten Mekka und Medina zudem, das Zentrum des Islam zu sein. Lange Zeit hatte niemand gewagt, das Haus Saud herauszufordern.

Bis durch den von den USA geführten Irak-Krieg 2003 erste Risse im Machtgefüge des Nahen Ostens entstanden. Im Arabischen Frühling erhoben sich 2011 plötzlich die Völker gegen ihre korrupten Herrscher, im Jemen und in Tunesien, Ägypten und Libyen. Die Diktatoren wurden getötet oder flohen ins Exil oder wurden vor Gericht gestellt wie der ägyptische Präsident Husni Mubarak.

Um einem ähnlichen Schicksal zu entgehen, hatte König Abdullah seine Untertanen damals großzügig mit Geschenken überschüttet. An einem einzigen Freitag im März verteilte der König einfach mal so 93 Milliarden Dollar.

Heute ist dennoch nichts mehr, wie es war. Die alten arabischen Allianzen sind brüchig geworden. Die Kräfteverhältnisse in der Region haben sich verschoben, vielfach zugunsten Irans. Wo immer sich eine Gelegenheit bietet, versucht Teheran das Königreich zu schwächen. Eine solche Gelegenheit war Saudi-Arabiens Angriffskrieg im Jemen.

Plötzlich lenkte der Mord an dem Journalisten Jamal Khashoggi in Istanbul die internationale Aufmerksamkeit auf die Menschenrechtsverletzungen im Königreich und endlich auch auf den vergessenen Krieg im Nachbarland. In den USA fragen sich die Menschen inzwischen, wieso amerikanische Bomben unschuldige Kinder im Jemen töten. Deutschland, Dänemark und Italien haben ihre Waffenlieferungen nach Riad deshalb inzwischen eingefroren.

Kronprinz Mohammed bin Salman zeigt auch durchaus Bereitschaft für Friedensverhandlungen. Aber die Lage ist vertrackt. Eine erste Runde von Gesprächen zwischen den verfeindeten Gruppen im Jemen unter Führung der Vereinten Nationen endete Mitte Dezember 2018 immerhin mit einer Waffenruhe in der Hafenstadt Hudaida. Eine größere Lösung ist aber noch lange nicht in Sicht.

So ungefähr skizziere ich es Karim, den das alles wenig froh macht. Sein Gesicht hellt sich erst auf, als er versteht, dass es grundsätzlich doch eine Chance auf Frieden gibt, irgendwann, auch weil der junge Führer seines Landes inzwischen danach strebt.

Der Platzregen draußen hat so schlagartig aufgehört, wie er gekommen war. Wir wollen weiter zum Pavillon von Asir, der Provinz im Südwesten des Königreichs, wir sind dort verabredet mit Karims Mutter Nura. Asir ist bekannt für mildes Klima, die spektakuläre Natur und die jemenitisch beeinflusste Architektur, mit ihren hohen, schmalen Häusern, weiß getünchten Fenstern und mäandernden Zacken auf den Dächern. Die Provinz teilt auch eine kurze Grenze mit dem Jemen.

Mit manchen Freunden gebe es eben auch mal länger Probleme, erklärt mir Karim jetzt und hat, wieder etwas heiterer, noch einen Tipp, wie sich bei den künftigen Verhandlungen mehr erreichen ließe: »Der König soll den Amerikanern mehr Öl geben, dann helfen sie uns da auch wieder mehr.«

Ich nicke und murmele, dass es wahrscheinlich so ähnlich laufen werde. Dann gehen wir los, Richtung Asir.

Richard von Arabien: Ein deutscher Landschaftsgärtner lässt die Wüste erblühen

Seit über vierzig Jahren arbeitet Richard Bödeker für das Königshaus in Riad. Der Unternehmer aus dem Neandertal hat das Erscheinungsbild der Hauptstadt entscheidend geprägt.

Das Paradies wird im Koran häufig als Garten beschrieben: Schattenspendende Bäume gebe es dort und kühle Bäche, ein betörender Ort. Das Paradies muss also ungefähr so aussehen wie der private Landsitz von Prinz Sultan bin Salman bin Abd al-Asis Al Saud.

Prinz Sultan ist der älteste lebende Sohn von König Salman. Vor den Toren der saudi-arabischen Hauptstadt, in der Wüste, steht seine Farm, inklusive einer kunstvollen Wasserlandschaft und Philosophenweg. Dort dreht er abends seine Runde. Der Prinz ist bester Stimmung. In weißem Thaub sitzt er zwischen Bougainvilleen und Anemonen an einer langen Tafel. Neben ihm, auf einem Ehrenplatz, Richard Bödeker, sein Landschaftsarchitekt aus Deutschland, ein gern gesehener Gast des Hauses. Umgekehrt hat der Prinz Bödeker auch schon in Deutschland besucht, wo dieser sich einen bezaubernden Privatgarten im Neandertal nahe Düsseldorf geschaffen hat. Schwarze Hose, schwarzes Hemd, schwarze Weste, von den weichen, rosigen Wangen bis zum Kinn zieht sich ein gewaltiger gezwirbelter Backenbart: Bödeker sieht aus wie ein flippiger Alt-Professor. »Richard von Arabien« nennen ihn die Prinzen gern.

»Wie geht's dir, Richard, mein Freund?«, fragt Seine Hoheit. Bödeker ächzt. Der Gärtner ist 85 Jahre alt. Seit über vierzig Jahren erfüllt er die extravaganten Gartenwünsche seiner Kunden im Königreich. Bödeker zupft sich am Zwirbelbart. Prinzessinnen und Prinzen dächten sich phantastische Dinge aus, sagt er, das sei wie im Märchen. Und er, Bödeker, müsse diese Fantasien dann Wirklichkeit werden lassen.

Prinz Sultan hat vor einiger Zeit Ländereien gekauft, bei Taïf, einer vergleichsweise kühlen Bergstadt südöstlich von Mekka. Morgen soll Bödeker in Prinz Sultans kleines Privatflugzeug klettern, das ihn nach Taïf bringt. Er soll dort eine Oase entstehen lassen, ein botanisches Kleinod, mit Rosen und Lavendel und Skulpturen aus Natursteinen. Seine Hoheit will das Flugzeug selbst steuern. Bödeker rollt mit den Augen.

Sein Einfluss auf das heutige Erscheinungsbild der saudi-arabischen Hauptstadt ist groß: 1973, als der Gärtner zum ersten Mal kam, war Riad noch ein staubiger Moloch mit sechsspurigen Stadtautobahnen. Wie Schneisen durchschnitten sie die Stadt. »Aus euren Köpfen muss Beton raus und Grün rein«, polterte Bödeker beim damaligen Planungschef der Stadtentwicklungsbehörde. Zumindest seine Beamten waren von dem bärbeißigen Deutschen so beeindruckt, dass sie ihn bis heute immer wieder anheuern und weiterempfehlen.

Inzwischen liegen die großen Stadtachsen wie die King Faisal und die King Abdullah Road teilweise unter der Erde, über den Tunneln wachsen Parks, das hat sich Bödeker so ausgedacht. Die alte Palastanlage im Herzen der Stadt wurde zu einer prachtvollen Oase mit hundert Palmen, die das hundertjährige Bestehen der saudischen Dynastie symbolisieren. Das Diplomatenviertel gleicht ebenfalls einer Oase, und auch die deutsche Botschaft ließ ihren Garten von Bödeker gestalten.

Grüne Labyrinthe durchziehen Riads Zentrum, Kinder toben auf Wasserspielplätzen. Und es gibt jetzt jede Menge Gärtner in der Stadt: die meisten ausgebildet von Bödekers Mitarbeitern. Bödekers Geheimnis im Umgang mit den Saudi-Arabern ist eine Mischung aus Toleranz und Fundamentalismus auf beiden Seiten: Die Araber sind sehr konservative Muslime, Bödeker ist tiefgrün. »Für Politik habe ich gar keine Zeit«, sagt er. Ihm geht es um Bäume und Gärten, und wenn Deutsche sich darüber ereiferten, dass Frauen in Saudi-Arabien nicht Auto fahren dürften, erwiderte er stets, das werde sich irgendwann selbst regeln. Er sollte Recht behalten.

Öffentliche Hinrichtungen mit dem Schwert, wie sie üblicherweise freitags im Königreich stattfinden, schmälern Bödekers Verbundenheit mit dem Land nicht. Andere Kulturen, selbst die Amerikaner, würden Schwerverbrecher ebenfalls hinrichten, sagt er. Und viele der hier Verurteilten würden begnadigt.

Auf silbernen Tabletts bringen Diener nun das Dessert: Reispudding mit Rosenwasser und Krokant, Sorbet von Wildfrüchten, von Zuckersirup triefendes Gebäck.

Bödeker teilt sich sein Büro in Riad inzwischen mit mehreren Partnern und Familienmitgliedern. Sein Sohn Jens ist vor einigen Jahren ins Saudi-Geschäft mit eingestiegen, ebenso dessen Frau Alexandra, die gleichfalls eine erfolgreiche Landschaftsarchitektin ist. Anders sei die Nachfrage der Saudi-Araber nicht zu befriedigen. Und die Bödekers lassen sich einiges einfallen. So brachen sie ein Tabu, als sie geklärte Abwässer zur Bewässerung ihrer Grünanlagen nutzten. Das Brauchwasser eines Bewohners der Hauptstadt bewässert durchschnittlich sechs Bäume. Wo immer sich nun grüne Inseln bilden in und um Riad, errichten auch Prinzen und Ölmagnaten gern ihre Villen.

Doch ist nicht irgendwann eine Grenze erreicht? Wie weit kann ein Wüstenstaat erblühen? Sehr weit, glaubt Bödeker. Der Gärtner der Prinzen und seine Leute sollen das Unmögliche möglich machen: die Täler der gesamten Provinz Riad begrünen, ein Wüstengebiet, größer als die Bundesrepublik. Das sei schon machbar, meint Bödeker: »Es gibt Pflanzen, die bilden Wurzeln bis in 50 Meter Tiefe, da ist das Wasser.«

Dann verabschiedet sich Bödeker abrupt. Er will zurück ins Hotel, um morgen frisch zu sein für seinen Trip mit Seiner Hoheit Prinz Sultan, wenn es nach Taïf geht, in die Stadt der Rosen.

Blaues Gold

Die alten Wasserspeicher in den Tiefen des Wüstengrundes sind der wahre Schatz des Königreichs.

Es regnet in Riad, und es will gar nicht mehr aufhören. Auf der Wiese vor der König-Fahd-Nationalbibliothek tollen Kinder. Sie quieken vor Vergnügen. Männer in Thaubs gehen ehrfürchtig in die Knie und berühren die kleinen Pfützen, die sich auf den Steinplatten am Boden bilden. »Endlich schönes Wetter«, sagt einer, der an diesem Nachmittag mit seiner Frau durch das Viertel Olaya spaziert. Die verschleierte Dame hebt die behandschuhten Hände, damit auch die Ärmel ihrer Abaja von der Nässe abbekommen. Niemand hier käme jetzt auf die Idee, einen Regenschirm aufzuspannen.

Es ist der erste Regen nach einem langen, trockenen Sommer.

Anders als die Wüstenbewohner stecke ich als Mitteleuropäerin den Platzregen nicht so leicht weg. Es ist Ende Oktober, und da geht so ein Wetterumschwung oft mit extremen Temperaturstürzen einher, diesmal von eben noch 30 auf 14 Grad. Ich trage eine leichte Sommer-Abaja und Riemchensandalen und sehne mich plötzlich nach einer warmen Teestube. Der nächstgelegene trockene Ort ist die nächste Mall.

Wenn es monatelang nicht regnet im Königreich, betet das

ganze Land dafür, dass Allah sich erbarmen möge und Wasser schicke. Denn an kaum einem anderen Ort auf der Welt gibt es so wenig Niederschläge wie hier auf der Arabischen Halbinsel, die eingerahmt ist von den zwei Wüsten, der Großen Nefud im Norden und der Rub al-Chali im Süden.

Größte Wasserverschwender

Genau genommen kann die Spezies Mensch mit so wenig Niederschlägen wie hier kaum überleben: Es fallen zwar jährlich bis zu 600 Liter pro Quadratmeter – aber nur in kleinen Gebieten ganz im Süden, die der Monsun streift. In großen Teilen des Landes hingegen – und dazu zählt auch das Gebiet rund um die Hauptstadt – sind es nicht mehr als 100 Liter. Diese Regenmengen verteilen sich auf nur wenige Monate, hauptsächlich vom Dezember bis zum April. Und: Ein Großteil versickert sofort im Wüstenboden, ist also nicht nutzbar zur Bewässerung. Da wächst kein Gras mehr. Nur wenige Insekten und zählebige Nagetiere halten diesem extremen Klima stand. In Deutschland fielen im Jahr 2018 durchschnittlich 590 Liter Niederschläge pro Quadratmeter, weithin gut verteilt, trotzdem schimpfen die Bauern oft noch über die Dürre.

Es mag überraschen, doch trotz der fast religiösen Verehrung für den Regen gehörten die Saudi-Araber bis vor Kurzem zu den gedankenlosesten Wasserverschwendern auf dem Erdball.

Jahrzehntelang hat Saudi-Arabien die Wasserkosten subventioniert und sein Volk fast kostenlos mit dem lebenswichtigen Element versorgt. Deshalb ließen die meisten Saudi-Araber das Wasser großzügig auf die Felder ihrer Privatfarmen fließen, tränkten die gepflegten Greens von Golfplätzen, füllten ihre Swimmingpools.

Das ist jetzt vorbei. Seit Januar 2018 präsentiert das Land seinen Bürgern erstmals weithin reale Rechnungen für ihren Wasserverbrauch. Das hat viele Saudi-Araber schockiert: Plötzlich müssen sie 0,52 Cent pro Liter Leitungswasser bezahlen – mehr als doppelt so viel wie in Deutschland. In der Bundesrepublik kostet der Liter Leitungswasser durchschnittlich 0,2 Cent und hat, anders als im Königreich, auch Trinkqualität.

Die saudi-arabische Regierung unterhält riesige Entsalzungsanlagen, aber die Entsalzung von Meerwasser ist aufwendig und teuer. Für die Bereitstellung eines Kubikmeters Süßwasser inklusive Lieferung werden in älteren Anlagen bis zu zehn Kilowattstunden Strom benötigt. Damit ließen sich vergleichsweise zehn Maschinen Wäsche waschen. Was die Energiebilanz angeht, dürfte das wahrscheinlich nicht die Zukunft sein.

Immerhin vier Millionen Kubikmeter Süßwasser werden allein an einem Tag im Königreich produziert. Das sind 142 Liter pro Einwohner und damit gut zehn Prozent mehr, als in der Bundesrepublik pro Person und Tag verbraucht werden, durchschnittlich 123 Liter.

Der Pool bleibt jetzt leer

Seitdem er für Wasser so viel mehr Geld bezahlen muss, erscheint Fahd, ein Elektroingenieur, der Wasserverbrauch seiner Familie plötzlich immens hoch. Nur einen Monat nach der Preiserhöhung, im letzten Februar, hat er sofort eine Firma beauftragt, um die alten Wasserrohre seines Hauses auf Lecks zu überprüfen. Die drei Kinder ermahnt er jetzt regelmäßig, beim Zähneputzen das Wasser nicht mehr laufen zu lassen. Der Pool, den seine Ehefrau Maha bisher immer donnerstags für das Wochenende neu befüllte, bleibt seither leer. »Badet auf der Istiraha eurer Freunde«, sagt Fahd. Er überweist nun monatlich 1000 Rial an die Wasserwerke, das sind knapp 250 Euro, anstatt wie früher 20 Rial, 670 Rial für das Wasser aus der Leitung, dazu kommen noch 330 Rial Abwassergebühren.

Der Ingenieur Fahd verdient gut, 14 000 Rial, plus 6000 Rial Sonderzulagen pro Monat, insgesamt umgerechnet 5000 Euro.

Aber die zusätzliche Belastung schmerzt ihn. Die Einnahmen für den Staat decken trotzdem längst nicht die Kosten für die aufwendige Wasseraufbereitung. Das Entsalzen von Meerwasser ist einfach zu teuer.

Es gab einmal große Wasserreservoirs im Königreich, doch die hat das Land teilweise schon ausgesaugt, in nur wenigen Jahrzehnten und, wie es scheint, unwiderruflich. In den 1970ern baute die Regierung riesige Mengen an Getreide und Gemüse an, mit dem Ziel, das Land möglichst autonom zu versorgen. Kreisförmige Felder wurden angelegt, so groß wie Autobahnkreuze. Von oben sahen die vielen nebeneinander liegenden Kreise aus wie psychedelische Muster. Sie erstreckten sich scheinbar endlos über die Wüste und unterschieden sich nur farblich, von Hellgrün zu Dunkelbraun, je nachdem, was dort gerade wuchs.

Das Wunder von Taima

Um die Flächen zu bewässern, pumpte Riad große Mengen an Grundwasser an die Oberfläche. Die unterirdischen Speicher, Aquifer genannt, waren neben den Niederschlägen die einzigen natürlichen Wasserquellen des Landes. Über Zehntausende von Jahren hatten die fossilen Speicher gebraucht, um sich zu füllen. Nun sind viele von ihnen für die kommenden Generationen verloren, denn neues Grundwasser entsteht fast nicht.

Dass ein Ort wie die alte Oase von Taima noch existiert, ist da fast schon ein kleines Wunder. Der riesige Palmenwald in der Nordwestprovinz Tabuk ist seit 6000 Jahren bewohnt. Taima war einmal ein bedeutsamer Umschlagplatz auf der Weihrauchstraße in Richtung der heutigen Stadt Medina.

Im Umkreis von 150 Kilometern verfügte die Oase als einziger Ort über Trinkwasser, das kostbare »blaue Gold«, wie die Saudi-Araber es nennen.

Die früheren Bewohner der Arabischen Halbinsel wussten achtsam umzugehen mit der knappen Ressource. Ihre hochentwickelten Agrarkulturen nährten sie durch ein in die Erde eingebettetes Bewässerungssystem. An Taimas nie versiegenden Quellen tankten die Karawanen auf, und so florierte der Handelsplatz über tausend Jahre lang, vom vorchristlichen sechsten Jahrhundert bis ins fünfte Jahrhundert. Stolze 80 000 Palmen stehen heute in Taima, die dort durch schonende Bewässerung am Leben gehalten werden.

In Riad hat der Regen inzwischen aufgehört, und ich warte noch ein bisschen, bis die Temperatur wieder steigt. Im Supermarkt der Mall packe ich noch ein Mineralwasser ein. Der Liter kostet 50 Cent, gut zwei Rial mehr als das Benzin an der Tankstelle. Das wird hier für 45 Cent verkauft. Und ich frage mich, was nun eigentlich wertvoller ist, Wasser oder Öl?

Allein unter Wahhabiten

Wer anders denkt oder nicht glaubt, muss sein wahres Leben im Verborgenen führen. Der Dozent Dschasem und die Kunststudentin Asma halten den Schein aufrecht, müssen jedoch stets Entdeckung und die Folgen fürchten.

Dschasem ist ein guter Tänzer, mit Abstand der beste auf dieser Party in der Silvesternacht 2017 in Riad. Er folgt dem kubanischen 1930er-Jahre-Sound aus den Lautsprechern, schiebt die Hüfte nach rechts vorne, dann nach links, treibt seine Partnerin sanft vor sich her, um sie dann wieder mit leichter Hand an sich heranzuziehen. The Mambo Craze der Band DePhazz hat die Gäste schon weit vor Mitternacht auf die Tanzfläche gezogen.

Dschasem ist groß, ein bisschen zu schlank vielleicht. Das Gesicht mit den kräftigen Wangenknochen unter dem mittig gescheitelten Haar ist hell, fast wie das einer klassischen Marmorbüste.

Alkohol fließt in Strömen, Wein, Wodka, Gin. Im aufwendig beleuchteten Garten mit seinen Inseln und Nischen aus Büschen und Bäumen schmort ein Lamm auf dem Grill. Unter den Gästen sind Weiße und Schwarze, Amerikaner, Rumänen, Saudis, Deutsche, Franzosen. Ein westlicher Gesandter im Diplomatic

Quarter im Westen der Stadt hat zum Jahreswechsel in seine Residenz eingeladen. Seine Partys sind berühmt.

Asma und Dschasem sind selbst in dieser bunten Runde ein auffälliges Paar: Der saudische Mathematikdozent mit der englischen Sommerweste, bordeauxrotem Einstecktuch, den rahmengenähten Oxford-Schuhen mit Lochmuster, und die Studentin, Asma, in ihrem hautengen, cremefarbenen Seidenoverall, mit grafischem Pagenschnitt. Dschasem dreht Asma jetzt um die eigene Achse, fängt sie wieder ein, dann schweben sie gemeinsam über die Terrasse.

Was auf der Tanzfläche so unbeschwert wirkt, ist in Wahrheit ziemlich kompliziert. Dschasem und Asma verstoßen so gut wie gegen jedes Gesetz der religiös-traditionellen Welt, in der sie leben. Von ihrer Liebe darf niemand wissen, nicht, wie sie gemeinsam die Tage verbringen, und schon gar nicht die Nächte. Sie erzählen weder ihren Freunden noch der Familie, wie sie wirklich denken über dieses Land und seine Kultur, die ihnen aufgezwungen wird.

»Jemanden wie mich darf es hier eigentlich gar nicht geben«, sagt Dschasem. Er habe schon ganz früh das Gefühl gehabt, nicht hineinzupassen in diese Gesellschaft, die vor allem aus Verboten und schlechtem Gewissen bestehe.

»Ich bin Atheist«, sagt Dschasem, »ich glaube nicht an Gott, nicht an die Sünde – und auch nicht an die absolute Monarchie als politisches System.«

Vom Glauben abzufallen ist ebenso verwerflich, wie einen Mord zu begehen

Ich besuche Dschasem am Tag nach Neujahr. Sein Haus ist das letzte in einer Sackgasse im Stadtteil Al-Khozama im Westen von Riad, sandfarben, modern, einstöckig, mit Flachdach. Eine kleine Villa, wie es hier viele gibt. In der Straße wohnen auch Briten und Inder. Ausländer kümmerten sich glücklicherweise wenig um die Familienverhältnisse im Nachbarhaus, sagt Dschasem.

Sein kleiner Hund springt durch die Tür. Ein Jack Russell Terrier. Er ist weiß, mit hellbraunen Flecken um beide Augen. Die Religionspolizei hatte den Besitz von Hunden immer wieder untersagt. Das Halten reiner Haushunde ist im Islam unerwünscht, und es heißt, Männer würden das Ausführen von Hunden dazu nutzen, um Frauen anzusprechen und zu belästigen.

Tatsächlich sind sich Asma und Dschasem das erste Mal beim Spazierengehen mit ihren Haustieren begegnet, im Wadi Hanifa, einem Flussbett, das zum Erholungsgebiet ausgebaut wurde. Asma hat einen Chihuahua.

Jetzt steht Dschasem in der Küche. Er trägt Polohemd, Jeans, ein Küchentuch ist um seine Hüften gebunden. Dschasem will für mich und Asma einen Dattelfladen backen. Er knetet den dunklen, duftenden Teig.

Unter der Woche leitet Dschasem eine kleine Forschungsabteilung an der Universität. Seine Karriere läuft gut. Er ist oft im Fernsehen bei wissenschaftlichen Diskussionen zu sehen. Asma studiert am College of Arts. Offiziell lebt sie im Studentinnenwohnheim. Sie übernachtet aber meist bei ihrem Freund. Asma will Malerin werden.

Wie Dschasem vom Glauben abzufallen und dem König die Treue zu versagen ist in Saudi-Arabien ungefähr so verwerflich, wie einen Mord zu begehen. Blasphemie kann mit Geldstrafen geahndet werden, mit Stockhieben, bis hin zur Exekution mit dem Schwert.

Auf dem Gasherd köchelt Kaffee. Dschasem bereitet ein Tablett mit englischem Geschirr vor, weißes Porzellan mit blauem Rand, Likörgläser. Gleich komme auch Asma, sagt er und schiebt die Backform mit der dunklen Masse für das Datteldessert in den Ofen.

Furcht und Verzicht

Dschasems Wohnung wirkt wie der typische Junggesellenhaushalt eines Aufsteigers. Sportschuhe stehen am Eingang, ein Rennrad hängt an der Wand. Ein bisschen Kunst im Treppenaufgang, Ledersessel, Glastisch.

Dschasem ist 39, als wir uns treffen. Er wurde 1979 geboren, genau in jenem Jahr, als Extremisten die Große Moschee von Mekka besetzten und die Absetzung der Saud-Dynastie forderten. In der Folge dieses Ereignisses erreichten regimetreue Religionsgelehrte, dass sich das Königreich noch stärker von westlichen Einflüssen abschottete. Saudi-Arabiens Bürger sollten noch strikter der wahhabitischen Interpretation des sogenannten wahren Islam folgen.

Dschasems Generation wuchs damals einfach hinein in dieses Gespinst aus verschärften Kleiderordnungen, Verzicht und Furcht vor dem Höllenfeuer im Leben nach dem Tod. Nicht aber Dschasem.

Angefangen hatte es vielleicht mit der Scheidung seiner Mutter, erzählt Dschasem. Er war acht Jahre alt damals.

Dschasems Mutter lehrte Englisch an einer Highschool. Sie war nach der Trennung mit dem Kind zu ihren Eltern gezogen, ins Haus seiner Großeltern. Die Mutter brachte das Geld für die ganze Familie nach Hause. Dschasems Vater hatte wieder geheiratet und interessierte sich nicht sonderlich für den Sohn aus erster Ehe.

Für alleinstehende Frauen waren die 1980er besonders schwierige Jahre. Dschasem beobachtete, wie die Mutter kurz abgefertigt wurde auf Ämtern, zum Beispiel als sie die Lizenz für eine eigene kleine Schule beantragte. Beruflich kam sie nicht voran. Selbst sein Großvater demütigte die Tochter. Er gab der Mutter die Schuld für das Scheitern ihrer Ehe.

Dschasem sagt, er habe damals nicht gewusst, was Feminismus bedeutet. Aber dass es nicht richtig war, was er sah, habe er schon als kleiner Junge verstanden.

Eines Tages brachte seine Mutter aus der Schulbibliothek die Biografie von Bertrand Russell mit, einem britischen Mathematiker und Philosophen, der 1950 den Literaturnobelpreis erhalten hat. Die Lektüre eröffnete Dschasem eine neue Welt. Eher nebenbei erwähnte der Biograf den Titel des Buches, für das Russell unter anderem ausgezeichnet worden war, es hieß *Ehe und Moral*. Der Logiker Russell verteidigte darin eine Sexualität fern der viktorianischen Vorstellungen von Sünde.

Das schmale Buch hat gerade 112 Seiten. Für den 17-jährigen Dschasem war Russells Ermutigung zum Zweifel sowie zu individueller Verantwortung eine Offenbarung und der Schlüssel zu einem neuen Denken.

Wir sitzen im kleinen Garten hinter Dschasems Haus. Dort wachsen verschiedene Gräser neben Iris und Hibiskus, die Blüten leuchten violett und rot. Die Mauern sind hoch genug, damit der Garten von außen nicht eingesehen werden kann.

Dschasem erzählt, dass die literarische Bekanntschaft mit Bertrand Russell ihn inspiriert habe, Mathematik und Statistik zu studieren. Seitdem erlaube er sich, die Dinge genau so zu denken, wie er sie sieht.

»Uns Männern wird weiterhin gesagt, je größer, desto besser, das ist maskulin, die größte, fetteste Pizza, das größte Auto, aber das ist unflexibel, das funktioniert doch alles nicht mehr«, erklärt Dschasem. Er sehe die Wirtschaftsdaten, sagt Dschasem, die Bevölkerungszahlen, den Ölpreis. Saudi-Arabien erlebe einen Paradigmenwechsel.

Es gehe um prinzipielle Fragen, Maskulinität gegen Feminismus, um Starrheit oder Flexibilität, Sicherheit gegen Unsicherheit. Der Luxus würde weniger, die Autos kleiner, die Frauen einflussreicher.

Eine Frau riskiert alles

Man hört den Schlüssel im Schloss der Haustür. Kurz darauf steckt Asma den Kopf durchs Küchenfenster in den Garten. Dschasem springt auf, küsst sie erst auf den Mund, dann auf den schwarzen Pagenkopf. Er zieht den Dattelfladen aus dem Backofen und verteilt ihn auf drei Keramikteller. Dazu serviert mein Gastgeber einen 15 Jahre alten Cognac.

Es ist nachmittags um vier. Alkohol ist eigentlich streng verboten im Königreich. Ausländer haben über die Botschaften manchmal legalen Zugang zu Lieferungen aus der Heimat. Hochprozentiges gelangt durch Schmuggel ins Land, aus Bahrain, den Arabischen Emiraten, Ägypten, eine Flasche edlen Whiskys kostet auf dem Schwarzmarkt derzeit um die 350 Dollar. Und natürlich wird hinter verschlossenen Türen destilliert und gebraut. Ein alter französischer Cognac aber ist hier so ungewöhnlich wie Dschasem selbst.

»Wir überlegen zu heiraten«, sagt Dschasem, er blickt zu Asma, hebt das Glas, um anzustoßen, nimmt einen winzigen Schluck.

Asma schweigt.

Eine Frau riskiert alles, wenn sie sich einlässt mit einem Mann, den die Eltern nicht ausgewählt haben. Fliegt das Verhältnis auf, wäre die Strafe kaum auszudenken. Der Vater könnte Asma hinter Mauern sperren, sie mit einem anderen verheiraten, womöglich töten. Die größere Last dieser Beziehung liegt auf ihrer Seite.

Asma trägt heute ein enges, blaues Leinenkostüm und Stiefel. »Ich bestimme nicht alleine über mein Leben«, sagt sie. Es zerre an ihren Nerven, gegen die Prinzipien der Familie zu leben.

Asma sagt, die Mütter erzählten ihren Töchtern hier, dass die Liebe ein verstörendes Gefühl sei, das die Sinne vernebele und zu schlechten Entscheidungen führe. Wer der Liebe nachgebe, ende unglücklich wie die Frauen im Westen, wie man sie auf allen Kanälen in den Filmdramen betrachten kann. In Saudi-Arabien dagegen würden sie durch die Weisheit des Islam beschützt und durch die Tradition der Familie.

Asma lacht, aber sie klingt nicht wirklich belustigt.

Sie habe Zweifel, dass der Vater Dschasem als künftigen Ehemann akzeptieren wird. Nur bestimmte Stämme und familiäre Konstellationen kommen für eine angemessene Verbindung infrage.

Für Dschasem wäre es bereits die zweite Ehe. Seine erste dauerte nur acht Monate.

Die Mütter hatten die Heirat arrangiert, wie üblich. Die Braut war 24, wunderschön, sie hatte studiert, beherrschte drei Sprachen. Dschasem wollte es anders machen als die Eltern, besser. Eine Ehe auf Augenhöhe. Er fragte nie, wohin seine Frau ging, wann sie zurückkommen würde oder mit wem sie sich traf.

»Dann passierte etwas völlig Unerwartetes«, sagt er.

Wenn er abends aus der Universität nach Hause kam, war seine Frau nicht da. Sie kochte nicht. Der Kühlschrank war leer.

Die junge Braut hatte eine klassische saudische Ehe erwartet, mit Vorschriften, Anweisungen, Kontrolle. Als das nicht eintraf, deutete sie das als Zeichen männlicher Schwäche, erklärt Dschasem. Sie habe ihre Freiheit daraufhin »exzessiv« ausgekostet. »Wir fanden keine Worte, um uns zu sagen, was wir voneinander wollten«, sagt Dschasem. Das ist jetzt sechs Jahre her.

Dschasem hat Musik aufgelegt, »Washing Dishes« von Jack Johnson. Ein langsamer Foxtrott.

Es ist Winter und die Sonne ist schon fast untergegangen. Dschasem schenkt noch einmal Cognac nach, er fasst Asma an den Händen, wiegt sie für ein paar Tanzschritte in den Armen.

Die Welt draußen, hinter den Mauern, wird noch eine ganze Weile so bleiben, wie sie jetzt ist, feindlich. Was ihnen aber bleibt, ist der Moment.

Mutige Frauen

*Drei Aktivistinnen kämpfen um das Recht,
Auto zu fahren. Sie werden verhaftet, gefoltert und der Spionage angeklagt. Eine von
ihnen ist meine Freundin Eman.*

Eman Alnafjan muss geahnt haben, dass sie kommen werden,
um sie zu holen. Zwei Wochen vor ihrer Verhaftung wechselt die
Universitätsdozentin überraschend das Profilbild ihres Whats-
App-Accounts, das sie bis dahin jahrelang genutzt hat. Anstatt
der vertrauten Zeichnung ihres Gesichts mit den weich fallenden,
halblangen braunen Haaren und dem offenen Lachen ist dort
plötzlich der garstige Kopf eines beschuppten Reptils mit aufge-
sperrten Maul zu sehen, und tief im Rachen des Tieres steckt ein
Frosch, vor Angst erstarrt, im Todeskampf.

Es ist die Ankündigung großen Unheils.

Irgendwann zwischen dem 15. und dem 18. Mai 2018 wird
Eman Alnafjan tatsächlich verhaftet, zusammen mit anderen
bekannten saudischen Menschenrechtsaktivistinnen. Wenige
Tage darauf ist Emans Konterfei neben denen ihrer Mitstreiterinnen auf Seite eins einer staatsnahen Zeitung zu sehen: »Verräter«
steht darüber. Die Aufmachung der Bilder erinnert ein wenig an
ein Wanted-Plakat zur Ergreifung Krimineller im Wilden Westen

Amerikas. Regierungsquellen werden zitiert, sie sagen, die Frauen müssten mit Strafen von bis zu zwanzig Jahren Gefängnis oder sogar mit einem Todesurteil rechnen.

Alnafjan ist 38, Mutter von vier Kindern, gut organisiert, liebevoll. Ihre jüngste Tochter ist gerade zwei Jahre alt. Seit zehn Jahren engagiert sich Alnafjan für Menschen- und speziell Frauenrechte in ihrem Land.

Sie ist eine der ersten Bloggerinnen im Königreich überhaupt. Auf saudiwoman.me diskutiert sie soziale Themen, zum Beispiel, was Wahhabismus wirklich bedeutet, wie Scheidungen auf saudiarabisch funktionieren oder warum die heimliche Zweitehe neuerdings so beliebt ist im Königreich. Alnafjan hat im englischen Birmingham studiert. Zusammen mit ihrem Mann, einem IT-Experten, und den Kindern lebt sie in einem Haus nahe des Flughafens von Riad. Sie lehrt Englisch an der Universität.

Spektakuläre Aktionen

2013 muss Eman Alnafjan schon einmal ins Gefängnis, nur kurz, weil sie eine Frau dabei filmt, wie sie im Königreich Auto fährt. Das Video geht damals um die Welt. Eine der Autofahrerinnen ist Loujain Al-Hathloul, die international bekannteste der saudischen Menschenrechtlerinnen. Sie ist das zweite Gesicht auf dem »Verräter«-Plakat in der Zeitung. Die dritte Frau in diesem Club der Heroinen ist Aziza al-Yousef, eine emeritierte IT-Professorin. Yousef ist eine elegante Araberin, die in den 1970ern in den USA studiert hat. Sie ist so etwas wie die mütterliche Seele der Aktivistinnen.

Die drei Frauen kämpfen gemeinsam für Gleichberechtigung in ihrem Land. Dass Frauen heute Auto fahren dürfen in Saudi-Arabien, ist wesentlich auch ihr Verdienst. Sie hielten den politischen Druck aufrecht und brachten das Thema immer wieder mit spektakulären Aktionen in die Medien: Sie fahren selbst Auto und stellen die Videos davon ins Netz, lassen sich verhören, sie richten Petitionen an das Königshaus, organisieren PR-Kampagnen auf Facebook und Twitter. Der Preis, den sie jetzt dafür zahlen müssen, ist hoch.

Gut fünf Wochen nachdem die Aktivistinnen festgenommen wurden, sitzt die erste saudische Frau ganz offiziell hinter dem Steuer eines Wagens. Das historische Ereignis wird weltweit gefeiert, von der Presse, von ausländischen Diplomaten, in Saudi-Arabien selbst. Nur ohne jene Heldinnen, die es mit auf den Weg brachten. Warum schmückt sich der Kronprinz nicht mit den im Königreich beliebten und auch über die Grenzen hinaus gefeierten Ikonen seines Landes, warum zeigt er sich nicht vereint mit ihnen, als Zeichen des Fortschritts, des gemeinsamen Aufbruchs? Stattdessen lässt er sie einsperren.

Weil er ihnen und möglichen Nachahmern Angst machen will, sagen manche. In einer absoluten Monarchie entscheide eben nicht das Volk; nur der Herrscher definiere, welche Rechte und Möglichkeiten bestimmte Gesellschaftsgruppen erhalten. Ein Kronprinz lasse sich nicht vorführen, hört man.

Der Thronfolger selbst hält dagegen, die Verhaftungen hätten »zu 100 Prozent« nichts mit den politischen Kampagnen der Frauen zu tun, nicht mit dem Autofahren, auch nicht mit ihrem Kampf gegen das Vormundschaftsgesetz. Alnafjan, Al-Hathloul und Yousef streben die Aufhebung jenes Gesetzes an, das Männern Gewalt über fast alle Lebensbereiche ihrer Frauen gibt, als seien diese minderjährige Kinder.

»Sie haben ein Netzwerk«

Für Kronprinz Mohammed bin Salman sind Eman Alnafjan und ihre Mitstreiterinnen tatsächlich keine Menschenrechtsaktivistinnen. Dem Nachrichtendienst Bloomberg erklärt der Thronfolger im Oktober 2018 vielmehr, es gebe Beweise, Videos und Telefonaufnahmen, die belegten, dass bestimmte Frauen Informationen an ausländische Geheimdienste lieferten, gegen Bezahlung. Der

Kronprinz sagt, die Ermittlungen zeigten eindeutig, dass sie bewusst an Geheimdienstoperationen gegen Saudi-Arabien mitwirkten: »Sie haben ein Netzwerk, Verbindungen zu Regierungsleuten, die Informationen an Regierungen weitergeben.«

Das sind schwerwiegende Anschuldigungen. Auf Konspiration gegen den Staat stehen mitunter ebenso hohe Strafen wie auf Mord.

Die Bloomberg-Journalisten versuchen durch intensive Befragung des Kronprinzen herauszufinden, um welche Art der Kollaboration mit Ausländern es sich genau handelt. Sie wollen wissen, ob es womöglich ihr Umgang mit Medien und Botschaften war, der die Frauen ins Gefängnis brachte.

Bloomberg: »Sind das Anklagen wegen Spionage?«

MBS: »Ja, das kann man sagen.«

Bloomberg: »Meinen Sie, mit ausländischen Diplomaten und Journalisten zu sprechen?«

MBS: »Journalisten, nein. Aber Geheimdienste, ja. Wir haben einige der Treffen davon auf Videos. Wir können sie Ihnen zeigen. Morgen werden wir Ihnen die Videos zeigen.«

Die Videos werden nie vorgelegt, auch die erwähnten Telefonprotokolle nicht. Bis heute ist unklar, warum die Frauen überhaupt im Gefängnis sind und wie genau die Anklagen gegen sie lauten.

1500 Kritiker im Gefängnis

Eman treffe ich erstmals vor acht Jahren in einem Starbucks-Café im Diplomatic Quarter, einem eigens für diplomatische Residenzen errichteten Viertel im Westen von Riad. Sie trägt eine unauffällige schwarze Abaja und schwarzen Hidschab, darunter schwarze Hose, schwarze Bluse. Damals existieren kaum öffentliche Orte in der Hauptstadt, an denen man sich überhaupt verabreden kann. Inzwischen gibt es zahllose Cafés und Restaurants, und Eman ist ein glühender Fan dieses Fortschritts im Königreich.

Als König Salman und sein Sohn die Macht übernehmen, unterstützt Eman deren radikalen Transformationskurs, selbst dann noch, als der Thronfolger längst schärfste Zensur walten lässt. Bevor sie selbst zur Gefangenen wird, sind bereits 1500 Publizisten, Geistliche und andere Kritiker hinter Schloss und Riegel gekommen. »Alles ist besser als der lähmende Stillstand der vergangenen Jahre«, sagt Eman bei einem unserer letzten Treffen.

Ob sie das heute auch noch sagte? Wahrscheinlich nicht.

»Ich bin mein eigener Vormund«

Eman, Loujain und Aziza sind Freundinnen. Sie haben sich über die sozialen Medien kennengelernt. In einem Land, in dem die meisten Menschen nur Mitglieder ihrer eigenen Familie kennen, eröffnen Facebook und Twitter heute ganz neue Möglichkeiten der Kommunikation.

Einmal verabreden wir uns zu viert, Loujain, Aziza, Eman und ich. Loujain lebt zu diesem Zeitpunkt bereits in den Vereinigten Arabischen Emiraten, sie studiert Soziologie an der Sorbonne University Abu Dhabi. Man kann das als Sicherheitsmaßnahme betrachten, nachdem die schmale dunkelhaarige Frau 2014/15 schon einmal siebzig Tage im Gefängnis verbringen musste, weil sie sich beim Autofahren für eine der Kampagnen filmen ließ. Bei unserem Treffen sagt sie, dass sie nicht scharf darauf sei, diese Erfahrung zu wiederholen.

Es gibt Kaffee und Plätzchen, wir sind unter uns, haben die Abajas abgelegt und tauschen uns locker aus. Die Frauen haben blaue Gummiarmbänder herstellen lassen, auf denen steht: »I am my own guardian.« – Ich bin mein eigener Vormund. Diese Art von gesellschaftlichem Engagement ist in Saudi-Arabien durchaus ungewöhnlich, vielleicht auch provokativ. Aber von politischer Verschwörung ist diese kleine Gruppe weit entfernt.

Inzwischen ist Eman Alnafjan seit einem Jahr eingesperrt, höchstwahrscheinlich im Dhahban Central Prison bei Dschidda, einem Hochsicherheitsgefängnis, in dem üblicherweise Terroristen und politische Gefangene einsitzen. Seit Ende 2018 dringen ab und an grausame Einzelheiten nach außen. Die Rede ist von Fotos, die von den Frauen gemacht werden, unbekleidet. Sie würden beschimpft als »Agentinnen von Katar«, an eiserne Bettgestelle gefesselt und geschlagen.

Einer Frau soll man erzählt haben, all ihre Kinder seien tot. Als sie ihre Peiniger verzweifelt anflehte, die Kinder wenigstens noch sehen zu können, bevor sie begraben würden, stellte sich heraus, dass die Kinder lebten. Dass dies nur eine weitere Grausamkeit war, um ihre Seele zu brechen. Azizas Kinder sind groß, Loujain hat noch keine, Eman dagegen vier – es liegt nahe, dass, wenn diese Geschichte stimmt, sie diese Frau war.

Familien, Freunde und selbst Diplomaten sind ratlos, wie sie den Frauen beistehen können. Schweigen sie, erfährt niemand vom Schicksal dieser Gefangenen. Machen sie den Fall publik, könnten die Frauen genau dafür erneut bestraft werden und ihre Unterstützer selbst zum Ziel der forschen neuen Außenpolitik des Landes.

In einem Keller misshandelt

Als Loujains Eltern ihre Tochter Ende 2018 im Gefängnis besuchen, kehren sie tief erschüttert davon zurück. Der Vater twittert, dass Loujain gefoltert und sexuell bedrängt worden sei – in Anwesenheit eines der engsten Vertrauten des Kronprinzen, Saud al-Qahtani, dem früheren Leiter der Medienabteilung am Königshof. Der Besuch der Eltern im Gefängnis findet drei Monate nach dem Mord an dem Journalisten Jamal Khashoggi statt, für den genau jener Saud al-Qahtani einer der Hauptverantwortlichen sein soll.

Wenige Tage, nachdem ihr Vater per Twitter über eine brutale Misshandlung seiner Tochter im Gefängnis berichtet, wird sein Account gesperrt. Seine Stimme verstummt damit. Loujain al-Hathlouls Eltern haben bereits seit März Reiseverbot. Sie dürfen das Land nicht verlassen.

Als der US-Außenminister und frühere CIA-Chef Mike Pompeo im Januar 2019 zum Staatsbesuch nach Riad kommt, wendet sich Loujains Schwester, Alia al-Hathloul, in einem Artikel in der *New York Times* an ihn. Alia lebt in Brüssel. Sie hofft, der hochrangige Politiker werde sich beim Kronprinzen für Loujain verwenden. Die Amerikaner sind vermutlich die einzigen, die überhaupt Einfluss haben auf den jungen Regenten.

Alia al-Hathloul schreibt, wie ihre Schwester nach der Verhaftung von Mai bis August zunächst an einem unbekannten Ort festgehalten wurde, laut eigenen Angaben in einem Hotel, in Einzelhaft. Loujain, die jeder sonst für ihre Stärke und Selbstbeherrschung kennt, habe, das hätten die Eltern berichtet, die sie danach trafen, gezittert und ihre Bewegungen kaum kontrollieren können.

»Über uns kommt keiner mehr – nicht einmal Gott«

Alia erzählt, wie Loujain auf Nachfragen der Eltern unter Tränen zusammengebrochen sei und berichtete, zwischen Mai und August immer wieder in einem Keller misshandelt worden zu sein. Man habe sie mit Stromschlägen gefoltert und mit Waterboarding, danach wurde sie sexuell belästigt, geschlagen und mit Vergewaltigung und Mord bedroht. Sie zeigte den Eltern ihre Oberschenkel, die noch immer von blauen Flecken entstellt gewesen seien.

Während des Ramadan habe Saud al-Qahtani sie eine ganze Nacht lang gequält, zusammen mit sechs weiteren Männern. Anschließend habe er sie gezwungen, mit ihnen zu essen, auch nach Sonnenaufgang, was gegen das Gebot der Muslime verstößt.

Als Loujain die Männer darauf ansprach, antwortete einer von ihnen: »Über uns kommt keiner mehr – nicht einmal Gott«, so schildert es die Schwester in ihrem Artikel für die *New York Times.*

Zumindest was die Lage im Königreich betrifft, scheint die Aussage zutreffend. Auch die staatliche saudische Menschenrechtskommission liest die Berichte von Amnesty International im November 2018 und nimmt den internationalen Druck wahr. Mehrere Delegierte besuchen daraufhin Loujain im Gefängnis. Sie nehmen ihren Bericht auf. Als die Inhaftierte sie abschließend fragt, ob die Organisation sie denn vor weiterer Folter schützen könne, antworten die Gesandten: »Das können wir nicht.«

US-Außenminister Pompeo wiederum, der vermutlich am ehesten ein gutes Wort hätte einlegen können, wollte dies offensichtlich nicht einmal versuchen.

Auch al-Hathloul hat hunderttausende Follower in den sozialen Netzwerken, ihre Verhaftung löste einen Sturm der Empörung aus, auf Twitter, Instagram, Telegram. Das macht Menschenrechtsaktivisten wie sie gefährlich, selbst für absolute Herrscher. Mit der jüngsten Verhaftungswelle sind nun die letzten einflussreichen Aktivisten inhaftiert. Auch das ist Teil des großen Plans der »Vision 2030«. Das Ergebnis der Reformen von MBS könnte am Ende ein Mix sein aus dem chinesischen Modell und jenem der ähnlich autoritären Vereinigten Arabischen Emirate. Eine von religiösen Zwängen zunehmend befreite Gesellschaft und eine freie Wirtschaft mit der Lizenz zum Reichwerden für alle Königstreuen – bei gleichzeitig totaler politischer Kontrolle.

Es gibt Hinweise, dass Eman, Loujain und Aziza alle ähnlich Schmerzhaftes erleiden, und es ist frustrierend zu erkennen, dass es scheinbar nichts gibt, das ich oder andere tun können, um den drei Frauen beizustehen. Außer ihre Geschichte zu erzählen.

Der Bombenausbilder von
Osama bin Laden

*Khalid al-Hubaischi, 44, folgte dem Qaida-Chef
bis zum letzten Tag und landete in Guantanamo.
Zurück in der Heimat absolvierte er eine Akademie
für ehemalige Terroristen. Nun versucht er sich als
Familienvater und Elektriker an der Schönheit des
Banalen zu erfreuen.*

Als ich den Mann treffe, der die Bombenbauer für Terrorchef
Osama bin Laden ausgebildet hat, kommt er gerade von der
Arbeit bei den saudischen Elektrizitätswerken. Er war dort schon
einmal beschäftigt, bevor er sich dem Dschihad anschloss, der
ihn schließlich ins Gefängnis brachte, nach Guantanamo. Auf der
US-Basis auf Kuba trug Khalid al-Hubaischi einen orangefarbe-
nen Anzug. Auf seinem Armband stand die Nr. 155. In den ersten
Wochen waren seine Hände auf den Rücken gefesselt, die Augen
verbunden. Er kniete auf dem Fußboden. Dass er bin Laden in
den Krieg gegen Amerika folgte, hat ihn fünf Jahre seines Lebens
gekostet.

Wir sind in Hubaischis Wohnung verabredet, in der Küstenstadt Dschidda, im Westen des Landes. Die Sonne leuchtet draußen hell, doch durch die dunklen Vorhänge gelangt kein einziger

Strahl ins Innere des Hauses. Hubaischi begrüßt mich in weißem Thaub, Sandalen, weiß-roter Ghutra. Wir setzen uns ins Wohnzimmer, in die große Sofaecke. Sein Gesicht zeigt ein ironisches Lächeln, ohne dabei überheblich zu sein, eher ist es der Ausdruck eines Menschen, der seine Niederlage inzwischen mit Selbstbewusstsein trägt.

Als ihn der pakistanische Geheimdienst im Dezember 2001 verhaftete – auf der Flucht aus Afghanistan, drei Monate nach dem Anschlag auf das World Trade Center in New York –, hatte der damals 25-jährige Hubaischi auf einen Schlag alles verloren. Seine Freiheit, seine Vision, sein Ansehen. Nur den Glauben, den besaß er noch. Das war gut und schlecht zugleich. Der Glaube hielt ihn am Leben in diesen Jahren in Guantanamo, aber derselbe Glaube hatte ihn zuvor auch dorthin gebracht.

In Guantanamo war Hubaischi in Camp X-Ray untergebracht. Ein befreundeter Explosivstoff-Experte von al-Qaida sei dort in der Haft verrückt geworden, sagt er: »Sein Name war Tarik al-Masri, ein Ägypter.« Das Gefängnis habe ihn gebrochen. »Masri zog sich nackt aus, er rannte wild herum und dachte, er sei in der Hölle, im heißen Feuer.«

Das habe ihm Angst gemacht, sagt Hubaischi. Er habe nicht gewusst, ob er morgen nicht genauso aufwachen würde, verrückt. »Wir wussten einfach nicht, was mit uns passiert.«

Drei Häftlinge habe er in dieser Zeit gelehrt, Englisch zu sprechen. Umgekehrt brachte ihm ein Amerikaner bei, Schach zu spielen. »Manche Wächter waren wie ein Stück Scheiße, andere sind wirklich nett gewesen«, sagt er.

Eines Tages kam Donald Rumsfeld zu Besuch, der damalige Verteidigungsminister. Ein Reporter fragte den Politiker, warum er die Leute in Käfigen halte. Rumsfeld antwortete, das seien keine Käfige, sondern Zellen. Es waren Käfige, »wie für die Tierdressur«, sagt Hubaischi. Die Sache ist viele Jahre her, doch die Erinnerungen sind immer noch frisch.

Jetzt kommt Alma ins Zimmer, Hubaischis Frau. Hubaischi wurde 1975 geboren. Alma ist sieben Jahre jünger als Khalid. Sie hat dunkle Haare, braune Augen, Pony. Alma trägt ein schwarzes, kurzes Baumwollkleid mit glitzernden Spiegelquadraten an den Ärmeln, dunkle Strumpfhosen. Die Ehe wurde mit Hilfe des Innenministeriums arrangiert, es kam sogar für den Brautpreis und die Feier auf. Das gehört zum Resozialisierungsprogramm, das die saudische Regierung für Dschihad-Rückkehrer wie Hubaischi entwickelt hat.

»Ich will, dass du Englisch lernst«, sagt Khalid zu Alma, er sieht sie dabei freundlich an. »Dann wird das Leben interessanter.«

Alma ist schwanger, mit dem dritten Kind. Sie trifft sich mehrfach in der Woche mit ihren Schwestern und Schwägerinnen. Sie ist Khalids Frau und der Anker seines neuen Lebens. Was sollte interessanter sein?

Hubaischi ist anders als Alma, unruhig, ein Energiebündel. Er hat eine schnelle Auffassungsgabe, er ist sensibel. Er wollte immer etwas Besonderes tun, etwas, das Bedeutung hat.

Sein Problem war, er besaß eigentlich alles, und doch fehlte etwas. Er kam aus einer angesehenen Familie. Er hatte studiert, er verdiente gutes Geld bei den Elektrizitätswerken in Dammam, der Hauptstadt der Ostprovinz am am Persischen Golf. Doch der Alltag hatte etwas stetig Gleichförmiges. Er ging zur Arbeit, in die Moschee, zur Familie. Es passierte einfach nichts.

Verehrt wie Che Guevara

Als Hubaischi ein Teenager war, sammelten saudi-arabische Organisationen nach jedem Fußballspiel einen Rial für die unterdrückten Muslime in Palästina, einen Rial für die Mudschahidin in Afghanistan. Damals hielt die Rote Armee das Land am Hindukusch besetzt und prominente saudische Prediger ermutigten die jungen Männer in leidenschaftlichen Freitagsreden, sich dem Widerstand dort anzuschließen.

1989 hatten die Mudschahidin die Sowjets tatsächlich aus dem Land gejagt. Unter den Kämpfern waren auch ein paar tausend sogenannte Foreign Fighters, freiwillige Kämpfer aus der islamischen Welt. Viele stammten aus Saudi-Arabien.

Der bekannteste Führer unter ihnen war der Sohn eines märchenhaft reichen Bauunternehmers im Königreich – Osama bin Laden. Die Zeitungen feierten ihn als großen Mudschahid, wie einen Popstar.

Junge Männer wie Hubaischi verehrten bin Laden, den jungen Multimillionär, der mit seinen Leuten unter einfachsten Bedingungen in Afghanistan lebte, damals als Freiheitskämpfer so enthusiastisch, wie westliche Linke etwa Che Guevara feierten.

»Aber am Ende hat Osama uns verraten«, sagt er. Sie seien damals etwa 300 Kämpfer gewesen, die am Ende, im Dezember 2001, mit bin Laden in Tora Bora waren, einem gebirgigen Gelände nahe der afghanisch-pakistanischen Grenze. Die damalige Taliban-Regierung in Kabul hatte dem Chef der Qaida erlaubt, Afghanistan als Basis für seine Trainingscamps zu nutzen. Im Gegenzug griff bin Laden den immer klammen Taliban wirtschaftlich unter die Arme.

Als die USA Afghanistan angriffen, im Oktober 2001, hielt sich bin Laden mit seinen Kriegern in Tora Bora versteckt. Er sagte ihnen, hier finde der Kampf statt, die Amerikaner kämen auf ihren Boden. Alles sei vorbereitet, die Waffen, die Verstecke in den Höhlen. Fünf Wochen warteten seine Leute in ihren Stellungen, einer von ihnen war Hubaischi.

Aber bin Laden hatte sich verkalkuliert. Nicht die GIs rückten dann auf Tora Bora vor, sondern die mit den USA verbündeten afghanischen Kämpfer, die sich der Herrschaft der Taliban nie unterworfen hatten.

Hubaischi erzählt, irgendwann habe bin Laden seine Kämpfer zusammengerufen. Er sagte, sie sollten abhauen, nach Pakistan, und sich dort ihren Botschaften ergeben. Dann sei er in die Nacht verschwunden.

»Er hat uns einfach allein gelassen,« sagt Hubaischi. Bitterkeit schwingt in seinen Worten mit. Heute weiß er, dass er einem falschen Helden auf den Leim gegangen ist.

Tagelang marschierten die Männer über die vereisten Berge Richtung Grenze. Der Schnee reichte ihnen bis zu den Knien. Viele von ihnen waren ohne warmes Schuhwerk und Handschuhe unterwegs. Zehen, Finger erfroren. Es herrschte Verzweiflung. Auf der anderen Seite der Grenze wurden sie von den Pakistanern verhaftet und an die Amerikaner ausgeliefert.

Osama bin Laden sei es nicht um den Schutz der unterdrückten Muslime gegangen, sagt Hubaischi heute: »Er wollte einfach nur berühmt sein.«

Alma geht jetzt in die Küche. Sie will Kaffee holen. Seine Frau lebe in einer anderen Welt, sagt Hubaischi. Sie verstehe nichts von Politik, sie wisse nichts vom Dschihad. Für sie sei wichtig, wer wen heirate in der Familie und welches Kleid sie bei den Hochzeiten trage. »Manchmal wünschte ich, ich wäre wie sie und wüsste nichts«, sagt er.

Hubaischi war zu jung für den Afghanistankrieg gegen die Sowjets. Als er die Universität verließ und seinen ersten Job als Elektrotechniker antrat, mit zwanzig Jahren, waren die internationalen Kämpfer vom Hindukusch längst zum nächsten Kriegsschauplatz weitergezogen, auf den Balkan. Dort tobte seit 1991 ein Bürgerkrieg.

In den Freitagspredigten hörte Hubaischi, dass Serben und Kroaten in Bosnien wehrlose muslimische Zivilisten abschlachteten. Den Betenden wurde geschildert, wie die Opfer in Brunnen geworfen und Tote in Massengräbern verscharrt würden. Wieder mahnten die Imame zur »Pflicht zum Dschihad«.

Da endlich fand Hubaischi die Antwort auf seine innere Unruhe. Sie lag im Supermarktregal, neben der Schokolade: Ein Stapel Videokassetten über den Balkankrieg. Er kaufte alle Videos auf einmal und sah sie noch am selben Tag.

Eine Kassette zeigte Aufnahmen von dem Massaker in Sarajevo vom 5. Februar 1994 auf einem Marktplatz im Zentrum der Stadt. Verkäuferinnen, die in ihrem Blut liegen, neben hölzernen Verkaufsständen, eine ältere Frau, die keinen Kopf mehr hat, einen Mann zerfetzt von einer 120-mm-Mörsergranate.

68 Tote, 144 Verletzte. Ein anderes Video erzählte vom Kampf der al-Mudschahid, einer Gruppe arabischer Dschihadis.

»Sie greifen nach deinen Gefühlen«

Hubaischi sagt: »Ich konnte nicht mehr schlafen, wissend, dass dort die Muslime getötet und Frauen vergewaltigt werden. Ich wollte einer dieser Mudschahidin sein.«

Er nahm Verbindung mit einem lokalen Rekrutierer auf, wie es damals viele gab, über die religiösen Netzwerke. Er bat ihn, den Kontakt zu dieser Gruppe nach Bosnien herzustellen.

Es war Oktober 1995 und zu Hubaischis Enttäuschung war der Krieg dann plötzlich zu Ende. Der amerikanische Sonder-gesandte für den Balkan, Richard Holbrooke, hatte den Dayton-Vertrag ausgehandelt, den alle drei Kriegsparteien unterzeichne-ten. Darin wurde Bosnien und Herzegowina als souveräner Staat anerkannt, mit der Hauptstadt Sarajevo.

Der Rekrutierer bot Hubaischi ersatzweise an, sich einer sepa-ratistischen Kampfgruppe auf den Philippinen anzuschließen, der Islamischen Befreiungsfront der Moros. Er reiste also auf den Inselstaat und lebte dort mit den Kämpfern im Dschungel. Die Ausbilder zeigten ihm Bilder aus Nigeria, wie eine Gruppe »Ungläubiger« einen Muslim bei lebendigem Leib verbrannte. Der Trainer fragte: »Was fühlst du?«

»Sie greifen nach deinen Gefühlen und deinem Verantwor-tungsgefühl«, sagt Hubaischi.

Er wurde an der Waffe ausgebildet. Er schoss mit .30er- und .50er-Kalibern, 60-Millimeter-Mörsern. »Kinderkram«, dachte er.

Aber wieder passierte einfach nichts. Die Mudschahidin blie-ben fast immer im Lager. »Ich wollte bei etwas Wichtigem dabei sein«, sagt Hubaischi. Nun suchte er aktiv nach Kontakt zu sei-nem Vorbild Osama bin Laden.

Bin Laden hatte 1980 in Hubaischis Heimatstadt Dschidda studiert, an der King Abdulaziz University. Dort lernte er den charismatischen Theologen Abdullah Assam kennen, einen Palästinenser. Assam inspirierte den reichen Unternehmersohn, sein privates Vermögen in den Freiheitskampf für die Muslime zu investieren.

Der Erfolg in Afghanistan hatte die beiden Männer euphorisiert. Alles schien machbar. Jetzt wollten sie die Welt endgültig verändern, überall sollten islamische Regierungen nach ihren Vorstellungen entstehen. Bereits 1988 hatten die beiden eine Organisation gegründet, die sie »die Basis« nannten, al-Qaida. Ziel war es, die korrupten Regime im Nahen Osten zu stürzen.

Der gedemütigte Held

Zunächst aber kehrte bin Laden 1990 nach Saudi-Arabien zurück. Assam dagegen war bei einem Anschlag in Pakistan getötet worden.

Zur gleichen Zeit überfiel der Irak den kleinen, ölreichen Nachbarstaat Kuwait. Das Regime in Riad bat deshalb die Amerikaner um Hilfe. Sie sollten Kuwait befreien und auch das Königreich vor einem möglichen Überfall durch die Iraker schützen. Da bot bin Laden dem saudischen Verteidigungsminister, Prinz Sultan, stattdessen seine »Heiligen Krieger« an. Das Gespräch der beiden Männer war kurz, aber folgenreich.

Bin Laden: »In drei Monaten kann ich 100 000 gut ausgebildete Kämpfer aufstellen. Du brauchst keine Amerikaner. Du brauchst keine nicht-muslimischen Truppen. Wir werden genug sein.«

Prinz Sultan: »Es gibt keine Höhlen in Kuwait. Was wirst du tun, wenn er dich mit chemischen und biologischen Waffen angreift und mit Raketen beschießt?«

Bin Laden: »Wir werden ihn mit unserem Glauben bekämpfen.«

Prinz Sultan vermochte nicht, ausreichend Vertrauen in die Fähigkeiten von Osama bin Ladens Guerillakämpfern zu finden. Ihm schienen die Amerikaner mit ihren regulären Trup pen und High-Tech-Waffen die weit verlässlichere Wahl zu sein. Tatsächlich wurden Saddam Husseins Truppen Anfang 1991 in der Operation »Desert Storm« in einem kurzen, heftigen Krieg verheerend geschlagen und wieder aus Kuwait vertrieben. Die US-Truppen blieben danach in Saudi-Arabien stationiert. Das Tischtuch zwischen bin Laden und dem Königshaus war seither endgültig zerschnitten.

Der gedemütigte Held hetzte jetzt öffentlich gegen die Herrscherfamilie und deren aus seiner Sicht ehrlose Abhängigkeit von den USA. Es sei eine Schande, dass das Königreich die beiden heiligen Stätten Mekka und Medina nicht selbst schützen könne, sondern Ungläubige damit beauftragen würde. Insgeheim stimmten ihm viele Saudi-Araber zu.

Schwarz oder weiß und nichts dazwischen

Es ist einer der Momente in der Geschichte des Landes, in denen Realpolitik und Wahhabismus auseinanderfallen.

Hubaischi schließt jetzt die Tür. Vor dem Wohnzimmer toben seine Kinder, zwei Mädchen, er ermahnt sie freundlich. Hubaischi gehörte damals zu jenen, die auf ihr Herz hörten. »In gewisser Weise war Osama bin Laden konsequent,« sagt Hubaischi, »aber die Politik ist nicht seine Sache und nicht unsere.«

Er selbst sei damals nicht fähig gewesen, das zu sehen. Der Krieg verändere den Menschen, sagt er: »Alles ist schwarz oder weiß und nichts dazwischen.«

Bin Laden sah die USA als Hauptfeind, sie hielten die »korrupten Marionetten-Regierungen« im Nahen Osten aufrecht. Ganz oben auf der Liste der verachtungswürdigen Regime stand jetzt auch seine Heimat, das Königreich Saudi-Arabien.

Die Regierung in Riad führt gerne aus, Saudi-Arabien könne schon deshalb nichts mit dem islamistischen Terror zu tun haben, weil das Königreich selbst eines der Hauptziele des Terrors sei. Man könnte allerdings entgegnen, dass das nicht unbedingt ein

Widerspruch sei. Denn die Saudis sind hier Brandstifter und Feuerwehr zugleich.

Tatsächlich gehen ihre Geheimdienste heute scharf gegen Extremisten vor, jedenfalls wenn diese gegen die Interessen des Landes arbeiten. Der saudische Geheimdienst ist hoch effizient und teilt seine Aufklärungsergebnisse auch großzügig mit den Verbündeten.

Die Wurzel des Extremismus ist aber auch in der Wahhabiya selbst zu finden. Bis heute wird in saudischen Schulbüchern Hass geschürt gegen Sufis, Schiiten, Juden und Christen. Es ist diese geradezu fanatische Intoleranz gegen andere, die jene Entfesselung der Gewalt rechtfertigt, mit der al-Qaida und der Islamische Staat heute die Welt überziehen.

In die Falle getappt

Wenn man so will, ist schon die Entstehungsgeschichte Saudi-Arabiens ein Dschihad-Projekt. Der Schlüssel zum Erfolg der Eroberung des Landes Anfang des 20. Jahrhunderts waren die sogenannten Ikhwan, übersetzt »die Brüder«, die bekannt waren für ihre Brutalität und Furchtlosigkeit. Sie wurden aus den Beduinenstämmen rekrutiert und bildeten die erste saudische Armee. König Abd al-Asis hatte sie, um sie für seine Machtinteressen nutzen zu können, in den Oasen angesiedelt und mit der puristisch-radikalen Ideologie des Religionsstifters Abd al-Wahhab islamisiert.

Aufgerüstet mit der religiösen Sehnsucht, dem unbedingten Willen, im Kampf gegen die Ungläubigen zu sterben, waren diese Krieger nicht aufzuhalten. Sie eroberten eine Region nach der anderen im Sturm.

Dann geschah etwas, das sich vielleicht vergleichen lässt mit dem aktuellen Konflikt zwischen den heutigen Herrschern in Riad und ihren aufmüpfigen Dschihadisten: Auch der Staatsgründer Abd al-Asis bin Saud musste seine Strategie stets an die politische Lage anpassen: Er machte Zugeständnisse an Minderheiten und Alliierte, die einer anderen Auslegung des Islam folgten. Er begrüßte die technischen Errungenschaften der Moderne. Solche Kompromisse lehnten die fundamentalistischen Ikhwan ab – ähnlich wie Osama bin Laden. Wie später der Qaida-Chef begehrten Teile der Truppen gegen ihren Herrn auf, der sie selbst erschaffen hatte. Abd al-Asis zermürbte die Aufständischen unter den Ikhwan schließlich durch den Einsatz moderner Waffe in der großen Schlacht in Sibilla, 1929.

Khalid al-Hubaischi glaubt, dass er in genau dieselbe Falle tappte. Die Staatsinteressen änderten sich, während er mit den Mudschahidin fern der Heimat in den Bergen lebte. »Sie sagten, geht in den Dschihad, und ich ging. Als ich zurückkam, war ich ein Terrorist.«

Fünf-Sterne-Resozialisierung

Vielleicht haben die Saudis auch deshalb ein besonders großzügiges Resozialisierungsprogramm für Ex-Terroristen entwickelt. Weil sie wissen, dass sie selbst es waren, die diese Büchse der Pandora einst öffneten.

Das Mohammed bin Naif Center for Counseling and Care am Stadtrand von Riad ist eine Art Fünf-Sterne-Haus zur Resozialisierung von Extremisten. Hier gibt es ein Schwimmbad, Kino, Hörsaal, außerdem Psychologen und seelsorgende Scheichs. Terroristen lernen hier, wieder nützliche Mitglieder der Gesellschaft zu werden.

Hubaischi war einer der ersten Absolventen des Zentrums, nachdem ihn die Amerikaner Mitte 2005 aus Guantanamo in die Heimat überstellt hatten. Er saß ein weiteres Jahr in einem Hochsicherheitsgefängnis bei Riad. Die Entradikalisierung dauerte dann noch bis 2007.

Der Aufwand, der hier betrieben wird, ist erheblich. Aber auch die Erfolgsquote ist hoch. Angeblich werden nur drei Prozent der Teilnehmer rückfällig. Entscheidend für den Erfolg scheint, dass die Familien mit eingebunden sind. Die Absolventen heiraten, gründen Familien, machen einen Universitätsabschluss. Sie erhalten ein Auto, einen Job und sechs Monate finanzielle Unterstützung, wenn sie die »Abschlussprüfung« bestanden haben. Tausende ehemalige Extremisten haben das Programm bisher durchlaufen.

Kritiker sagen zwar, dass hier der Dschihadismus eigentlich nur mit dem Salafismus ausgetrieben werde. Selbst bei dem Musterschüler Hubaischi ist mir nicht ganz klar, ob er dem Dschihad inzwischen abgeschworen hat oder nur dem Konzept, gegen politisch unerwünschte Ziele loszuschlagen: »Der Anschlag vom 11. September 2001 war jedenfalls falsch, weil er Zivilisten traf«, erklärt er. »Im Dschihad kämpft der Soldat nur gegen Soldaten.«

Exportschlager Wahhabiya

Der Dschihadismus nimmt in der Wahhabiya eine auffallend zentrale Rolle ein. Bis vor siebzig Jahren war diese besonders radikale Ideologie innerhalb des sunnitischen Glaubens lediglich eine winzige Strömung, erst die Petrodollars der Saudis prägten damit ganze Kontinente, zunächst Afrika, dann Asien.

Mit der sogenannten islamischen Solidarität hatte König Faisal in den 1960ern ein Programm erfunden, das ursprünglich als politisches Gegengift zum sozialistischen Nationalismus von Gamal Abd al-Nasser im Nachbarland Ägypten wirken sollte.

Wahnwitzige fünf Prozent seines Bruttoinlandsprodukts investierte das Königreich von 1973 an, um zum Beispiel afrikanische Stipendiaten an der Universität in Medina in Islamwissenschaften auszubilden und sie dann als künftige Botschafter für den saudischen Islam in ihre Länder zurückzuschicken. Saudi-Arabien förderte über Jahrzehnte weltweit den Bau tausender Moscheen, Koranschulen, Kulturzentren und Jugendprojekte zur Missionierung. Über Satellitensender und kostenlose Websites versorgte das Königreich zahllose Institutionen mit Curricula saudischer Prägung. »Wir wollen eine islamische Wiedergeburt ohne Nationalismus, Ethnien und politische Parteien, aber mit dem Ruf des Islam und dem Ruf des Dschihad, um unsere Religion zu verteidigen«, sagte König Faisal 1968 in einer Rede in Mekka.

So entstanden überall auf der Erde kleine islamische Gesellschaften nach saudischem Vorbild.

Als die US-Diplomatin Farah Pandith im Auftrag ihres Außenministeriums zwischen 2009 und 2014 durch achtzig Länder mit teilweise muslimischer Bevölkerung reiste, stellte sie fest, dass »an jedem Ort, den ich besucht habe, der Wahhabismus unterschwellig starken Einfluss hatte«. Die Daawa, die Missionstätigkeit aus der Golfregion, habe die lokale Religionspraxis nachhaltig verändert, führte sie 2015 in einem Kommentar für die *New York Times* aus. Umgesetzt wird die Daawa, der Aufruf zum Islam, seit Jahrzehnten durch Institutionen wie die Muslim World League oder die World Assembly of Muslim Youth (Wamy). Die Wamy, gegründet 1972 in Riad, unterhält Büros in 56 Ländern, ein internationales Netz von Hospitälern, Waisenhäusern und Lehrinstituten. Laut dem Untersuchungsbericht des US-Kongresses zu den Anschlägen vom 11. September finanzierte die Jugendorganisation auch offen den islamistischen Terror von Hamas und Extremisten in Pakistan.

Ironischerweise war der Ansprechpartner für die finanzielle Unterstützung fundamentalistischer Kämpfer von Kabul bis Sarajevo über Jahrzehnte hinweg der Emir von Riad, der heutige König Salman. Auch Salmans verstorbener Bruder, Verteidigungsminister Prinz Sultan, gehörte zu den großzügigsten Spendern für den internationalen Dschihad.

»Du gehst als Held und kommst als Terrorist«

Wenn es so etwas wie Prominente gibt im Dschihadisten-Geschäft, dann kannte Hubaischi sie alle. Er erinnert, wie er mit dem heutigen Al-Qaida-Führer, dem Ägypter Aiman al-Sawahiri,

Seite an Seite in der Bin-Laden-Bibliothek des afghanischen Trainingscamps Khalden studierte. Ein Saudi-Araber namens Abu Subaida, die Nummer vier oder fünf in der Qaida-Rangliste, war sein engster Kumpel. Abu Subaida ist heute 48, vier Jahre älter als Hubaischi. »Ein echter Freund«, sagt Hubaischi. Abu Subaida habe ihn einmal aus einem pakistanischen Gefängnis geholt, ein anderes Mal besorgte er ihm einen neuen Pass.

Auch Abu Subaida wurde gefasst – und nach seiner Gefangennahme schwer von den Amerikanern gefoltert, in Geheimgefängnissen in Polen. Dokumentiert sind 83 Fälle von Waterboarding. Noch heute lebt Abu Subaida in Guantanamo.

Hubaischi sagt, sie alle hätten einmal mit besten Intentionen begonnen und alle wären sie als Bettler geendet, als Kriminelle oder Mörder. Als Hubaischi im Mai 2001 nach Afghanistan kam, zum dritten Mal, hatte ihm Osama bin Laden eröffnet, er werde Amerika angreifen. Man traf sich in einem unscheinbaren Zementhaus in Kandahar, einer Art Bunker ohne Elektrizität, es gab nur kaltes Wasser, erzählt er. »Osama sagte, wir sollten uns an schwierige Lagen gewöhnen.«

Hubaischi war gesucht als Sprengstoffspezialist. Er wusste nicht nur, wie man Flugabwehrraketen abfeuert und raketengetriebene Granaten. Er war vor allem versiert in der Herstellung ferngesteuerter Sprengkörper. Er wusste, wie man Bomben über Lichtschranken und Mobiltelefone zur Explosion bringt. Einen Teil seiner Ausbildung hatte Hubaischi von Ahmad al-Almani erhalten, einem blonden Ägypter, der im August 1998 für Osama bin Laden die US-Vertretungen in Daressalam in Tansania und der kenianischen Hauptstadt Nairobi mit Sprengladungen attackiert hatte, mit hunderten Toten.

»Bei Ahmad zu lernen, war wie auf eine Universität zu gehen«, sagt Hubaischi. Er selbst gab sein Wissen wiederum weiter an Tschetschenen, Libyer, all jene, die von al-Qaida für die Kurse zugelassen wurden oder der Organisation viel Geld dafür bezahlten.

Bin Laden wollte Hubaischi näher an die Gruppe binden – der

Chef der Qaida lotete seine Loyalität aus. Hubaischi zögerte. Er spürte, er hatte sich längst verirrt auf seinem Pfad, etwas Gutes für Muslime zu erreichen. Die Muslime in Afghanistan bekriegten sich inzwischen gegenseitig, die Taliban kämpften gegen die sogenannte Nordallianz. Osama bin Laden wurde weltweit gesucht. Hubaischi selbst war ebenfalls ins Visier der saudischen Ermittler geraten. Dieses letzte Mal war auch er nicht ganz freiwillig ins Qaida-Camp gereist, er wollte einer drohenden Gefängnisstrafe in der Heimat entgehen.

Alma kommt ins Zimmer. Sie lächelt. Die Töchter Rima und Dschara springen dem Vater entgegen. Es geht jetzt um Familienverabredungen, wer wen wann abholt zu einem Hochzeitsessen.

Ich bin irritiert über die beiden Leben, die so gegensätzlich sind: Alma, die kaum erahnt, was ihren Mann nach Afghanistan getrieben hat und was er dort getan haben könnte, und Khalid, der sich nicht wirklich interessiert für Hochzeiten und die schönen Kleider, die man dort trägt. Trotzdem spürt man, dass in diesem Haus eine gewisse Dankbarkeit und Liebe herrscht.

Ich frage Khalid, wie das geht, das Leben zurückzudrehen vom Kampf um Leben und Tod unter der Führung eines der größten Terroristen aller Zeiten, Osama bin Laden, auf Normalgröße. »Wer ist Osama bin Laden?«, fragt Alma jetzt. Ich sehe sie ungläubig an. »Ist das ein Scherz?«, frage ich. Aber Alma blickt ganz ernst. »Wie kann man in Saudi-Arabien leben, mit einem ehemaligen Al-Qaida-Kämpfer verheiratet sein und nicht wissen, wer bin Laden ist?« Alma läuft weinend aus dem Zimmer.

Khalid hat Alma zwar erzählt, dass er früher als Mudschahid gegen die Ungläubigen gekämpft habe und dass der Mann, an den er geglaubt habe, die Gruppe im Stich gelassen habe. Den Namen des Mannes hat er jedoch nie erwähnt.

Als Alma Khalid heiratete, vor sieben Jahren, wusste sie über ihren Zukünftigen lediglich sein Alter und seinen Namen. Sie kommt aus der Stadt Medina, das ist 400 Kilometer von Dschidda entfernt. Niemand hatte ihr erzählt, dass Khalid im Gefängnis war. »Er ist ein Verwandter«, sagte ihre Mutter, »ein guter Mann.« Im Verständnis der meisten Saudi-Araber bedeutet Hubaischis Weg in den Dschihad – übersetzt »Kampf auf dem Wege Gottes« – keine Schande, ebenso wenig wie ein Gefangener der Amerikaner in Guantanamo gewesen zu sein.

Ich gehe ihr nach, sage Alma, wie sehr ich es bedaure, sie verletzt zu haben, dass ich nur nicht glauben konnte, dass jemand in Saudi-Arabien diesen Namen nicht kennt. Alma setzt sich wieder hin. Sie sagt: »Ich bin nicht dumm, ich bin mit anderen Dingen beschäftigt. Ich sehe keine Nachrichten, ich sehe Fernsehserien.« Ihr Mann Khalid ergreift ihre Hand, er nickt Alma zu. Er sagt: »Du weißt andere Dinge.«

Hubaischi schweigt einen Moment. Sein Gesicht wirkt völlig entspannt. Es scheint, als erhalte er hier die beste Medizin gegen diese Krankheit namens Dschihad, die das Herz befällt und offenbar ansteckend ist. Bei manchen heilt sie nie ganz aus.

Dann sagt Hubaischi, andere Frauen fragten ihre Männer, wie es gewesen sei in Guantanamo, ob sie gefoltert worden seien. Sie wollten Geschichten hören vom Krieg und von Osama. Das wäre nicht gut für ihn.

»Wenn sie mich bewunderte für das, was ich getan habe, als einen Helden, dann wäre ich jetzt vielleicht schon wieder im Irak.«

Geburtstag mit bösen Geistern

*Traditionell-religiöse Vorstellungen kollidieren
immer häufiger mit neumodischen Gewohnheiten,
auf die junge Saudis aber nicht mehr verzichten
wollen. Glücklicherweise weiß die Islamgelehrte
von Nuras Koranzentrum die Lösung.*

Geburtstagsfeier heißt im Arabischen Id Milad und ist ein einschneidendes Erlebnis, jedenfalls, wenn man sechs Jahre alt wird und seine erste Party plant, wie Sara. Das ist eigentlich schon aufregend genug, aber jetzt hat Saras Oma kurzfristig abgesagt. Sie erscheine garantiert nicht, eröffnet sie ihrer Enkelin am Telefon, ein frommer Mensch könne kein Id Milad feiern, das sei Sünde, Gotteslästerung, *haram*! Sara ist untröstlich und ihre Mutter Nura ratlos. Wie kann eine Geburtstagsparty für ein kleines unschuldiges Mädchen Sünde sein?

Nura ruft ihre Mutter an: »Warum tust du Sara das an?«, fragt sie.

Die Mutter ist 62. Ihren Nikab trägt sie am liebsten zusätzlich mit einem Gazeschleier über dem Kopf, damit der Satan gewiss nicht an ihr rührt oder ein böser Dschinn.

Nuras Mutter sagt, ein gottesfürchtiger Mensch könne seinen Geburtstag nicht als »Id« feiern, wie einen der zwei höchsten Feiertage des Islam, also das Fest des Fastenbrechens nach dem Ende des Fastenmonats Ramadan, Id al-Fitr, und ungefähr siebzig Tage später das Opferfest, Id al-Adha.

Einem Menschen, der seine eigene Geburt feiere wie ein heiliges Fest, fehle es an religiöser Demut, sagt sie. Egozentrisch sei das.

Nura hat schon alles vorbereitet: Die Etage im Spielhaus gegenüber des Financial District ist gebucht, Sara hatte sich das gewünscht. Der Kuchen ist bestellt, die Freunde wurden lange im Voraus eingeladen.

Allah kann ja wohl nicht wollen, dass sie das alles absage, resümiert Nura. Sie will die religiösen Gefühle ihrer tiefgläubigen Mutter nicht verletzen, aber auch die Tochter nicht enttäuschen. Deshalb sucht sie Beistand bei einer Islamgelehrten im nächsten Koranzentrum ihres Viertels. Zurück kommt Nura bestens gestimmt. Sie weiß jetzt, wie sie das Göttliche aus der Feier herausbekommt und der Geburtstag trotzdem festlich wird. Anstatt die Gäste auszuladen, lädt Nura sie einfach noch mal neu ein, diesmal zu »Yom Milad«, das heißt einfach nur »Geburts-Tag«, ganz ohne »Id«. Yom Milad sagt zwar zu einer Geburtstagsfeier üblicherweise kein Mensch im arabischen Raum, aber der familienzusammenführende Zweck heiligt die sprachliche Holprigkeit.

Als der große Tag da ist, versammelt sich Saras Klasse um 14 Uhr im Spielhaus. Dreiundzwanzig Erstklässlerinnen und vier Jungs aus der näheren Verwandtschaft. Die Kinder basteln mit Knete, sie backen Pizza, fahren mit elektrisch angetriebenen Plastikbooten, die wie Schwäne aussehen, auf einem künstlichen See, tollen in einem mit Schaumstoffquadern gefüllten Kubus aus Plexiglas – was man hier so macht mit sechs Jahren, wenn man Geburtstag hat und die Eltern etwas Geld.

Ich komme etwas verspätet dazu. Am Eingang passiere ich 26 Chauffeure, die in 26 SUVs darauf warten, dass ihre jungen Herrschaften von der Festlichkeit zurückkehren. Auf der Treppe sitzen die dazugehörigen 26 Nannys, die meisten stammen von den Philippinen. Vor dem Spielkorridor steht der pinke Tisch mit

Saras 26 Geschenken, an denen das Geburtstagskind noch ein paar Tage lang auspacken wird.

Gerade schneidet Sara die Torte an. Es ist ein halber Quadratmeter Sahnebiskuit. Auf den Zuckerguss wurde Saras Foto gedruckt. Jeder kriegt ein kleines Stück, auch die Oma. Die sitzt jetzt freudig neben ihrer Enkelin, inmitten der Kinderschar. Die Großmutter hat den Gazeschleier und sogar den Nikab gelüftet, weit und breit ist kein Dschinn auszumachen.

Sara strahlt übers ganze Gesicht. Natürlich hätte Allah nie gewollt, dass diese schöne Feier ausfällt, wegen eines einzigen, kleinen Wortes, auf das man, anders als auf die Geschenke und den Kuchen und die Oma, gut verzichten kann.

Die Ehe: Ein enges Korsett

Hochzeitsgesellschaften sind für Frauen das gesell-
schaftliche Top-Ereignis, aufwendig und voller
Überraschungen. Die Feier in der Nacht bevor die
Braut den Ehemann empfängt, ist der Marktplatz
für die nächste Verlobung.

Schon seit Wochen fiebere ich der Hochzeit von Nazisch und
Tamin entgegen, in Saudi-Arabien das bedeutendste Ereignis für
eine Frau. Nur, was ziehe ich an? Geht Schwarz bei einer Hochzeit? Meine Garderobe für festliche Anlässe beschränkt sich hier
auf einen blauen Anzug und ein dunkles Etuikleid.

Meine Freundin Nura beruhigt mich. Nazisch ist ihre Cousine, man sei ganz unter sich. Gefeiert wird im King-Khalid-Saal,
Holiday-Inn-Hotel, im Zentrum von Riad. Das Fest beginnt um
19 Uhr. Genau genommen werden zwei Partys gefeiert, in zwei
verschiedenen Festsälen: In dem einen amüsieren sich die Männer, in dem anderen die Frauen.

In dem Raum für die Frauen sind kleine Polstermöbel aufgestellt. Darauf nehmen nach und nach an die 250 wunderschöne
Damen Platz. Sie tragen glamouröse Roben mit tiefen Ausschnit-
ten und hohen Schlitzen, enge Mieder. Sie sind geschminkt wie
Models, die langen Haare fallen kunstvoll geföhnt auf Schultern

und Rücken. Ohne Zweifel hat jede dieser Damen hier die vergangenen 36 Stunden in einem teuren Beauty-Salon verbracht.

Nuras Kleid ist aus goldenem Plisseegewebe, ärmellos, bodenlang, nur über eine Schulter gebunden. Es sieht aus wie das Festgewand einer Hohepriesterin und wirkt sündhaft teuer. Nura hat es nur für diesen Abend erstanden. In meinem kleinen Schwarzen mit Steckfrisur und Perlenkette komme ich mir fast wie die strenge Hausdame vor, werde aber trotzdem freundlich aufgenommen. Offensichtlich räumen mir die Damen eine Art westlichen Exotenstatus ein.

Es wird geküsst und umarmt. Mütter, Tanten, Nichten und Cousinen, alle gehören zur großen Familie der Dossari, einem alten Beduinenstamm aus dem Nadschd in Zentralarabien. Mit 23 Jahren gehört Nazisch hier schon nicht mehr zu den ganz jungen Bräuten. Tamin ist der Sohn eines Cousins ihres Vaters. Die Verwandtschaft heiratet gerne unter sich.

Diese Tradition ist allerdings auch ein Problem. Das Königreich kämpft mit einer hohen Rate von Gendefekten – Grund ist die Heirat von Blutsverwandten. Dieses Phänomen gibt es nicht nur hier, es ist in der gesamten islamischen Welt zu finden.

Heiratswillige müssen sich deshalb seit 2004 einem Gentest unterziehen. Nach der Untersuchung wird mehr als jedem zweiten Paar wegen »genetischer Inkompatibilität« von der Ehe abgeraten. Weil aber vorwiegend unter Cousins nach dem Richtigen gefahndet wird, ist der Pool, aus dem der Partner fürs Leben stammen darf, dann oft ziemlich klein.

Schönheit ist willkommen, aber kein Muss

Die Frauen tanzen jetzt. Sie fotografieren viel, aber immer nur sich selbst. Gruppenfotos von Hochzeiten gibt es auch nicht, ebenso wenig wie Bilder mit der Braut. Nur Selfies. Andere Frauen zu fotografieren ist streng verboten, das Herumzeigen unverschleierter Damen gefährde deren Ruf, warnt mich Nura und fährt sich mit der Handkante von links nach rechts über ihren Hals. Das Verbot ist durchaus ernst zu nehmen.

Die künftigen Eheleute sind nicht anwesend. Nazisch befindet sich noch im Schönheitssalon, dort wird sie für den großen Moment vorbereitet, wenn sie ihrem Gatten das erste Mal begegnen wird. Über den Aufenthalt des Bräutigams ist dagegen nichts bekannt. Wir Frauen feiern allein, mit drei Schwestern der Braut, ihren 150 Cousinen, deren Müttern, den Tanten. Der Aufwand ist keineswegs umsonst, denn hier suchen Schwestern und Mütter die Bräute von morgen aus – dann für ihre Söhne und Brüder.

Romantische Vorstellungen, wie sie im Westen bestehen, etwa dass gegenseitige Anziehung, gar das Gefühl von Seelenverwandtschaft zum Bund des Lebens führen, betrachten die meisten hier als Anleitung zum Unglücklichsein. In Saudi-Arabien werden Ehen von der Familie arrangiert.

Die Braut muss vom richtigen Stamm sein, aus gutem Haus – also einer Familie mit Einfluss und Geld – und ein angenehmes Wesen besitzen. Schönheit ist willkommen, aber kein Muss.

Die Rabeya klärte junge Ehefrauen auf

Nazisch sei seit Wochen im Stress, berichtet Nura, mit den Hochzeitsvorbereitungen, aber auch, weil sich ihr Leben fundamental verändern wird. Heute Nacht wird sie ins Haus der Familie ihres Mannes ziehen.

Als es noch kein Internet gab und die Mädchen nicht lesen und schreiben konnten, also vor zwei Generationen, waren die Bräute oft noch halbe Kinder, 13, 14, 15 Jahre alt. Auf ihrem Weg in die neue Familie wurden sie von einer sogenannten Rabeya begleitet, einer älteren Frau, die die Mädchen aufklärte – über die erste Nacht, das Liebesspiel und den Umgang mit dem Ehemann. Die Rabeya blieb die ersten Tage mit dem Paar im Haus.

Heute erhalten die jungen Brautleute von ihren Müttern das islamische Hochzeitsbrevier *Tuhfah Al-Arous*, übersetzt Kleinod der Braut, eine Sammlung von Zitaten des Propheten und dessen Gefährten zur Ehe. Es soll dazu beitragen, dass sich die Partner geistig, physisch und sexuell verstehen.

Der Ehemann möge Eifersucht und Beschuldigungen vermeiden, heißt es dort, und Wasser sei sein bestes Parfüm. Der Braut wiederum wird aufgetragen: »Sei bescheiden und gehorsam. Lass ihn nur sehen, was er gerne sieht und riecht. Lass ihn nie hungrig sein, und störe nicht seinen Schlaf.« Auch »technische Fragen« werden detailliert beantwortet. Vor dem ersten Beischlaf soll der Gatte zwei Raka ausführen, die Verbeugungen im Gebet, dann den Kopf seiner Angetrauten halten und sagen: »Segne meine Frau für mich, segne mich für meine Frau, schenk mir ihre Fülle und schenk ihr meine Fülle.« Dann könne er »tun, was er will«.

Engel werden sie die ganze Nacht verfluchen

Was Dr. Sommer für die Jugendzeitschrift *Bravo* geleistet hat, übernehmen hier jetzt Ratgeber, die in Arztpraxen ausliegen, aber auch in jedem Buchladen erhältlich sind. Zu den Bestsellern gehört das Büchlein *Verschiedene Fragen und Antworten für die muslimische Frau* des fundamentalistischen Autors Abd al-Malik Mudschahid. Der gebürtige Pakistaner wanderte 1980 nach Saudi-Arabien ein und gibt ziemlich prosaisch und ohne jeden Quellennachweis angeblich korankonforme Auskunft zu 500 Fragen über Verhütung, Hygiene sowie eheliche Rechten und Pflichten. In seinen Interpretationen gehen die Pflichten allerdings eindeutig zu Lasten der Ehefrau.

Frage 247 zum Beispiel erörtert, was geschieht, wenn eine Frau sich ihrem Mann »nicht gehorsam erweist, um ihm sexuelles Vergnügen zu bereiten«. Antwort: »Engel werden sie die ganze Nacht verfluchen.« Die junge Braut lernt außerdem, wie viele Tiere geschlachtet werden, wenn sie ein Kind gebiert, eines für ein Mädchen, zwei für einen Jungen, dass die Schamhaare alle vierzig Tage zu entfernen seien, sie mit niemandem über Sex im

Ehebett reden dürfe und ihr die Scheidung nicht erlaubt sei, falls ihr Mann zum Trinker werde. Stattdessen solle sie Geduld zeigen und beten.

Bei Nazischs Hochzeitsparty schaut die Braut am Ende doch noch kurz auf ihrer Feier vorbei. Es ist Mitternacht. Als sie eintritt, wird der feierliche Moment von Videokameras festgehalten. Sie werden ausnahmslos von Frauen bedient, dennoch verhüllen sich die Gäste. Auf den Bildern darf später niemand zu erkennen sein.

Nazisch schreitet durch ein Blumentor auf eine Art Thron zu, verharrt dort kurz zwischen Blumenkindern, nimmt Glückwünsche entgegen. Sie trägt ein weißes Spitzenkleid mit langer Schleppe. Sie sieht glücklich aus.

Nach einer guten halben Stunde ist Nazisch wieder verschwunden, um sich endlich mit ihrem Ehemann zu vereinen. Das Abendessen wird serviert. Danach ist es halb zwei Uhr nachts, und die Party ist vorbei. Die Schönheiten stülpen ihre schwarzen Abajas über die Prinzessinnenkleider und strömen unerkannt nach Hause.

Ich will mehr erfahren darüber, was es bedeutet, hier verheiratet zu werden. Nura sagt, sie gebe mir gerne Auskunft, und schlägt als Treffpunkt einen Beauty-Salon vor, den sie vor Hochzeiten regelmäßig aufsucht.

»Lieben saudische Frauen ihre Männer?« – »Irgendwann schon«

Es ist mittags, 12 Uhr. Der Schönheits-Parlor wird von Marokkanerinnen geführt. Weil wir nur zu zweit sind, vereinbaren wir ein Party-Styling für Nura, die abends tatsächlich noch auf eine Hochzeit gehen wird. Ich wiederum spiele die Braut.

Mir wird ein weißes Kleid angelegt aus Seide und Batist. Drei Frauen schieben mich unter lautem Trillern – und vorbei an einem halben Dutzend Kundinnen – durch den Salon. Sie tragen grüne Kleider mit Goldborten und goldfarbenen Gürteln, singen beschwörende Formeln und wünschen der Braut ein glückliches Leben, ein Leben ohne Dunkelheit.

Das Ritual wirkt trotzdem nicht fröhlich, eher als drohe gleich genau jene Dunkelheit, wie im Märchen von der Schönen und dem Biest. Darin muss das unschuldige Mädchen erst das Edle in dem ihr angetrauten hässlichen Untier erkennen, um sein abstoßendes Äußeres zu überwinden, damit es sich in den Prinzen verwandeln kann, der es in Wahrheit ist.

Ich frage Nura, ob die saudischen Frauen ihre Männer liebten. Sie sagt, irgendwann ja. »Es gibt ja keine Liebe auf den ersten Blick, nur Lust auf den ersten Blick.« Die Familie suche den Ehemann aus. Freunde, Arbeitgeber, Kollegen, Familienmitglieder würden befragt zu seinem Charakter, seinen Stärken und Schwächen. Sie alle müssen der Wahl zustimmen.

Sind sich die Familien einig, kommt es zum Vertrag. Darin wird alles geregelt, der Brautpreis und wie das Leben des Mädchens künftig verlaufen soll. Ob sie die Universität beenden darf und arbeiten gehen kann, ein eigenes Haus haben wird, einen Fahrer, ein Hausmädchen. Auch dass der Mann keine Zweitehe eingehen soll, kann Bestandteil der Vereinbarung sein. Es sei aber eine sehr unhöfliche Forderung, sagt Nura.

Die Hochzeit wird vom Bräutigam ausgerichtet. Hat er nur wenig Geld, findet sie in bescheidenem Rahmen im eigenen Haus statt, nur mit den engsten Angehörigen. Viele Männer aber verschulden sich, um Eindruck zu schinden bei der Verwandtschaft. Die Hochzeiten von Riad kosten nicht selten mehr als ein Einfamilienhaus. Hunderte Gäste werden geladen, Hochzeitsplaner engagiert, Designer für den üppigen Blumenschmuck. Bekannte Sänger treten auf, Foto- und Videografen begleiten den Tag.

Rosenblätter und ein mit Goldfäden durchwirktes Brokatgewand

Im mit orientalischen Fliesen gekachelten Spa brennen jetzt Kerzen, Rosenblätter sind verstreut. Eine Badefrau gießt Wasser über meinen Kopf, knetet Öl ins Haar. Ich werde von oben bis unten mit Seife abgeschrubbt, danach ist da keine Schuppe mehr. Am Ende schlägt die Badefrau ein weißes Ei auf meinen Kopf auf. Auch das sei ein Symbol für ein Leben ohne Hürden. Wahrscheinlich ist es auch gut für die Haare.

Die Braut wird noch mit Verbenaöl eingerieben, dann mit Hennapulver. Ich fühle mich wie ein Sonntagsbraten, gewürzt und gespickt, vorbereitet zum Verzehr. Ud-Klänge aus den Lautsprechern untermalen das Zeremoniell.

Jetzt noch ab ins Love-Jacuzzi, ein kaltes Schaumbad mit Rosenblättern, dann kleiden die Frauen mich in ein mit Goldfäden durchwirktes Brokatgewand. Drei von ihnen arbeiten gleichzeitig an meiner Vervollkommnung. Sie föhnen meine Haare, drehen Locken ein, biegen die Wimpern nach oben, malen die Lippen rot. Auf dem Scheitel wird ein Haarwulst aufgebauscht, dahinter eine goldene Krone festgesteckt, zusammen mit einem smaragdfarbenen Diadem im gleichen Design, der eingefasste Stein hängt an einer goldenen Kette und fällt in meine Stirn, dazu grüne Ohrringe. Fertig.

Mit Trillern und Wünschen für ein gutes Leben wird die Braut nun in einem Saal auf einer Art Thron platziert. Der Raum ist geschmückt mit Rosen und ausschließlich mit Kerzen beleuchtet. Er füllt sich mit Personal und Kundinnen, alle singen und klatschen. Pfefferminztee wird gereicht, Backwaren, süß und pikant. Der Braten ist zum Anschneiden bereit.

Die Ehe als Burg

»Heiraten ist Stress«, sagt Nura. Sie gehe trotzdem gerne auf Hochzeiten, zumindest auf die von anderen, lacht sie. Für saudische Frauen sind sie die gesellschaftlichen Höhepunkte, neben den weniger erfreulichen Beerdigungen.

Vier Wochen später treffe ich zufällig die junge Ehefrau Nazisch. Wir sitzen auf dem Geburtstag von Nuras Tochter Sara nebeneinander und essen Kuchen.

»Wie ist das Eheleben?«, frage ich. Nazisch lächelt etwas angestrengt. »Es ist ein anderes Leben«, sagt sie, »nicht immer ganz leicht.« Ihre Mutter habe ihr bei der Hochzeit als wichtigste Regel mitgegeben: »Sprich mit niemanden über deine Ehe, nur mit deinem Mann.« Die Ehe sei eine Burg, die von der Ehefrau verteidigt werden müsse. Glücklich hört sich anders an.

Das mit dem Schweigen wird später im Leben weniger, erklärt mir ein paar Tage später eine saudisch-britische Soziologin, die hier über den Zustand ehelicher Beziehungen forscht. Sie sagt, ältere Frauen sprächen untereinander extensiv und ganz offen über Sex. Bei den detaillierten Lageberichten aus dem Schlafzimmer würde nichts ausgespart, bevorzugtes Thema seien die kleinen Niederlagen der Männer. Von der Burg, die Nazisch gerade noch so tapfer verteidige, stehe dann kein Stein mehr.

Hütten und Paläste

Im Königreich finden sich Herbergen für jedes
Budget. Die Reisende trifft meist auf herzliche
Gastfreundschaft, jedenfalls auf neugieriges Interesse.
Die Vorliebe westlicher Kunden für Tageslicht
halten saudische Hoteliers dagegen für überschätzt.

Ein gutes Hotel zeichnet sich nach westlichen Maßstäben üblicherweise dadurch aus, dass es zentral liegt, dabei jedoch
ruhig ist und die Zimmer freundlich erscheinen, weil viel Licht
hereinfällt durch großzügige Fenster – die im günstigsten Fall
sogar Aussicht auf einen Park oder eine Sehenswürdigkeit gewähren.

Im Königreich dagegen werden Hotels bevorzugt, deren Fenster so klein sind wie die Schießscharten mittelalterlicher Burgen.
Diese Gucklöcher werden vorsichtshalber noch mit blickdichten
Vorhängen verdunkelt, sie reichen von der Decke bis zum Boden,
und zwar gleich die ganze Wand entlang. Ziel ist es, sicherzustellen, dass kein unkeuscher Blick ins Innere fällt und umgekehrt
die Gäste nicht unfreiwillig Zeugen von Sittenlosigkeiten außerhalb der von ihnen gemieteten vier Wände werden.

Zum begehrten Hotelinventar gehört für den saudi-arabischen
Reisenden die Jacuzzi-Wanne. In Werbeanzeigen wird dieses Spru-

delbad auffallend prominent ins Licht gerückt. Es wird gerne in Vollbetrieb abgebildet, schaumgefüllt und dekoriert mit Blumen. Meist führt noch eine verwegene Blütenspur vom Bad in Richtung Schlafzimmer. Auf dem Bett sieht man zwei sich küssende Schwäne, kunstvoll gefaltet aus Handtüchern und eingerahmt von einem Herz aus Rosenblättern.

Zu den auf Hotelportalen beliebten Gäste-Bestsellern steigen meist diejenigen Häuser auf, die zusätzlich mit einer Tiefgarage punkten. Es ist nicht so, dass es in Saudi-Arabien keine Parkplätze gäbe. Die Wüste wurde nur auf wenigen Flecken dicht bebaut. Aber Diskretion ist alles in diesem Land, gut also, wenn man von der Parkgarage direkt mit dem Lift in sein verdunkeltes Studio fahren kann.

Frauen, die hier als nicht voll geschäftsfähig gelten, sollten möglichst nicht alleine unterwegs sein, und wenn doch, wenigstens von ihrem Vormund gebracht werden, dem Ehemann, Vater oder Bruder, dann firmieren sie als »Family«.

»Family Section« ist in Saudi-Arabien ein feststehender Begriff in der Gastronomie und der fast sichere Hinweis darauf, dass es attraktivere Bereiche gibt in dem jeweiligen Hotel oder Restaurant als die dunklen Nebenzimmer oder mit Stoffbahnen abgehängten Nischen, in die die eigens ausgewiesenen Eingänge führen, wo den Frauen und Kindern das Essen serviert wird. Diese sind allerdings den Männern vorbehalten.

Ein wenig überrascht sind die Concierges also schon noch, wenn eine westliche Frau in der Tiefe des Landes allein ein Zimmer begehrt und kein Vater, kein Ehemann, kein Prinz sie leitet. Weil Saudi-Arabien aber gerade eine Umbruchphase erlebt, ist man gerne bereit, neue Spielräume auszuloten. Und so siegt, wenn eine westliche Reisende an einem Männerort erscheint, meist die Neugierde, mehr über das Leben der Anderen zu erfahren. Der Rezeptionist will alles wissen: woher ich komme – Amerika? Russland? –, ob ich verheiratet bin, wie alt, wo mein Mann ist, ob ich Kinder habe, und wenn ja, wie viele, und all das muss vermittelt werden, obwohl dessen Englisch meist kaum besser ist als mein Arabisch, das sich auf wenige Sätze beschränkt. Ein Zimmer habe ich trotzdem immer bekommen.

Diese Zeilen schreibe ich zum Beispiel im Al Eairy Hotel an der Makkah Road in der Oasenstadt al-Ahsa in der Ostprovinz – nicht weit vom Persischen Golf. Das Al Eairy hat 143 Zimmer, die alle schon etwas in die Jahre gekommen, dafür mit umgerechnet 25 Euro aber ausgesprochen günstig sind.

Gegenüber vom Hotel befinden sich eine hübsche Grünanlage, der Mahasin-Park, und eine gleichnamige Moschee. Links geht es in ein Viertel mit Restaurants, das bedeutet, man darf dort menschliches Leben vermuten, keine Selbstverständlichkeit in diesem Land, in dem sich fast alles hinter Mauern und schweren Vorhängen abspielt.

Es gibt in Saudi-Arabien eine schier unendliche Zahl moderner Mittelklassehotels, darunter jede Menge architektonische Abenteuer aus verspiegeltem Glas und Beton. Gerade deshalb gefällt mir die unökonomische Großzügigkeit des alten Al-Eairy-Hotels. Mein Apartment misst gut 50 Quadratmeter, die etwas zu massive Einrichtung in dunklem Furnier und das abgeblätterte Goldtischchen wirken zugegeben etwas schäbig. Die Kacheln im Bad sind vermutlich so alt wie ich selbst, und der Glaslüster an der Decke hat wohl noch nie funktioniert. Dafür tut die verschleierte Empfangsdame alles, damit ich mich hier wohl fühle, zum Beispiel wechselt sie gleich mal die Bettwäsche, von der ich zwei verdächtige schwarze Haare gezupft habe.

Es gibt einen riesigen Fernseher, aber keinen Schreibtisch. Ich bin hier, um zu schreiben. Deshalb baue ich mir jetzt ein Pult aus dem Nachtkasten und dem Goldtischchen, das oben drauf gestapelt wird. Im Stehen zu arbeiten ist sowieso viel gesünder.

Die schweren Volants klemme ich links und rechts hinter Stühlen fest – und endlich öffnet sich durch das freigelegte Fenster der Blick auf die Wüste und einen Palmenhain am Horizont. Dahinter funkeln die Lichter der Stadt Mubarraz.

Saudi-Arabien kann zauberhaft sein, und es wäre kein Königreich, wenn es nicht auch in al-Ahsa märchenhaften Luxus gäbe. Im besten Haus am Platz, dem Hotel InterContinental, kann man für eine Nacht immerhin 2900 Rial ausgeben, knapp 700 Euro, ohne Frühstück zwar, dafür aber mit Tiefgarage und Jacuzzi-Badewanne.

Schaf im Wolfspelz

Der prominente Wahhabiten-Scheich Salman al-Auda, 62, ist einer der umstrittensten Geistlichen im König- reich. Aber was ist eigentlich ein guter Scheich?

Millionen junger saudischer Frauen unterwerfen sich strikten religiösen Gesetzen, die sie, wenn man es genau besieht, von fast allem fernhalten, was das Leben interessant macht – neue Begeg- nungen, die Entdeckung der Welt und wichtige emotionale und intellektuelle Erfahrungen. Gebildete junge Männer wiederum lassen alles hinter sich, um in Kriegsgebiete aufzubrechen, bereit, ihr Leben zu opfern, in Ländern, in denen sie bis dahin nie gewe- sen sind. Wie gelingt es nur, so extreme Überzeugungen in die Hirne und Herzen zu pflanzen?

Eltern haben natürlich Einfluss und auch die Lehrer in den Schulen und den Koranzentren, die es in jedem Stadtviertel gibt. Alle tragen ihren Teil bei zu dieser, sagen wir mal, stark fokussier- ten Sicht. Doch einer, der die Moralvorstellungen zahlloser Men- schen im Königreich jahrzehntelang sicherlich besonders prägte, vielleicht mehr als jedes andere geistliche Vorbild, ist Scheich Sal- man al-Auda.

Auda ist Prediger, Paartherapeut und Philosoph in einem. Sein Büro in Riad beantwortet prompt jede Frage hadernder Gläubiger, per E-Mail. 14 Millionen Follower hatte der Geistliche zuletzt auf Twitter. Weitere Millionen Menschen folgen seinen regelmäßigen Videos auf YouTube. Auda besitzt den Schlüssel zu den Seelen der Gläubigen. Er bewahrte sich seinen unabhängigen Geist, und seine Äußerungen sind manchmal so provokativ, dass die Nation mitunter den Atem anhält, wie der Königshof darauf reagieren wird.

Keine Fotos mit einer Frau

Auda weiß, was richtig ist und was falsch – in der Politik und in der Liebe, wer die Guten sind und wer die Bösen, wie man eine Frau findet oder einen Mann. Sogar, welches Parfüm angemessen ist und wie man sich islamisch korrekt die Fingernägel schneidet.

Auda ist eine eindrucksvolle Erscheinung, ganz gleich, ob man ihn nun für erleuchtet hält oder für den Teufel. Als ich ihn vor einigen Jahren in seinem Büro in Riad treffe, stecken seine Füße in groben, braunen Ledersandalen, die weiße Ghutra liegt lose auf seinem Haupt, ohne die übliche schwarze Kordel. Für einen Scheich aus Buraida ist Audas Bart, der direkt von den Wangen übergeht ins krause, volle Haupthaar, überraschend kurz getrimmt.

Auda ist ein Arbeitswütiger. Auf seinem schweren, mit Intarsien geschmückten Schreibtisch türmen sich unfertige Manuskripte, daneben aufgeschlagene Bücher. Auda hat zahlreiche religiöse Werke herausgegeben. An den Wänden stehen Regale mit Enzyklopädien. In seiner Bibliothek findet sich auch sehr weltliche Literatur, Biografien amerikanischer Präsidenten und Robert Greenes *Power! Die 48 Gesetze der Macht.*

Auda blickt seinem Gegenüber scharf in die Augen, wenn er spricht, und wie im Fernsehen begleitet er seine Worte mit lebhaften Gesten: »Salam – Willkommen, aber bitte keine Fotos mit einer Frau. Das kann gegen mich verwendet werden.«

Es ist gar nicht so leicht, überhaupt einen berühmten religiösen Gelehrten zu treffen. Meist meldet sich am Telefon ein naher Verwandter, ein Sohn oder ein Neffe, der meine Bitte um einen Termin umgehend abweist. Dabei ersuche ich höflichst um ein Gespräch mit dem Scheich, um mehr über den Wahhabismus, die einzig wahre islamische Lehre, zu lernen – ein typischer Anfängerfehler.

Eingeweihte raten mir, den Begriff Wahhabismus auf keinen Fall zu gebrauchen, wenn ich mit einem Wahhabiten sprechen will. Denn nur Kritiker der ultrakonservativen islamischen Lehre nutzen diese Kategorisierung. Der Begriff Wahhabit wird von Muslimen als Abwertung verstanden. Selbst bezeichnen sich saudische Wahhabiya-Geistliche nur als »Salafiten«, weil sie sich an der Lebensweise und Glaubenshaltung der sogenannten vorbildlichen Gefährten (*salaf salih*) orientieren. Das bedeutet am Ende, dass alle Wahhabiten zwar Salafiten sind, aber umgekehrt keineswegs alle Salafiten auch Wahhabiten.

Ein Rebell

In dieser Welt, in der die Menschen sich nicht in Musikbars treffen und bis vor Kurzem auch keine Popkonzerte kannten, stiegen charismatische Prediger wie Salman al-Auda in den vergangenen Jahrzehnten zu ähnlich populären Figuren auf wie bei uns Rockstars. Sie wurden als Idole verehrt. Dabei blieben die prominenten Prediger gleichsam unnahbar: Allenfalls Männer haben in der Moschee die Möglichkeit, sie persönlich zu treffen, Frauen dürfen Vorbetern nur durch eine Trennwand lauschen. Das dazugehörige Gesicht holen sie sich anschließend per TV oder YouTube ins Haus.

Auda gilt als Hardliner. Er stammt aus dem Herzen Zentralarabiens, dem puritanischen, xenophoben Kassim. Die Bewohner dort sind stolz darauf, die Wiege des Monotheismus zu sein und die Wahhabiya, den »wahren Islam«, quasi erfunden zu haben.

Auda verbietet den Gläubigen, Romane zu lesen, ein andermal sagt er, Frauen dürften nicht Auto fahren, weil sie dabei ihre

»Körperlichkeit ausstellen«. Und bin Laden nutzte Auda als religiöse Instanz, um seinen Weg in den Terror zu legitimieren.

Aber Auda ist auch ein Rebell. Immer wieder lehnt er sich auf gegen politische Entscheidungen des saudischen Herrscherhauses. 1991 kritisiert der Theologe die Regenten dafür, dass sie amerikanische Truppen ins Land holen. Es ist die Zeit des Golfkrieges, nach dem Überfall Iraks auf Kuwait, und Riad will sich vor ähnlichen Angriffen schützen. Geistliche um Auda betrachten die Stationierung der »Ungläubigen« im Land als Verunreinigung und Bankrotterklärung des saudischen Königs. Dessen Aufgabe sei es schließlich, die heiligen Stätten in Mekka und Medina vor Feinden des Islam zu schützen. Zusammen mit anderen Religionsführern ruft Auda damals zum Widerstand auf.

Auda ist einer der wichtigsten Anführer der Sahwa-Bewegung, was sich etwa mit dem Wort »Erwecken« übersetzen lässt. Die Sahwa verfolgt einen politischen Islam, der sich seit den 1980ern in Saudi-Arabien ausbreitet. Eigentlich haben sich die Scheichs nach der alten Vereinbarung der Dynastie des religiösen Führers Abd al-Wahhab mit der Dynastie Saud aus der Politik herauszuhalten. Doch die Sahwa-Scheichs lehnen sich genau gegen diese traditionelle Gewaltenteilung auf und fordern damit das Herrscherhaus heraus.

Inspiriert ist die Sahwa-Bewegung durch die ägyptischen Muslimbrüder. In den 1950er und 1960er Jahren hatten viele Muslimbrüder in Saudi-Arabien Zuflucht gefunden vor der Verfolgung durch Ägyptens Präsident Gamal Abd al-Nasser. Sie spielten eine wichtige Rolle beim Aufbau des früher völlig unterentwickelten Landes. Riad fördert ihre Aktivitäten anfangs sogar, als Bollwerk gegen Nassers republikanische Ideen. Bis die Regenten in Riad erkannten, dass sich die Ziele der Muslimbrüder am Ende auch gegen ihre eigene Herrschaft richten würden. Inzwischen verfolgt Saudi-Arabien die Muslimbrüder als terroristische Vereinigung.

Mehr als um Glauben geht es um Loyalität

In Audas Heimat Kassim ist die Sahwa-Bewegung vor allem bei jungen Saudis populär. Die Scheichs rufen zu Protesten gegen die Regierung auf. Es kommt zur sogenannten Buraida-Intifada. Die Demonstrationen werden niedergeschlagen, und der Religionsführer Auda muss ins Gefängnis, es ist das Jahr 1994.

»Das war eine Lektion«, sagt Auda. Wir sitzen in seinem weiträumigen Büro auf einem gelben Brokatsofa, über Eck. Ein Vertrauter bringt Tee und Süßigkeiten. Er und Auda teilten sich damals eine Gefängniszelle. Fünf Jahre verbringt der Prediger hinter Gittern. Dann lässt ihn der Innenminister einen Brief schreiben, in dem Auda sich selbst bezichtigt, einen Fehler gemacht zu haben, und in dem er verspricht, diesen nie mehr zu wiederholen. Das ist fast zwanzig Jahre her. Aber frei ist Auda trotzdem nicht.

»Sie verfolgen jeden Schritt, den ich tue, jeden Tweet, den ich schreibe, sie hetzen mir ihre Troll-Armee auf den Hals, sie haben mich voll unter Kontrolle«, sagt er. Dabei kneift Auda die Augen zusammen, und man gewinnt den Eindruck, sie hätten ein wenig von ihrem Feuer verloren. Die Regierung stellt Auda weitgehend kalt. Er darf nicht mehr in Zeitungen veröffentlichen und nur selten im Fernsehen auftreten. Ihm ist auch verboten, das Land zu verlassen.

Scheich Auda ist ein gutes Beispiel dafür, dass es keineswegs immer theologische Fragen sind, wegen derer Geistliche in Saudi-Arabien im Gefängnis verschwinden. Oft zeigen sie einfach nicht die gewünschte Loyalität zum Herrscherhaus oder sie überschreiten eine bestimmte Grenze, indem sie zum Beispiel die symbiotische Beziehung zwischen der Geistlichkeit und dem Regime infrage stellen.

Nach seiner Entlassung aus dem Gefängnis, 1999, hält sich Auda bewusst zurück mit Provokationen. »Ich will nicht noch einmal ins Gefängnis«, sagt er im Gespräch.

Auda verhält sich gegenüber der Regierung hinfort kooperativ. Er stellt sich jetzt offen gegen Osama bin Laden und dessen Terror, den er gegen das Königshaus und die USA führt. Er schreibt 2007 sogar einen offenen Brief an seinen »Bruder Osama«, in dem er mahnt, dass auch er sich in seinem Nachleben werde verantworten müssen für seine blutigen Taten. Als sich selbst Audas Sohn 2003 aufmacht in den Dschihad, in den Irak, und damit eigentlich nur umsetzt, wozu der Vater früher öffentlich andere junge Männer aufrief, informiert Auda prompt das Innenministerium. Der junge Mann wird daraufhin an der Grenze abgefangen und mit einem Helikopter zur Familie zurückgebracht.

Und dann macht Auda eine erneute Wende. Als die Arabellion 2011 die Autokratien des Nahen Ostens erfasst, schlägt er sich begeistert auf die Seite der Aufständischen – zum Entsetzen des Regimes in Riad. Auda ist offensichtlich überzeugt davon, dass die revolutionäre Welle auch das Königreich erreichen wird und die absolute Monarchie bald Geschichte sei. 2012 schreibt er zudem ein Buch zu *Fragen der Revolution*, in dem er zur Überraschung aller proklamiert, dass die Demokratie die einzige legitime Regierungsform sei, der Islam keine Theokratie zulasse und eine Gewaltenteilung zwischen Staat und Religion dringend erforderlich sei. Er begründet dies durch islamische Schriften. Auda diskutiert aber auch westliche Denkmodelle, setzt sich mit Machiavelli und Rousseau auseinander.

Das Buch wird umgehend verboten. Im Internet ist es jedoch bis heute zu finden.

Seinen Sinneswandel erklärt Auda etwas profan mit seinem fortschreitenden Alter. Er sehe heute klarer als in seiner Jugend, sagt er im April 2014 der *New York Times*. Wahrscheinlich glaubt der Geistliche damals tatsächlich, dass die Zeit für ein islamisches Demokratiemodell, wie es die Muslimbrüder propagieren, gekommen ist. »Mehr denn je in meinem Leben ist dies eine Zeit der Überraschungen«, erklärt er vielsagend. »Man kann in den nächsten Jahren fast alles erwarten.«

»Möge Gott ihre Herzen Harmonie finden lassen«

Weggefährten, die Auda lange kennen, hegen allerdings Zweifel, dass sich der radikalislamische Geistliche tatsächlich in einen liberalen Geist verwandelt hat. Für wahrscheinlicher halten sie, dass er die Taktik des Wolfs im Schafspelz nutzt, um sich für den Fall des Umsturzes Kontakte zu allen Seiten offen zu halten.

Am Ende hat sich Auda jedenfalls gründlich verkalkuliert. Saudi-Arabien überlebt den revolutionären Sturm. Die Regierung von König Abdullah verbietet ihm daraufhin auch die letzte Fernsehshow, an der teilzunehmen ihm noch gestattet war. Fortan muss er sich auf das Schreiben von Büchern und die Korrespondenz mit seinen Anhängern bescheiden.

Doch dann geschieht etwas, dessen Folgen Auda offenbar völlig unterschätzt. Nach einem Streit mit dem Emirat Katar ordnet der junge Thronfolger Prinz Mohammed bin Salman an, die Beziehungen zwischen Riad und Doha abzubrechen. Scheich Salman al-Auda soll die Entscheidung wie andere Prediger auf Twitter als weisen Schritt des Herrscherhauses gutheißen. Doch Auda schreibt genau das Gegenteil der bestellten Aussage. Er ruft die Regenten zur Versöhnung auf: »Möge Gott ihre Herzen zum Wohle ihres Volkes Harmonie finden lassen.«

Seine Weigerung wird Auda jetzt als Sympathiebekundung für die von Katar protegierten Muslimbrüder ausgelegt. Es ist der bisher letzte politische Tweet und kostet den Prediger erneut die Freiheit. Vielleicht sogar das Leben.

Seit September 2017 ist Auda wieder in Haft. Der Staatsanwalt wirft ihm 37 verschiedene Straftaten vor. Er fordert die Todesstrafe. In Riad heißt es, Prinz Mohammed bin Salman wolle Audas Exekution. Nur die internationale Empörung über den Mord an Jamal Khashoggi habe eine Hinrichtung des Geistlichen bisher verzögert.

Befreite Kunst

Jahrzehntelang trotzt ein Maler dem religiösen
Bann gegen die Kunst und wird so eher zufällig
zum Chronisten seines Landes, in dem sich
jetzt erstmals auch eine junge, avantgardistische
Kunstszene entwickelt.

Wer unter das weitläufige Dach hinaufsteigt, in Dia Asis Dias Atelier, den erwartet ein überraschender Trip in die Vergangenheit. Er beginnt ganz am Ende des Lofts, in den Tiefen der Wandregale. Dort lagern die Frühwerke des Malers.

Ich ziehe am Holzrahmen einer verstaubten Leinwand. Die Ölmalerei zeigt den lebensgroßen Körper einer blonden Frau, die langen Haare fallen über ihre bloßen Brüste und den nackten Körper. »Ich wollte malen wie Rubens, Öl auf Leinwand«, grinst Dia Asis Dia.

Das Bild entsteht vor 56 Jahren, da ist Dia gerade 16 Jahre alt. Im wahhabitischen Saudi-Arabien gelten die Bildenden Künste schon damals als Teufelszeug, wenn die ultrakonservativen Rechtsgelehrten auch noch nicht von jedem Lebensbereich Besitz ergriffen haben. Mit Rubens' Meisterwerken hat Dias Bild zwar nicht allzu viel gemein. Bedenkt man, dass der jugendliche Künstler in einer Kulturwüste aufwächst, in der jedwede figürliche Abbildung als Sünde gilt, ist es jedenfalls bemerkenswert. Die Eltern kaufen dem Sohn Bücher, sie unterstützen seine Leidenschaft trotz der kunstfeindlichen Atmosphäre im Land.

Dia erhält ein Stipendium in Italien. Er studiert an der Universität der Künste in Rom, er würde gerne malen wie Rembrandt und Van Gogh, wie Caravaggio. Er lässt sich mitreißen von der Lebensart der Römer, die selbst wie in einem Gemälde leben, in einer Stadt, die ein einziges Kunstwerk ist. Immer wieder besucht Dia die Uffizien in Florenz, die Sixtinische Kapelle, das Pantheon in Rom. Ein Erfahrungsschatz, von dem er bis heute zehrt.

Brisantes Bild

Als Dia Ende der 1970er zurückkehrt nach Dschidda, in die hellste Stadt im Königreich, mit ihren türkisblau und flaschengrün leuchtenden Balkonen, am Meer, wird das Land kurz darauf von einem düsteren Ereignis erschüttert, der Besetzung der Großen Moschee von Mekka durch religiöse Fanatiker. Der Vorfall wirft Saudi-Arabien zurück in die dunkelste aller Zeiten.

Die Katastrophe bewegt Dia zu einem besonderen Bild, und vielleicht ist dieses eine das brisanteste Bild, das Dia Asis Dia in all den Jahren malt. Es zeigt die Kaaba im Inneren der Großen Moschee, davor ein Meer von Blut mit dem abgeschlagenen Kopf einer Schlange, dessen Gesicht die Züge des Attentäters Dschuhaiman al-Utaibi trägt.

Jetzt klemmt das Ölgemälde unbeachtet hinter Dias schwerem Schreibtisch. Möbel müssen verrückt werden, um es überhaupt zugänglich zu machen. In den vergangenen vierzig Jahren hatte sich niemand für das Gemälde »Dschuhaiman« interessiert. Dabei gehört es in ein Museum, schon deshalb, weil niemand sonst es malte.

Saudi-Arabien ist ein Land ohne schulische Kunsterziehung. Figürliches Malen gilt als tabu, *haram*. Selbst Bilder der eigenen Kinder oder der Ehefrau aufzustellen ist in den meisten Familien verpönt.

Dia malte seine Kinder trotzdem regelmäßig, auch seine Frau, die Bilder hängen überall in seinem Atelier. »Wenn Besucher sagen, das sei eine Schande, dann sage ich: Das ist keine Schande, das ist Kunst«, lacht er. Dia ist groß und schlank, der spitze Bart am Kinn längst ergraut, aber die ovalen Augen sind sehr wach. Dias Großvater war einst vor etwa hundert Jahren als religiöser Schüler aus Kasachstan ins Königreich gekommen. Er vererbte ihm die asiatischen Gesichtszüge.

Dias Technik ist solide, strikt konservativ, manches Motiv gleitet ab in Kitsch. Doch der Maler dokumentiert auch den Wandel des Landes vom Beduinenstaat zur High-Tech-Nation und er verfolgt dies mit einer Konsequenz, die vermutlich einzig ist in diesem Land. Das ist sein Verdienst.

Dia malt seinen Vater, einen Schriftsteller, wie er im Dorf unter einem Baldachin im Schein einer Gaslaterne liest. Ein andermal, wie er mit seinen Kindern umhertollt im Licht, das durch die Lamellen des für Dschidda so typischen Balkonanbaus ins Innere eines Hauses fällt. Dia bannt die Invasion der Iraker auf Papier, er malt die vergewaltigten Frauen und die palästinensische Mutter, die ihren Sohn Anfang der 1990er Jahre in der Intifada verliert. Die Israelpolitik ist ein ewiger Streitpunkt zwischen den USA und seinem Alliierten am Golf.

Er zeichnet einen Männerchor auf dem Dorf und die Hüpfspiele der Beduinenkinder, die Teestuben in den Oasen. Dia malt, was ihn bewegt.

Geld verdient er damit nicht.

Als Osama bin Ladens Terrorpiloten am 11. September das World Trade Center in New York einstürzen lassen, skizziert Dia, wie sich die Erde mit Wucht auftut und die Menschen durch eine Feuersbrunst in die Hölle stürzen. Er malt den Anführer der Terrorgruppe Islamischer Staat, Abu Bakr al-Baghdadi, als furchterregende Fratze im Feuer.

Symbole saudischer Identität

Sein Leben bestreitet er durch Aufträge wohlhabender Saudis. Oft sind es Mitglieder der Königsfamilie. Sie lassen sich gerne von ihm malen. Es ist nicht ohne Ironie, dass ausgerechnet diejenigen, die durch ihre Allianz mit den radikalen Islamisten die Kunst hier zum Verstummen brachten, seine besten Kunden werden.

Dia malte den bis heute verehrten König Faisal und die Tochter des Gouverneurs von Mekka, Prinzessin Dschauhara. Für Prinzessin Adila, die Tochter des verstorbenen König Abdullah, stellte er gerade ein Bild des Sängers Andrea Bocelli fertig. Sie wünschte eine besonders grobe Farbstruktur, damit der blinde Künstler das Motiv erfühlen kann – das Gemälde war ein Geschenk an den von der Prinzessin verehrten Sänger.

Dias Dachgeschoss in Dschidda war lange eines der wenigen professionellen Ateliers im Land überhaupt. Aber das ändert sich gerade. Mit der Lockerung der religiösen Zwänge entwickelt sich in Saudi-Arabien gerade erstmals eine nennenswerte Kunstszene. Eines der großen Themen ist der Aufbruch des Landes selbst, mit all seinen Widersprüchen.

Sultan bin Mutrad zum Beispiel war in seinem Leben nie Menschen begegnet, die sich auf kreative Weise ausdrücken. Bis er vor fünf Jahren einen Freund zu einer Vernissage in der Takhassusi Branch Street in der Galerie L'Art Pur im Zentrum von Riad begleitet. Die Galerie eröffnete als einer der ersten Kunstorte des Landes. Damals ist Mutrad zwanzig.

Er sieht zum ersten Mal gemalte Porträts, die völlig aus der Proportion geraten sind. Werke, die mit Symbolen saudischer Identität spielen, mit Pferdeköpfen, Säbeln, geschnitzten Holzkisten, wie Bräute sie als Mitgift ins Haus des Ehemannes mitnehmen. Es gibt große Schwarz-Weiß-Fotografien, die nur Ausschnitte des menschlichen Körpers zeigen, etwa eine verschattete Gesichtshälfte.

Mutrad sagt, es war, als wäre in seinem Inneren ein Uhrwerk in Gang gesetzt worden, von dem er bis dahin nicht einmal wusste.

Seither blicke er anders auf die Welt. Neue Dinge spielten plötzlich eine Rolle, »Schönheit, Logik, Reflexion«.

Als Mutrad damals mit den Künstlern der Galerie spricht, hat er das Gefühl, sich noch nie zuvor so gut mit Fremden unterhalten zu haben. Er recherchiert im Netz, er stößt auf Andy Warhol, auf Banksy. Er fängt an, sich künstlerisch fortzubilden und zu experimentieren. Er kombiniert Ornamente, wie er sie aus der Moschee kennt, mit schrillen Farben, malt auf Holzbalken, die wie Begrenzungszäune aussehen. »Ich versuche, das Alte zu behalten und es zu etwas Neuem zu transformieren«, erklärt er.

»Emotionale Konfrontation«

Ob Mutrads Werk irgendwann Bedeutung haben wird über den Tag hinaus, wird die Zukunft zeigen. Jedenfalls scheint die junge Kunst gerade der einzige öffentliche Raum zu sein, in dem überhaupt eine ernsthafte Auseinandersetzung stattfindet, kreativ und unzensiert.

Gerade erst beginnen sich jene dunklen Geister zu verziehen, die alles mit Strafe belegten, was mit Körperlichkeit, Individualität oder persönlichem Ausdruck zu tun hat. Möglich wird dieser Prozess durch eine schleichende Entmachtung religiöser Autoritäten.

Plötzlich kommunizieren Menschen an vielen Orten offen miteinander, in Parks, Galerien, Malls. Erstmals gibt es Musikunterricht, und das in gemischten Gruppen. Für Menschen aus dem Westen ist es kaum nachvollziehbar, was das für ein Abenteuer ist, wenn einander Unbekannte beider Geschlechter sich in einem Raum versammeln, um zusammen zu musizieren. Hier ist das ohne Frage eine Sensation.

Bei Mutrad zum Beispiel dauert es noch eine ganze Weile, bis er sicher ist, was er wirklich machen will: Nun aber will er sein Leben der Kunst widmen.

Wir treffen uns in Mutrads Kunststudio, im Norden von Riad,

an der Abdullah Abd al-Asis Road. Es befindet sich in einem Betonbau, ein Kubus auf Stelzen, zehn mal zehn Meter, zur Straße hin ein riesiges Industriefenster. »Licht, Weite, der Blick nach Westen, wo die Sonne untergeht, danach haben wir gesucht«, sagt Mutrad. Er hat den Raum gemeinsam mit einem Freund angemietet.

Die Eltern sagen, er solle auf die Universität gehen. Sie machen sich Sorgen. Eine Kunstschule für Männer gibt es aber nicht. »Ich bin jetzt das schwarze Schaf in der Familie«, sagt Mutrad. Dabei streicht er sich die braunen Locken aus dem Gesicht, die sofort wieder in die Stirn fallen. Auf der Nase sitzt eine große, braune Tropfenbrille.

Er ist das jüngste von neun Kindern. Seine Brüder arbeiten als Arabischlehrer, wie sein Vater, die Schwestern sind Hausfrauen, wie die Mutter. Natürlich soll auch Mutrad eigentlich Lehrer werden.

Unverstandensein als Chance

Immerhin hat Mutrad inzwischen schon an mehreren Ausstellungen teilgenommen. Eine seiner Installationen zeigt einen Abakus, eine alte Zählmaschine, mit Stäben und farbigen Perlen, die Stück für Stück weitergeschoben werden. In den kraftvollen Beduinenfarben Rot und Blau bilden die Perlen dann überraschende Figuren, eine Frau in Burka, ein Herz oder eine Fledermaus.

Ein anderes Kunstwerk ist auf eine unregelmäßige Holzwand gesprüht, es sind rote und blaue islamische Ornamente, davor ein Grafittikünstler. Er trägt ein Palästinensertuch um den Kopf geschlungen und sprüht religiöse Muster auf das Holz.

Wieder fließt alles zusammen, Ost und West, die Religion, die Mutrad prägt, die er nun in einen neuen Kontext setzt. Das Aufbegehren gegen das Alte. »Ich suche Herausforderungen, emotionale Konfrontation, und frage mich, wie kann ich sinnvoll existieren? Wie kann ich mich entwickeln?«

Auf 100 Quadratmetern stehen ein Sofa und ein Fernseher.

Sonst nichts. Es gibt eine Glühbirne an der Decke und einen Teppich auf dem Boden. Es könnte Berlin sein, New York, dort wäre das normal, aber es ist Riad. Das macht es ungewöhnlich. 20 000 Rial Miete bezahlt Mutrad für die Location pro Jahr, knapp 5000 Euro. Er teilt sich die Kosten mit dem Freund. Mutrad jobbt in einer Galerie und arbeitet gleichzeitig an seiner Kunst. Er sagt, der Raum gebe ihm Ruhe und Kraft.

Etwa 150 Künstler hätten sich bisher in Riad etabliert, schätzt Mutrad, sie machten vor allem Visual Arts, Malerei, Fotografie, Skulpturkunst. Die Szene ist klein. Immerhin 500 Künstler lebten aber in Dschidda, dort sei die konzeptionelle Kunst stärker.

Schlachtfeld als Schachbrett

Die Chance der Kunst liegt vielleicht gerade darin, dass selbst kritische Inhalte bisher nicht allzu ernst genommen werden. Womöglich werden sie auch nicht verstanden. So entstehen plötzlich Freiräume und durchaus aufregende Kunstmomente.

Im Saudi Art Council in Dschidda zeigten 2018 acht saudische Künstler ihre Arbeiten, der Titel lautete vielversprechend: »Refusing to be still – Wir weigern uns ruhig zu sein«. Kuratiert wurde die Schau durch Vassilis Oikonomopoulos, der schon Kurator in der Londoner Tate Gallery war.

Einige Installationen waren tief berührend: Ein Künstler hatte den Koran kalligrafisch auf zwei monströse Papierbanderolen geschrieben, sie hingen sieben Meter hoch von der Decke, eine weiß, eine schwarz. Oder die Installation eines ehemaligen Soldaten, der Fundstücke aus der Wüste auf Sand arrangiert hatte – allesamt Rückstände von Kriegsmaterial, Patronenhülsen, Verpackungsreste von Militärverpflegung, zwischen Stahlplatten, als sei das Schlachtfeld ein großes Schachbrett.

Die Künstlerin Ahaad Alamoudi, 27, druckte das Motiv von Falkengefieder auf die Kostüme junger Männer, die bei Traditionsfeiern den – beinahe verschwundenen – sufistisch inspirierten

Khabeti-Tanz aufführen. Hier springen die Tänzer – technisch verlangsamt – auf und nieder, drehen sich dabei im Salto um die eigene Achse, um die paradoxe Dynamik der Zeiten zu vermitteln.

Alamoudis Videoschleife lief vor einem mit Dutzenden Tonnen Wüstensand aufgeschütteten Berg, der das Königreich repräsentierte, und trug den Titel: »Those who do not know of falcons grill them« – in Abwandlung eines arabischen Sprichwortes.

Es ging ihr um den Blick, den die Außenwelt auf Saudi-Arabien hat, aber auch darum, wie sich die Menschen hier selbst sehen. Etwas salopp ließe sich der Titel so übersetzen, dass die Ahnungslosen – ob im Westen oder hier – in ihrer Unwissenheit in diesem Moment des Umbruchs alle möglichen Fehler machen könnten, um das Land zu ruinieren.

Die Schönheit von al-Ahsa durch die Augen von Abdullah

Ein Architekt hat einen Traum: Er will die zivilisatorische Bedeutung seiner Heimat ins internationale Bewusstsein rücken. Jetzt gehört der riesige Palmenwald mit seinen archäologischen Schätzen zum Unesco-Welterbe.

Die Leuchtkraft der größten Oase der Welt sticht nicht sofort ins Auge. Vierspurige Asphaltstraßen ziehen sich durch die Wüste, die Farben der Gebäude zeigen alle Schattierungen der Erde: Sand, Ocker, Braun. Hinter hohen Glasfronten liegen Geschäfte mit teuren Teppichen und billigen Haushaltswaren, dazwischen Brachen. Vier Kentucky-Fried-Chicken-Filialen zähle ich allein im alten Verwaltungszentrum der Ostprovinz, Hofuf. Ein paar neue Hotels wurden gebaut, ältere stehen in der zweitgrößten Stadt des Gouvernats, al-Mubarras. Dazwischen wachsen Dattelpalmen. Verbunden werden diese lockeren Siedlungen durch Ampelkreuzungen, große und kleinere Kreisverkehre. Die mehr als 10 000 Hektar große Oase al-Ahsa ist eine sich hinziehende Landschaft und alles in allem wirkt sie ein bisschen wie die orientalische Ausgabe einer öden Kleinstadt in den USA.

Doch das ändert sich, als ich Abdullah treffe. Er sitzt im Büro

in der Prince Sultan Road in Hofuf, die hier alle nur Schlangen-
straße nennen, Schareh Alhayat, weil sie sich durch die Palmen-
wälder der östlichen Oasendörfer windet. »Ahlan wa-sahlan!«,
begrüßt mich Abdullah freundlich, als ich zu ihm in den ersten
Stock hinaufklettere. Abdullah ist Ende sechzig, sein Bart chan-
giert zwischen weiß und grau, er hat freundliche braune Augen
und große fleischige Hände, mit denen er jetzt einen süßen Nescafé anrührt.

Abdullah heißt mit Nachnamen asch-Schayeb. Weil mich
ein gemeinsamer Freund angekündigt hat, soll ich ihn bitte mit
Vornamen ansprechen. Abdullahs Büro befindet sich im Palmen-
garten-Zentrum, an-Nakhla. Es sieht anders aus als die anderen
Häuser: höher als breit, mit hellen Lichtachsen und orientalisch
spitz geformten Fensterrahmen aus Holz sowie blauen, gelben
und roten Glaselementen.

Philosophische Lektion

»Warum ist Ihr Haus so viel schöner als die anderen hier?«, frage
ich. Abdullah ist Architekt, und vor der Pensionierung hat er lange
in der Stadtplanung gearbeitet. Früher hätten fast alle so gebaut,
sagt Abdullah. Doch mit dem Öl sei das Alte verschwunden und
damit die Kunst des Bauens und das Handwerk. Die Menschen
wollten nicht mehr daran erinnert werden, wie das Leben früher
war, sagt Abdullah. Sie zogen in die Städte. Dort bauten Maschinen moderne Häuser aus Beton. Die Dörfer verfielen.

Eigentlich bin ich hier, weil ich etwas über al-Ahsa erfahren
will, die Oase, und die Schiiten, die immer ein schwieriges Verhältnis hatten zu ihrem Staat. Es heißt, niemand habe so viel
für al-Ahsa getan wie Abdullah und keiner wisse mehr über die
Region und ihre Menschen. Doch vom ersten Moment an lenkt
Abdullah die Unterhaltung über solche Fragen hinaus. Unser
Gespräch ist eher eine philosophische Lektion über den richtigen Zeitpunkt im Leben, darüber, wie sinnvoll und siegreich das

Dasein sein kann, selbst unter Widrigkeiten, wenn man ihnen nur mit Weisheit begegnet.

Al-Ahsa liegt in der Ostprovinz Saudi-Arabiens, rund 60 Kilometer vom Persischen Golf entfernt, der hier Arabischer Golf heißt. Der alte Kreuzungspunkt zwischen Bahrain, Katar und den Vereinigten Arabischen Emiraten ist ein lange wenig beachteter Flecken auf der Weltkarte. Das könnte sich jetzt bald ändern. Auch das hat mit Abdullah zu tun.

Rund 2,5 Millionen Palmen stehen hier, erzählt Abdullah. Als wenn das nicht schon erstaunlich genug wäre in einem Wüstenmeer, fragt mein Gastgeber jetzt: »Wussten Sie, dass al-Ahsa eine der ältesten Siedlungen der Menschheit ist, wahrscheinlich sogar die älteste?«

Ich nippe an meinem heißen Nescafé. Mir war bekannt, dass viele saudische Schiiten in al-Ahsa leben, etwa 900 000, und die Oase bereits in der vorchristlichen Zeit als Handelsplatz diente. Ich hatte gehört, dass Händler kostbare Gewürze und Rauchwaren über diese Stadt transportierten, zwischen Persien und dem Süden der Arabischen Halbinsel. Sogar, dass es über sechzig Quellen gibt, heiße und kalte, und die Siedler durch ein ausgeklügeltes Kanalsystem eine hochentwickelte Landwirtschaft betrieben. Aber existierten die Zivilisationen von Palmyra und Mesopotamien nicht viel früher als al-Ahsa?

Abdullah lächelt milde. Er hat schon in viele ungläubige Gesichter gesehen. »Kommen Sie,« sagt er. Er öffnet die Tür und weist den Weg nach draußen.

Wir fahren Richtung Innenstadt, zum Souk Qaisariya, dem überdachten Markt. Wir gehen durch das alte Steintor, an der Gewürzstraße vorbei, in die Schmiedgasse. Die Verkäufer hier fertigen die Messer noch mit der Hand, am offenen Schmiedefeuer. Für umgerechnet sieben Euro erstehe ich eine mittelgroße Klinge, wie sie üblicherweise zum Schächten von Schafen genutzt wird. Das Messer hat einen groben Holzgriff. Es wird mir in der Küche gute Dienste tun. Der Schmied ist ein kräftiger Mann mit Schwielen an den Händen.

Hasawi-Zitronenbaum und Hasawi-Esel

Hinter den geöffneten Holzverschlägen der vielen anderen schmalen Gänge des Souk bieten Händler Stoffe und Naturkosmetik, Gebetsketten, Abajas und Bischt feil. Die teuren Leinenmäntel mit den Goldborten für Honoratioren sind eine Spezialität der hier ansässigen Schneider.

Als erwecke erst Abdullah die Stadt zum Leben, sehe ich al-Ahsa plötzlich in anderem Licht. Kein Sträßchen des Markt-Labyrinths, in dem dieser Mann nicht erfreut begrüßt wird. Jemand bietet Tee an, ein anderer klopft ihm auf die Schulter. Es ist, als ginge man mit einer FC-Bayern-Legende wie Manuel Neuer über den Münchener Stachus. Am Ende des Souks erreichen wir das einzige Teehaus im Markt.

Der Besitzer stürmt auf Abdullah zu, nötigt ihn, in einem der bequemen Polstersessel Platz zu nehmen, trägt Kaffee und Süßigkeiten auf. Danach gibt es noch dicke saure Bohnen und Hummus. Der Wirt ruft seinen Bruder an, damit dieser sich herbeeile. Erst jetzt verstehe ich, welchen Triumph Abdullah hier feiert.

Vierzig Jahre lang hat er zusammengetragen, was diesen Ort unterscheidet von jedem anderen beliebigen Wüstenort: Schriften großer Poeten und Stadtschreiber, die Lieder berühmter Sänger. In seinem privaten Archiv lagern Fotos früher Expeditionen durch die Arabische Halbinsel, außerdem einmalige Skizzen historischer Bauten, die längst nicht mehr existieren, darunter alte Familienhäuser und Moscheen. Wohlhabende Privatleute lassen diese jetzt vereinzelt wieder neu errichten.

Abdullah weiß Geschichten von Helden, die den Palmenwald vor hunderten von Jahren vor Eroberung schützten, und kennt die Biografien herausragender Stammesführer. Er wies nach, dass der bekannte Hasawi-Zitronenbaum aus al-Ahsa kommt wie auch die Hasawi-Dattel und der Hasawi-Esel. Abdullahs Recherchen über archäologische Orte wie Ain Qannas lieferten am Ende tatsächlich Belege für die Besiedelung der Oase vor 6000 Jahren.

»Er hat mir den Reichtum der Kultur meiner Herkunft eröffnet«, sagt Khalil al-Muweil, ein Musiker aus al-Ahsa. Abdullah hatte den Ud-Spieler beauftragt, hier nach den regionalen Besonderheiten des Nationaltanzes al-Ardha zu forschen, dem Schwerttanz, der die kriegerische Vereinigungsgeschichte des Landes und den Schwur auf den König ritualisiert. Almuweil sagt, Abdullah habe al-Ahsa seinen Platz in der Geschichte zurückgegeben.

Es ist auch Abdullah, der bei den Behörden anregt, sich bei der in Paris ansässigen Unesco für die Einstufung als Welterbe zu bewerben. Das Verfahren dauert Jahre, aber aufgrund der vorhandenen Dokumente wird die Oase tatsächlich nominiert. Abdullah empfängt Dutzende Forscher, Historiker, Experten. Im Auftrag der Vereinten Nationen tragen sie nun ganz offiziell die vergessene Historie von al-Ahsa zusammen. Am 29. Juni 2018 entscheidet das Komitee, die Oasenstadt in die Liste des Unesco-Welterbes aufzunehmen.

Wer etwas erreichen will in Saudi-Arabien, braucht gute Kontakte ins – sunnitische – Königshaus. Für Schiiten ist das nicht immer leicht. Sie stellen zwar die Mehrheit dar in al-Ahsa. In der Nomenklatura werden sie dennoch fast immer durch sunnitische Vorgesetzte kontrolliert. Der Staat traut der Minderheit nicht und umgekehrt.

»Um ans Ziel zu kommen, gibt es hier in der Ostprovinz zwei Denkschulen«, erklärt Abdullah, »den Weg der Katifis und den Weg der Hasawis.«

Die Schiiten aus al-Katif, der Küstenstadt 150 Kilometer nördlich von al-Ahsa, sind bekannt für ihre immer wieder aufflackernde Rebellion gegen das Regime in Riad – und ebenso für ihr Leiden an ihm. Regelmäßig unterliegen die Aufständischen der geballten Staatsmacht, die ihre Proteste auf den Plan ruft. Dann werden die Rebellen verhaftet, eingesperrt, einige sogar zum Tode verurteilt durch das Schwert.

Viele Bewohner von al-Katif verachten die Bewohner von al-

Ahsa dafür, dass sie nie aufgestanden sind gegen den Staat. »Die Katifis halten uns für Feiglinge«, sagt Abdullah. Tatsächlich kooperieren die Hasawis mit dem Königshaus. »Wir sind ein Teil dieses Landes,« sagt Abadullah, »wir gehören dazu.« Die Bewohner von al-Ahsa glauben, der Kampf sei die falsche Strategie.

»Glück kommt zu dem, der warten kann«

»Was haben die Rebellen von al-Katif erreicht?«, fragt Abdullah lakonisch, während er das Auto auf einen Parkplatz einige Kilometer nördlich von Hofuf lenkt. Anstatt sich sinnlos aufzureiben, brauche der Mensch ein positives Ziel, das er mit Überzeugung verfolge, wie gut oder schlecht die Zeiten auch seien, sagt Abdullah. Irgendwann öffne sich immer mal ein Fenster, dann müsse man die Gelegenheit beim Schopfe packen: »Das Glück kommt zu dem, der warten kann.«

Abdullahs Stunde kam in Form der SCTH – der Saudi Commisson for Tourism & National Heritage, zu Deutsch: die Entdeckung des Tourismus als Einnahmequelle für die Zukunft. Damit die Bevölkerung ihr Geld in den Ferien nicht mehr nur ins Ausland trägt, wurde der Renovierung archäologischer Schätze eine hohe Priorität eingeräumt.

Plötzlich machte alles Sinn, wofür Abdullah all die Jahre gekämpft hatte: den Erhalt der alten Gebäude wie den Souk Qaisariya, den andere Planer in der Verwaltung abreißen wollten, oder die Renovierung der ersten Schule al-Ahsas, die sonst verfallen wäre. Heute ist die Schule mit der aufwendig geschnitzten Holzfassade eines der architektonischen Highlights der Stadt.

Und natürlich ist Abdullah stolz auf die Restaurierung der Überreste der Dschawatha-Moschee, für die er im Zusammenhang mit der Nominierung bei der Unesco so dringend warb. 2015 wurde sie tatsächlich fertiggestellt. Nach der Moschee in Medina handelt es sich wahrscheinlich um das zweitälteste muslimische Gotteshaus der Welt. Historiker datieren den einfachen Lehmbau auf das Jahr 636, das 14. Jahr nach der Flucht des Propheten Mohammed aus Mekka. Und inzwischen steht auch schwarz auf weiß, dass die Zivilisation von al-Ahsa bereits im fünften Jahrtausend vor der christlichen Zeitrechnung existierte.

Als jedoch die Aufnahme in das Unesco-Welterbe beschlossene Sache war und die Honoratioren der Stadt, des Bezirks und der Ostprovinz das große Ereignis feierten mit Reden und hohem Besuch aus dem Königshaus aus Riad, fehlte einer auf der Gästeliste: Abdullah. Die – meist sunnitischen – Karrierebeamten in der ersten Reihe wollten den Ruhm für sich allein haben.

Es ist schon dunkel an diesem Tag, als wir die Moschee betreten, in der sich die Gläubigen gerade zum Abendgebet versammeln. Das Gebäude liegt abseits eines Vergnügungsparks. Abdullah sorgte dafür, dass sich in der Anlage nicht nur Wasserspiele und Fahrgeschäfte befinden, sondern auch ein kleines Museum mit Teestube und Kunsthandwerker ihren Platz haben.

Abdullah könnte verbittert sein. Andere Namen werden jetzt in die Geschichte darüber eingehen, wie al-Ahsa zurück auf die Weltkarte kam. Er schluckt.

Ich möchte ihn aufheitern und versuche einen Scherz. Mit seiner beharrlichen Findigkeit würde er am Ende noch beweisen, dass selbst Adam und Eva von hier stammen, sage ich.

Da glänzen Abdullahs Augen wieder. Natürlich befinde sich das Paradies, aus dem Adam und Eva verstoßen wurden, in den Palmengärten von al-Ahsa, behauptet er sofort begeistert. »Oder hat die geografischen Daten für das Paradies schon jemand anderes für sich reklamiert?«

Die gottgefällige Dschamila

*Die Bankerin ist 29, schön und wirtschaftlich
unabhängig. Sie sucht einen Ehemann, mit
dem sie sich auch unterhalten kann. Doch die
gesellschaftliche Revolution zieht an ihr vorüber.
Denn sie lebt im ultrakonservativen Buraida –
dem Vatikan des Königreichs.*

Mit der Bahn in die Stadt Buraida zu fahren ist ein bisschen
so, als würde man im Raumschiff Enterprise einchecken, um auf
dem schnellsten Weg ins Mittelalter zu reisen. Die Hauptstadt
der Provinz Kassim gilt als Wiege der Wahhabiya. Einflussreiche
Scheichs stammen von hier, viele Schlachten wurden hier geschlagen zur Vereinigung des Wüstenreichs und nirgendwo werden die
religiösen Gesetze ernster genommen als in Buraida, im Herzen
Zentralarabiens.

Das neue Bahnhofsterminal in Riad sieht aus, wie ich mir
die Abflughalle des künftigen Berliner Flughafens vorstelle: Das
Gepäck wird am Schalter aufgegeben, die Passagiere erhalten eine
elektronische Bordkarte und passieren damit eine hochmoderne
Sicherheitsschranke. Die Businessclass-Gäste warten in einer eleganten Lounge auf ihre Abreise. In den neuen Zügen riechen die
grauen Komfortsitze noch nach Chemie. So neu ist hier alles.

Dreimal schallt ein »Allahu akbar« – Gott ist groß – aus den Lautsprechern, danach noch das Reisegebet des Propheten, dann geht es los. Wir rollen aus der Stadt hinaus, durch endlos erscheinende Wüsten, vorbei an Beduinenzelten, schwarzen Kamelen und Palmenhainen. Die Reisenden werden von elegant gekleideten Bediensteten versorgt, mit arabischem Kaffee aus goldenen Kannen und mit Datteln. Das Menü kommt in quadratischen Plastikschalen, wie im Flugzeug – Omelett, Croissants, frische Früchte.

Auf einem Bildschirm im Abteil sieht der Fahrgast historische Aufnahmen des Eisenbahnbaus in Saudi-Arabien, aus den 1940er Jahren, in Schwarz-Weiß. Bauarbeiter erobern die Wüste mit Schaufeln und Schubkarren, es herrscht Aufbruchsstimmung. Die Aramco, die Arabian-American Oil Company, legt die ersten Schienen. Saudis und Amerikaner arbeiten Hand in Hand. Das Unternehmen musste für die Erdölförderung Ausrüstung zwischen dem Persischen Golf und dem Landesinneren transportieren. König Abd al-Asis eröffnet am 20. Oktober 1951 zwischen Riad und Dammam schließlich feierlich die erste saudische Bahnstrecke.

Allerdings führte schon zuvor einmal eine Strecke durch die Wüste, die Hedschasbahn. Sie verkehrte zwischen Damaskus und Medina und brachte zu Beginn des 20. Jahrhunderts die Pilger zu den heiligen Stätten. Die Verbindung war von den Osmanen errichtet worden – fertiggestellt unter der technischen Leitung deutscher Ingenieure, im Jahr 1908.

Hier halten sich die Menschen gegenseitig in Schach

In Buraida will ich Dschamila besuchen, eine Bankerin. Wir haben uns vor ein paar Monaten auf der Hochzeitsfeier ihrer Cousine Nazisch kennengelernt, im Holiday-Inn-Hotel in Riad. Hochzeiten und Beerdigungen gehören zu den seltenen Gelegenheiten, für die Dschamila ihre Stadt verlässt.

Dschamila ist neugierig, erfrischend, reflektiert, dabei trotzdem so konservativ, dass ich die Widersprüche ihres Lebens selbst nach einem Dutzend Reisen nach Saudi-Arabien nur schwer verstehen kann.

Als die Religionspolizei entmachtet wird, Anfang 2015, geht in Riad ein Witz um: Im zentralarabischen Kassim mache das sowieso keinen Unterschied, heißt es, dort seien die Bewohner selbst die Religionspolizei. Und da ist was dran. Während der Geist sozialer Lockerungen die meisten großen Provinzstädte ergriffen hat, veränderte sich hier sichtbar nichts.

Die Frauen tragen auf der Straße weiterhin ausnahmslos Nikab, dazu vielfach schwarze Handschuhe. Männer und Frauen sind strikt getrennt – auf der Straße, im Park, im Restaurant. Auf dem Gemüsemarkt kaufen ausschließlich Männer ein, denn ihre Frauen verlassen das Haus so gut wie nie. Auch ohne strafende Tugendwächter halten sich die Menschen hier weiterhin gegenseitig in Schach, aus inbrünstig empfundener religiöser Überzeugung.

Dschamila trägt den Gesichtsschleier selbstverständlich auch in der Bank am Arbeitsplatz. Sie ist 29 und hat englische Literaturwissenschaften studiert. Sie ist Chief-Controllerin – und unverheiratet. Sie sagt, sie suche einen Mann, mit dem sie sich auch unterhalten könne. Das habe ihr den Ruf eingebracht, eine komplizierte Frau zu sein. Sie schlug bereits einige Heiratsofferten aus.

Dschamila hat breite Wangen, das schwarze Haar fällt ihr offen auf die Schultern. Die dicht bewimperten braunen Augen sind eingerahmt von kräftigen, langgezogenen Brauen. Sie besitzt volle, fleischige Lippen, und oft liegt etwas melancholisch Herausforderndes in ihrem Blick.

Verborgenes Kleinod

Wir sind im Wochenendhaus ihrer Familie verabredet. Sie nennt es »Chalet«, als träfen wir uns in den Schweizer Bergen, vermutlich eine Art Synonym für den Wochenendhaustraum fast aller Saudis.

Dschamila hat die Koordinaten der Adresse geschickt. Der Taxifahrer, der mich vom Bahnhof an mein Ziel bringt, fährt durch das Zentrum von Buraida. Die Stadt wirkt wie andere saudische Städte auch – viele SUVs, moderne Malls, gute Infrastruktur. Wenig Menschen. Wir biegen zur Stadtautobahn ab, nach zwanzig Minuten verlassen wir sie wieder. Es geht durch leere Gassen, vorbei an sandfarbenen Villen. Die Siedlung endet, die Wüste beginnt, die immer seltener werdenden Gehöfte haben immer längere Mauern. Nicht ein Mensch ist zu sehen. Plötzlich hält der Fahrer: »Hier ist es.«

Für einen Moment glaube ich, am falschen Wüstenende ausgestiegen zu sein, und male mir aus, wie ich jenseits jeden Telefonempfangs und ohne eine Menschenseele an diesem Ort zurückbleibe. Die verwitterten Tore zu den Eingängen heben sich farblich kaum ab vom Mauerwerk. Ich sehe zwei Stufen, poche an eine Stahltür. Ein Bediensteter öffnet und gibt den Blick in den Garten frei: grüner Rasen, ein mit frischem Wasser gefüllter blauer Pool, eingerahmt von hellem Granit, große Terrasse vor einem weißen Bungalow, riesige Glasfront – ein verborgenes Kleinod.

Fast zeitgleich trifft jetzt auch Dschamila ein, sie kommt direkt aus der Bank. Sie führt mich in ein Schlafzimmer mit elegantem Doppelbett, Gartenblick, schweren Brokatvorhängen. Das erste Mal sehe ich im Königreich goldfarbene Wasserhähne, wie es das Klischee ist für das reiche Saudi-Arabien, und sogar das Waschbecken ist vergoldet. Dschamila gehört zum guten Mittelstand und verdient etwa so viel wie eine mittlere Sparkassen-Managerin in Deutschland. Sie sagt, dass wir heute Abend eine Gartenparty feiern. Ihre Mutter käme und zwei Cousinen und deren Töchter, die Frau ihres Bruders und eine Freundin aus der Bank – eine reine Frauenveranstaltung, natürlich.

Bis die Gäste kommen, entspannen wir im Chalet. Dschamila kocht Kaffee und ich erzähle ihr von Tarek. Er ist Elektrofachmann in einem Krankenhaus, in Riad, ein hilfsbereiter Mann, 38. Groß, runde Sonnenbrille, hohe Stirn, vielleicht hat er ein paar Kilo zu viel auf den Rippen, dafür aber Freunde aus der ganzen Welt, sage ich, und er ist, das ist eine Rarität im Königreich, ganz geradeheraus, er sagt immer, was er denkt. Tarek sucht eine echte Partnerschaft, wie Dschamila, dabei ist er wie sie sehr konservativ.

Tarek hat noch nie eine Frau geküsst. Viermal schon hat er um die Hand einer potenziellen Kandidatin angehalten, viermal ist er gescheitert, hat er mir erzählt. Ich denke, Dschamila wäre perfekt für Tarek, und umgekehrt.

»Ein Foto willst du schicken?«, fragte mich Tarek entgeistert, als ich ihm einmal von Dschamila erzählte. Schon das Senden ihres Bildes verletze die Würde einer Frau, hatte mir Tarek damals empört erklärt.

Ruf in Gefahr

Solange der pakistanische Angestellte anwesend ist, verbirgt Dschamila ihr Gesicht selbst im eigenen Haus hinter dem Nikab. Nur jene Männer dürfen ihr Antlitz sehen, die wegen ihres engen Verwandtschaftsverhältnisses nicht als Ehepartner infrage kommen, also der Vater, Söhne und die Brüder. Cousins dagegen, Schwager, Onkel sind außerhalb von Dschamilas Lebenswirklichkeit.

Der einzige Mann, mit dem wir an diesem Wochenende gemeinsam zu tun haben, ist Dschamilas Bruder Ahmad. Er arbeitet ebenfalls im Finanzsektor. Ahmad ist Dschamilas Verbündeter bei Verhandlungen mit der Außenwelt oder mit dem Vater. Doch der erlaubt trotzdem nicht, dass sie ein hochdotiertes Angebot einer Bank in Dubai annimmt, das ihr seit Monaten vorliegt – obwohl es eine Riesenchance wäre für seine Tochter. Der

Vater sagt, würde Dschamila in den Arabischen Emiraten leben, in denen es im Geschäftsleben keine Geschlechtertrennung gibt, wäre ihr Ruf in Buraida unwiederbringlich zerstört.

Als wir später mit ihrer Mutter im Garten sitzen und diskutieren, ob Dschamila im Sommer an einer arabisch-europäischen Business-Konferenz teilnimmt, in München, verzieht diese das Gesicht. Sie sagt, sie habe von einem Terroranschlag in Berlin gehört: »Es ist nicht sicher dort.«

Abends im Chalet versammeln sich zwei Dutzend Frauen. Sie bringen köstliche Speisen mit, Lammspieße, Hühnchen, Soßen, Salat, Desserts aus Datteln und Reismilch. Sie tragen bunte Kleider, goldene Armreife, funkelnde Halsketten. Sie sind aufwendig geschminkt, die Haare und Gewänder duften nach exklusiven, ätherischen Oud-Essenzen, die auf glühenden Kohlen verdampft werden. Immer wieder wird der Duftkelch herumgereicht.

Bars in Buraida?

Auch Dschamilas Tante ist unter den Gästen. Sie ist eine aparte Frau Mitte sechzig. Ihr jüngster Sohn starb vor zwei Monaten – die Tante leidet seither unter Depressionen. Deshalb bat sie ihren ältesten Sohn, der in New York lebte, zurückzukommen. In dieser schweren Zeit will sie ihre Kinder um sich haben. Der 28-jährige Rida hatte dort Wirtschaft und Internationales Recht studiert, fünf Jahre lang. Er stand kurz vor der Masterprüfung zum Business Administrator. Trotzdem kehrte er sofort in die Heimat zurück. Die Familie kommt zuerst.

Es geschieht nicht allzu häufig, dass in Buraida westliche Besucher anreisen. Dschamilas Tante sagt, ihr Sohn Rida, der sie hierhergebracht habe, würde mich gerne kennenlernen. Wenn ich einverstanden wäre, riefe sie ihn an. Er warte bei einem Freund. Kurz darauf wird Rida durch einen zweiten Eingang in einen anderen Trakt des Bungalows geführt. Den Frauen im Garten darf er natürlich nicht begegnen.

Rida küsst zuerst den Kopf der Mutter, dann ihre Hand. Er ist groß, schlank, akkurat geschnittener Vollbart, wie man ihn jetzt auch in London und New York trägt, dazu der lange Thaub. »Wenn du Eltern in Buraida einen Wunsch abschlägst, wenn sie dich brauchen, kannst du dich hier in der Gesellschaft nicht mehr blicken lassen«, sagt Rida. In Buraida sei man stolz darauf, den »puren, wahren Islam« zu leben. Was davon genau spirituelle Wurzeln der Wahhabiya sind und was die Traditionen der Region, wäre schwierig aufzudröseln. Rida schätzt, dass in Buraida etwa zwanzig Prozent Ultrakonservative leben, siebzig Prozent seien vergleichsweise moderat, und es gebe zehn Prozent »Liberale«. Übersetzt in westliche Maßstäbe, sind die Menschen hier in feinen Abstufungen zu neunzig Prozent stockkonservativ und vielleicht zehn Prozent der Männer würden einer Frau zur Begrüßung auch die Hand reichen oder sie in ihrem Betrieb einstellen.

»Was genau meinst du mit liberal?«, frage ich und lerne, dass politische Rebellen und Reformer besonders häufig ausgerechnet aus dem konservativen Kassim kommen.

Extreme brächten eben immer auch das Gegenteil hervor, sagt Rida. Ich muss an Bayern denken in den 1970er Jahren, als ich dort aufwuchs. Ich erinnere, wie stark die Kirche damals noch die Menschen im Griff hatte, vor allem in der Enge der Provinz, auf den Dörfern. Und wie die Katholiken mit ihren strengen Geboten auch dort Widerständler produzierten, Autoren wie Herbert Achternbusch zum Beispiel oder Kabarettisten wie Dieter Hildebrandt.

Es stellt sich heraus, dass Dschamilas Cousin ziemlich flexibel ist, was seine religiös-politische Ausrichtung angeht. Rida ist 1991 geboren, aufgewachsen zwar in einer der konservativsten Gegenden, aber er kennt die Welt und fühlt sich offenbar auf jedem Parkett zuhause – er kann ultrakonservativ und Partyboy. Als Mann ist das durchaus möglich.

Wir sitzen auf einem dicken Veloursteppich in einem kleinen Raum am anderen Ende des Gartens, lehnen an weichen Schaumstoffkissen. »Das religiöse Establishment ist gebrochen«, sagt Rida, »wir lachen über die Geistlichen, die uns früher Furcht eingejagt haben und unter Kronprinz Mohammed bin Salman wieder etwas völlig anderes sagen als zuvor.« Er hat recht. Auch die Geistlichen haben ihre Agenda in Reaktion auf die sich wandelnden politischen Verhältnisse angepasst – und bringen damit zum Ausdruck, dass ihnen ein unkompliziertes Leben offenbar wichtiger ist als ihre angeblichen Überzeugungen.

Rida glaubt, dass die Veränderungen im Königreich jetzt ganz rasch gehen. Er spricht Dinge aus, für die man, würde man sie in sozialen Medien posten oder öffentlich sagen, ganz schnell im Gefängnis landen würde. »Wir werden irgendwann ein richtiges Parlament haben, eine konstitutionelle Monarchie, wenn wir unsere Probleme gelöst haben im Jemen, mit Katar und im Libanon«, sagt er. Das sei gerade »talk of the town« in Buraida.

Fast schwärmerisch erklärt mir Rida, wie er sich sein künftiges Leben zwischen Ost und West vorstellt. »Irgendwann werden hier Bars eröffnen«, sagt er, »das kommt!« Ich werfe ein, dass der Kronprinz das stets ausgeschlossen hat. Aber Rida beharrt, spätestens, wenn das Projekt Neom Wirklichkeit sei, würde es auch in Saudi-Arabien offiziell Alkohol geben.

Neom ist eine futuristische Unternehmung, die Prinz Mohammed bin Salman plant, ein modernistischer Technologiepark mit einer neuen Stadt, die in wenigen Jahren am Roten Meer errichtet werden soll. Ihr Name ergibt sich aus einer Verschmelzung des griechischen Wortes für neu, *neo*, und einem m für *mustaqbal*, arabisch für Zukunft. Wie sonst sollte man Leute an die Strände von Neom locken, fragt Rida, wenn sie dort keine Margaritas trinken können bei Sonnenuntergang?

Zerschnittene Kinderfotos

Die Frauen-Party neigt sich dem Ende entgegen. Es ist kurz nach zehn Uhr. Bevor ich zu Bett gehe, mache ich noch ein Handyfoto von den goldenen Armaturen des Badezimmers, nur um es meinen Freunden zu senden – als lustiges Beispiel dafür, dass an Stereotypen immer auch etwas dran ist, selbst wenn sich die Wirklichkeit dann doch anders darstellt.

Nach unserem Abend im Garten gehen Dschamila und ich mittags darauf in ein elegantes Lokal mit Dachterrasse im Zentrum von Buraida. Von dort lässt sich die ganze Stadt überblicken, auch der riesige kugelförmige Wasserturm, das Wahrzeichen der Provinzmetropole, ist zu sehen. Auf der Terrasse sind mehrere Zeltabteile aufgebaut. Wenn die Kellner sich nähern, kündigen sie dies vorher mündlich an. Dann zieht Dschamila rasch den Nikab vors Gesicht.

Es gibt Avocado-Toast, Sushi, Caesar Salad, nicht anders als säßen wir in einem Bistro in Berlin oder Paris. Dort würde man allerdings auch ein Glas Wein dazu bestellen, zumindest abends.

Vor Dschamila liegt ihr Handy. Ab und zu sieht sie ein englisches Wort auf Google translate nach oder sie sucht ein Bild von einem Ort, eine Person oder einen Gegenstand, um ihn mir zu zeigen. Das Telefon ist das neueste Modell von Samsung. Dschamila sieht darin alles, was ich sehe, und sie weiß, was wir wissen. Das Telefon ist wie ein Fenster in die globale Moderne, durch das Dschamila die Welt beobachtet. Doch das Fenster öffnet sich nicht für sie.

Dschamila will gottgefällig sein. Sie ist tiefgläubig. Sie will alles richtig machen. Dschamila glaubt den Predigern auch lange, dass Frauen deshalb nicht Auto fahren sollten, weil das ihre Fruchtbarkeit beschädige. Sie feiert keine Geburtstage, weil das *haram* sei, und verbirgt außer ihrem Gesicht auch ihre Haare, Füße und oft sogar noch ihre Hände – in dunklen Handschuhen. Als Jugendliche zerstörte Dschamila alle Fotos ihrer Kindheit, nachdem Geistliche behauptet hatten, es sei unislamisch, an solch körperlichen Erinnerungen zu hängen.

Gerade findet sie heraus, dass die meisten Regeln, denen sie sich seit ihrer Jugend unterwirft, nicht wirklich von Gott gemacht wurden, sondern von Menschen. Und jetzt, da die Regeln nicht mehr zu deren Zielen passen, heben die Menschen sie wieder auf.

Kürzlich rief Dschamila, von Zweifeln zerrissen, bei Fatwa TV an. Das ist einer der vielen Sender, in denen ein bekannter Prediger seine religiöse Interpretation zu rituellen Praktiken des Alltags verbreitet. Sie fragte um Rat, ob es wirklich zwingend sei, ihr Antlitz zu verhüllen. Sie bat um Aufklärung darüber, warum es darüber plötzlich unterschiedliche Ansichten gäbe.

Doch wie früher wurde sie wieder nur auf Hadithe verwiesen, die von der islamischen Tradition überlieferten Worte des Propheten. Wieder sagte man ihr, sie solle den Nikab auf jeden Fall tragen, sonst würde ihr Gesicht in der Hölle verbrannt.

Dschamila sagt, sie fühle sich betrogen. Sie wünschte, zehn, zwanzig Jahre jünger zu sein, um den gesellschaftlichen Aufbruch dieser Tage genießen zu können. All die Jahre sei sie eine Frau unter vielen gewesen, weil sie ihr Gesicht nicht habe zeigen dürfen. Nie sei sie erkennbar anders als andere gewesen. »Das ist eine Falle, die jetzt, da sich alles ändert, gleich ein zweites Mal zuschnappt«, sagt sie. Denn sie könne den Nikab jetzt nicht mehr abnehmen: Der Vater wäre enttäuscht, die Mutter traurig und ihre Reputation in Buraida zerstört.

Ich frage Dschamila, ob sie vielleicht nicht doch Tarek auf einen Kaffee treffen könnte, beim nächsten Geschäftsmeeting ihrer Bank in Riad. »Natürlich nicht«, antwortet Dschamila entrüstet, »was soll er von mir denken?«

Für manche kommt die gesellschaftliche Revolution jetzt einfach zu spät, selbst wenn sie sich in großer Geschwindigkeit vollzieht. Für Tarek und Dschamila zum Beispiel. Beide sind das Produkt eines religiösen Fanatismus, der jahrzehntelang im Land herrschte und der ihnen, so könnte man sagen, das Leben gestohlen hat.

Ein letztes Mal bei unserem Treffen hier wird die Zeltbahn aufgezogen, Dschamila verhüllt ihr Gesicht und bittet um die Rechnung. Sie bezahlt mit der Kreditkarte, mit dem Geld, das sie selbst verdient als hochqualifizierte Angestellte.

Es ist Ende Februar 2018, wir nehmen den Aufzug nach unten. Dschamilas Fahrer wartet auf der Straße, um mich zum Bahnhof zu bringen. Sie bleibt hier. Sie winkt, und ich nehme den Zug zurück in die Zukunft.

Was seither geschah

*Ein aufgeklärter Mord, mehr Sex und warum die
Zukunft im Königreich gerade erst begonnen hat*

Der Tag, an dem diese Zeilen entstehen, ist eine Zäsur für das
neue Saudi-Arabien. Es geht um einen Bericht der Central In-
telligence Agency (CIA) vom 26. Februar 2021 über den faktisch
mächtigsten Mann im Königreich, Mohammed bin Salman.
Das vierseitige Geheimdokument dürfte den jungen Thronfolger auf absehbare Zeit international zur unerwünschten Person
machen.

Veröffentlicht wurde der Bericht erstmals unter dem neuen
US-Präsidenten Joe Biden, und er gibt Auskunft über den Einsatz der saudi-arabischen Elite-Truppe Rapid Intervention Force,
kurz R. I. F., deren Aufgabe es eigentlich ist, den Thronfolger zu
schützen. Seit 2017 ist sie auch weltweit aktiv und macht Jagd auf
politische Abweichler. Mitglieder der R. I. F. töteten am 2. Oktober 2018 in Istanbul den bekannten Journalisten Jamal Khashoggi,
der zuvor unter einem Vorwand ins saudische Konsulat gelockt
worden war (Seite 28 ff.).

Thronfolger Prinz Mohammed nannte die Bluttat in einem
CBS-Fernsehinterview ein »entsetzliches Verbrechen«. Er zeigte
sich tief betroffen. Nun aber begründet der US-Geheimdienst in

seiner Analyse, dass als Auftraggeber für den Mord nur der Kronprinz selbst infrage kommt. Ohne dessen Einverständnis hätten »Mitglieder der R. I. F. niemals mitgemacht«, denn diese reportieren »ausschließlich an ihn«.

Befreier der Jugend

Ich rufe Khalid in Riad an, ein Ingenieur, mit dem ich im Königreich oft unterwegs gewesen bin. Ich frage ihn, was es für die Saudi-Araber bedeutet, wenn ihr künftiger König vom amerikanischen Geheimdienst als Mörder beschuldigt wird.

Khalid sagt, er finde das »ungerecht«. Sein Leben sei heute so viel besser, seit Prinz Mohammed de facto das Land regiert. Khalid ist Anfang dreißig. »Prinz Mohammed tut viel Gutes«, sagt er. Der Kronprinz habe die Jugend befreit! Als noch unverheirateter Mann könne er sich endlich uneingeschränkt bewegen, ohne ständig von der radikalen Religionspolizei aufgegriffen zu werden.

Abends ist Khalid jetzt meist in der Riyadh Park Mall oder in The Zone anzutreffen. Das sind die neuen Erlebniscenter der Hauptstadt, großflächige Anlagen mit Gärten, Wasserfällen, Geschäften und Cafés. Früher zwangen ihn die Ultrareligiösen nach der Arbeit zuhause zu bleiben, sagt Khalid. »Das Leben war langweilig.«

Mit Joe Biden im Weißen Haus wird es kompliziert

Natürlich kannte auch der frühere US-Präsident Donald Trump den CIA-Bericht, der den Kronprinzen jetzt so schwer belastet. Als damaliger Staatschef hatte er ihn unter Verschluss gehalten, die Geschäfte mit Saudi-Arabien sollten ungestört weiterlaufen. »Vielleicht hat er es getan, vielleicht hat er es nicht getan«, rätselte Trump damals scheinbar naiv über die Beteiligung des Kronprinzen an dem Verbrechen.

Khalid sagt, er hätte Trump auch weiterhin lieber im Weißen Haus gesehen als den Demokraten Biden. Trump sei für die saudi-arabische Wirtschaft gut gewesen. Mit dem neuen Präsidenten und dem Kronprinzen, glaubt Khalid, könnte es kompliziert werden zwischen Riad und Washington.

Kann ein Leben ohne Geschlechtertrennung funktionieren?

Seit ich aus meinem Apartment in der Ibn-Ammar-Straße in Riad ausgezogen bin und dieses Buch schrieb, ist einiges passiert: Die Amerikaner haben Trump abgewählt, und zuvor hat der Iran Saudi-Arabien angegriffen, das war am 14. September 2019. Bei dem Drohnen- und Raketenanschlag wurden fünfzig Prozent der saudischen Ölproduktion zerstört. Nur Trumps Unlust auf einen weiteren Konflikt im Nahen Osten verhinderte damals, dass es zur kriegerischen Auseinandersetzung mit Teheran gekommen ist. Die Spannungen zwischen Iran und Saudi-Arabien sind seither auf einem dauerhaft gefährlich hohen Niveau.

Auch das Leben meiner Freunde im Königreich ist nicht mehr das gleiche. Die Corona-Pandemie hat erstaunliche Effekte: Großmütter, die nie zu schreiben gelernt hatten, begannen plötzlich iPads und Microsoft Teams zu benutzen. So konnten sie ihre Verwandten wenigstens auf dem Bildschirm sehen. Der Modernisierungsschub hat die Digitalisierung bis in die letzten Winkel des Königreichs getragen.

Die reiselustigen Saudi-Araber konnten das Land lange nicht verlassen, die Regierung riegelte das Land weithin ab. Gleichwohl ist es schwierig, eine Gesellschaft, in der meist drei Generationen zusammenleben, isoliert im Lockdown zu halten. Immer wieder berichten Bekannte vom Verlust einzelner Angehöriger.

Der Ud-Spieler Fahd wollte herausfinden, inwiefern die Menschen im Abendland anders leben als er und seine Landsleute und ob es tatsächlich gutgehen kann, wenn die Geschlechtertrennung aufgehoben ist. Er reiste nach Europa und traf in Berlin mit einem DJ und einer Violinistin zu Improvisations-Sessions zusammen. Jetzt prüft Fahd, ob er an einer deutschen Universität promovieren kann.

Nura, die mich in Riad in die Gesellschaft der Frauen einführte, lebt heute mit ihrem Mann in Afrika. Er arbeitet dort als Militärattaché einer saudischen Botschaft, und sie hat noch eine weitere Tochter bekommen.

Die Aktivistin Eman Alnafjan wurde erst ein Jahr nach ihrer Verhaftung wieder aus dem Gefängnis entlassen, mit zahllosen Auflagen. Sie erhole sich langsam von der Folter, die ihr angetan wurde, heißt es aus ihrem Umfeld, und sie wisse nicht, ob sie das, was sie erlebte, je vergessen könne.

1001 Nacht Gefangenschaft

Von sich aus hat Eman jeden Kontakt zu Ausländern abgebrochen. Alles andere würde sie erneut gefährden.

Auch Emans Mitstreiterin Loujain Al-Hathloul ist endlich frei, nach genau tausendundeiner Nacht im Gefängnis. Ihre Schwester Lina schickte ein Bild, es zeigt Loujain in der Wüste beim Picknick, glücklich lächelnd. Sie ist dünn geworden nach ihrem letzten Hungerstreik. Das pechschwarze Haar der jungen Frau wird jetzt von einer grauen Strähne durchzogen.

Eman, Loujain und ein paar andere Saudi-Araberinnen hatten jahrelang für das Recht von Frauen gekämpft, Auto fahren zu dürfen, und gegen das sogenannte männliche Vormundschaftssystem, das Männern per Gesetz fast vollkommene Macht über die Bewegungsfreiheit ihrer Töchter und Frauen zubilligte. Diese Regeln sind inzwischen reformiert. Doch 2018 galten die engagierten Frauen wegen ihrer Forderungen als aufmüpfig. Der Kronprinz fühlte sich durch sie in seiner absoluten Macht herausgefordert und inhaftierte sie.

Im Dezember 2020 verurteilte ein Anti-Terrorgericht Loujain zu fünf Jahren und acht Monaten Haft. Ihr wurde vorgeworfen, die nationale Sicherheit zu gefährden und Kontakte zu »feindlichen« ausländischen Regierungen zu unterhalten, um das politische System des Landes zu verändern. Im Urteil wird sie als »Terroristin« verunglimpft. Loujain sagt, sie wolle das anfechten, sobald sie sich erholt habe.

Aus dem Gefängnis entlassen, aber nicht frei

Loujain ist eine beeindruckende Kämpferin. Wochenlang hatte man sie zunächst an einem geheimen Ort festgehalten, sie wurde sexuell belästigt und bedroht, trotzdem hat sie die Offerte ihrer Peiniger abgelehnt, ihre Freilassung durch eine Videoaussage zu erkaufen. Darin sollte Loujain öffentlich bestreiten, gefoltert worden zu sein, berichtet die Familie.

Dass sie jetzt trotzdem aus dem Gefängnis entlassen wurde, verdankt sie ihren Eltern und Geschwistern, die sich unermüdlich um ihre Freilassung bemühten. Schließlich machte sich auch die neue Regierung von US-Präsident Biden für die Frauenrechtlerin stark. Frei ist Loujain trotzdem nicht.

Die 31-Jährige darf sich nicht mehr politisch äußern, andernfalls muss sie wieder hinter Gitter. Fünf Jahre lang ist es Loujain verboten, zu reisen. »Sie halten ein Damoklesschwert über ihr und verhindern, dass sie im Ausland berichten könnte, was ihr in der Haft geschehen ist«, erklärt mir ein westlicher Diplomat.

Bidens kluger Schachzug

Man könnte fragen, warum US-Präsident Joe Biden die Herrscher von Riad nicht zu größeren Zugeständnissen drängt. Nimmt er die Menschenrechte doch nicht so ernst, wie er es im Wahlkampf angekündigt hat? Als Kandidat hatte Biden gesagt: »Ich würde es sehr deutlich machen, dass wir ihnen (den Herrschern von Riad, die Autorin) nicht noch mehr Waffen verkaufen, sondern dass wir sie den Preis dafür bezahlen lassen und sie zu dem Paria machen, der sie sind.«

In der Weltpolitik geht es am Ende um das Abwägen von Interessen. Biden machte immerhin deutlich, dass Menschenrechte jetzt, nach Trump, überhaupt wieder eine Rolle spielen. Die USA brauchen Riad aber weiter als strategischen Partner im Nahen Osten, auch für ihre Politik gegenüber Iran. Mit Israel hat das Königreich zudem eine starke Lobbymacht in Washington und mit Waffenverkäufen über jährlich durchschnittlich 10,8 Milliarden Dollar ist Saudi-Arabien Amerikas größter Absatzmarkt.

So gesehen war es ein kluger Schachzug von Biden, anzuordnen, dass über siebzig Saudi-Araber, die direkt am Mord von Khashoggi beteiligt waren, nun mit Sanktionen belegt werden, selbst wenn der Kronprinz nicht unter ihnen ist. Die Veröffentlichung des CIA-Berichts darf als Aufforderung Bidens an den alten König Salman verstanden werden, seine Wahl der Nachfolge noch einmal zu überdenken.

Illusionen sollte sich der neue US-Präsident dennoch nicht machen. Kronprinz Mohammed hat seine Macht im Königreich in den vergangenen Jahren ausgebaut. Mögliche Rivalen sind ausgeschaltet, seine Kritiker verhaftet. Der 35-jährige Thronfolger herrscht heute über die Geheimdienste, den Sicherheitsapparat und die Geldreserven des Landes. Es ist sehr wahrscheinlich, dass MBS nach dem Tod seines Vaters die Macht übernimmt.

Letzte Zuckungen vor dem Untergang der Menschheit

Anders als sein Vorgänger Trump will US-Präsident Joe Biden bisher jedoch nur die tatsächliche Nummer eins im Staat, König Salman, als Gesprächspartner akzeptieren. Damit setzt er einen moralischen Maßstab, auch für andere Politiker. Der nächste deutsche Kanzler oder die nächste Kanzlerin werden sich wie andere Staatschefs künftig genau überlegen, ob sie direkt mit Prinz Mohammed bin Salman zusammenarbeiten.

Nur, was bedeutet das alles für die Zukunft des Königreichs?

Fragt man die Ultrareligiösen, zum Beispiel meinen alten Vermieter in Riad, Oberst Hassan, dann sind die aktuelle Politik und der damit einhergehende Gesellschaftswandel ohnehin nur noch die letzten Zuckungen vor dem Untergang der Menschheit und damit natürlich auch des Königreichs.

»Die Zeichen für das Jüngste Gericht mehren sich«, sagt mir Oberst Hassan am Telefon.

Die Trennung zwischen Männern und Frauen bricht auf

Herr Hassan beobachtet genau, wie jetzt in immer mehr Restaurants die Trennwände zwischen der »Single Section« und der »Family Section« entfernt werden, die bisher auch die gesellschaftliche Trennung von Männern und Frauen symbolisierten. Er sieht, wie sich alleinstehende Männer und Frauen ungeniert für ein Date im Café verabreden und niemand mehr danach fragt, ob sie verheiratet sind.

Seit Mitte 2020 dürfen nun auch alleinstehende Frauen Wohnungen anmieten, ohne Erlaubnis eines männlichen Vormunds. Gemischte Salsa-Tanzkurse werden angeboten, und es gibt Dating-Apps, auf denen saudi-arabische Frauen nach dem Mann fürs Leben suchen.

Sex vor der Ehe ist gesellschaftlich nach wie vor tabu, aber auch keine Ausnahme mehr. Ein Bekannter in Riad, 36 Jahre alt, berichtet von exzessiven Partys in der Hauptstadt: »Die jungen Saudi-Araber toben sich aus, weil ihre Bedürfnisse so lange unterdrückt wurden.«

Herr Hassan sagt, die Erde werde sich auftun, Wirbelstürme würden die Städte ergreifen und die vom Glauben Abgefallenen bald für immer in der Hölle schmoren. »Nur wer glaubt, wird gerettet«, warnt er mich erneut.

Die meisten im Königreich suchen einen Weg zwischen den Extremen. Sie wollen ihre Traditionen nicht ganz aufgeben und zugleich die neuen Möglichkeiten nutzen.

Oft gelingt das auch, wie bei Nouf, einer erfolgreichen Geschäftsfrau, die glaubte, die soziale Revolution sei für sie zu spät gekommen. Mit dreißig Jahren galt sie bereits als zu alt, um noch einen Partner zu finden.

Vor ein paar Tagen schickte mir Nouf eine Nachricht, dass sie sich verlobt habe. Ihr Zukünftiger sei nach seiner Promotion in den USA in die Heimat zurückgekehrt, um eine Familie zu gründen, eine Freundin habe sie zusammengebracht. Sie könne ihr Glück kaum fassen, textet Nouf enthusiastisch: »Was er an mir am meisten liebt, ist, dass ich gut ausgebildet bin und nicht langweilig.«

Damit hat Nouf fast schon beschrieben, wie sich voraussichtlich auch der Rest Saudi-Arabiens entwickeln dürfte: ambitioniert, auf keinen Fall ohne Konflikte und ziemlich turbulent.

Susanne Koelbl, Berlin, 1. März 2021

Epilog

Wer Saudi-Arabien in den nächsten Jahrzehnten regiert, wird große Weisheit benötigen und eine glückliche Hand. Es ist nicht übertrieben, die aktuellen Veränderungen dramatisch zu nennen, sie sind historisch. Hier steht mehr auf dem Spiel als das Schicksal einzelner Machthaber oder die Zukunft der reichsten, vielleicht sogar mächtigsten Familie der Welt.

Das Leben der Saudi-Araber dürfte sich in den nächsten Jahren ähnlich radikal verändern wie einst das der DDR-Bürger nach der Wende oder das der Hongkong-Chinesen, nachdem die alte englische Kolonialmacht 1997 dort abzog.

Scheitern ist keine Option

Ob es der Regierung in Riad gelingt, das Königreich bis 2030 in eine offene Gesellschaft zu verwandeln mit einer florierenden Privatwirtschaft, wie sie es derzeit mit Hochdruck anstrebt, hat Auswirkungen auf die ganze Welt. Wer dabei auf ein Scheitern hofft, möglicherweise auf eine Rebellion gegen das Haus der Saud, weil dies auch Chancen für demokratische Bewegungen eröffnet, dürfte zumindest zu diesem Zeitpunkt vergeblich auf eine Verbesserung der Menschenrechte und Lebensbedingungen für die Frauen wetten.

Ein Fehlschlag würde die Arbeitslosigkeit erhöhen, zur Verarmung mehrheitlich junger Saudis führen, irgendwann käme es wohl zum Aufruhr. Doch ein Ende der saudischen Regierung brächte jetzt vor allem weitere Instabilität im Nahen Osten. Radikal-religiöse Kräfte gewännen rasch die Oberhand. Dann wären Milliarden von Petrodollars in der Hand von Extremisten, die Weltmärkte führen Achterbahn und neue Flüchtlingsbewegungen wären zu erwarten.

Gestärkt durch Niederlagen

Dies bedeutet nicht, dass die Saudi-Araber die Vorzüge eines demokratisierten Systems nicht schätzen würden. Es ist nur unwahrscheinlich, dass derlei wünschenswerte Entwicklungen in diesen Tagen durch eine Revolution einträten.

Die Sauds haben in den vergangenen zweieinhalb Jahrhunderten erstaunliches Beharrungsvermögen bewiesen. Nach Niederlagen sind sie immer wieder aufgestanden, um ihr Reich zurückzuerobern. Jetzt regieren sie seit über hundert Jahren. Mit hoher Wahrscheinlichkeit ist davon auszugehen, dass die Familie das Königreich noch eine ganze Weile lang führt.

Wirklichen Einfluss auf den politischen Kurs in Riad haben aktuell nur die USA und China. Die Europäer könnten als Mittler helfen, Spannungen in der Region abzubauen. Vordringlich geht es dabei darum, den unerklärten Krieg zwischen Iran und Saudi-Arabien einzudämmen.

Die Feindseligkeiten zwischen den beiden Regionalmächten ist buchstäblich Öl ins Feuer der Konfliktregion. Die Kriege und die zunehmende Zahl von Nebenkriegsschauplätzen – vom Libanon bis zu Syrien, Irak und Jemen – werden aus dieser immer gleichen Quelle von Rivalität und Hass gespeist. Das setzt die Herrscher auch im Inneren unter Druck.

Saudi-Arabien stützt autoritäre Regime

Natürlich geht es hier um Macht. Genauer gesagt darum, wer sich in dieser sich radikal wandelnden Region mit welchem politischen System durchsetzt – die absolute Monarchie oder ein republikanisches Modell.

Was als Arabellion begann, ist noch lange nicht zu Ende. Die Wut der Völker gegen ihre autokratischen Regierungen, die ihnen nicht dienen und weder Arbeit noch Bildung noch Gesundheitsvorsorge bieten, kocht noch immer. Es besteht weiter akute Explosionsgefahr.

Die Saudis wiederum versuchen diesem Zerfall entgegenzuwirken. Deshalb stützten sie konservative Regime wie in Ägypten, Algerien, zuletzt in Sudan, wo sie nach dem Abgang von Präsident Omar al-Bashir dessen Militär weiter finanzieren. Gegenwärtig hat Riad einen harten Kurs eingeschlagen. Er zielt auf Selbstbehauptung durch Stärke. Die jüngsten Beispiele sind der zerstörerische Krieg im Süden der Arabischen Halbinsel, in Jemen, und der abrupte Abbruch der Beziehungen mit Katar, auch wenn diese inzwischen wieder aufgenommen wurden. Es fehlt an Kompromissbereitschaft und Verhandlungsgeschick.

Der letzte König Abdullah traf sich beispielsweise regelmäßig mit einem der einflussreichsten Mullahs aus Teheran, dem früheren Präsidenten Akbar Haschemi Rafsandschani. Auch durch diese diskreten Gespräche hielten sie die Differenzen ihrer Länder einigermaßen in Schach. Beide Männer sind heute tot und derlei Kanäle offenbar verschüttet.

Es braucht Kräfte, die der weiteren Spaltung der Region entgegenwirken, und den Mut Einzelner, aufeinander zuzugehen. Das wird nicht weniger richtig dadurch, dass es momentan nach dem Gegenteil aussieht.

Sich selbst ein Bild machen

Etwas Neugierde benötigen vielleicht auch Sie, die Leserin und der Leser dieser Zeilen, denn Sie können nun von einer Möglichkeit Gebrauch machen, die es bisher nicht gab. Für Reisende war Saudi-Arabien vierzig Jahren lang eine »Black Box«, noch verschlossener als Nordkorea. Das soll sich jetzt ändern. Im Sommer 2019 öffnete sich das Königreich für Touristen aus fünfzig Ländern. Ein großer Schritt, der vieles verändert hat, auch wenn die Corona-Pandemie die Reisebranche vorübergehend erst mal wieder bremste. Aus Riad heißt es, Reisende aus Europa können ihr Visum künftig unkompliziert vorab im Netz bestellen oder direkt an der Grenze beim Eintritt ins Königreich erwerben.

Saudi-Arabien ist die Heimat von Osama bin Laden. Aber es ist auch das Land von Eman, Fahd, Tarek, Nura und Abdullah, freundliche, weltoffene Menschen, die Sie in diesem Buch kennengelernt haben.

Gute Reise!

Dank

Dieses Buch liegt vor, weil eine Reihe von Türöffnern, Unterstützern, fachlichen Ratgebern und Verlagsprofis bei seiner Entstehung halfen. Karen Guddas von der DVA zeigte großes Interesse an dem Thema Saudi-Arabien, das geheimnisvoll wie eine Black Box schien, sie trieb die Entstehung beharrlich voran. Meine liebenswürdige Lektorin Christiane Naumann editierte das Buch mit eleganter Hand und hielt nach schlaflosen Schreibnächten stets ermutigende Worte bereit. Die Literaturwissenschaftlerinnen Lene Glinsky und Theresa Rüger begleiteten den Schreibprozess mit klugen Anmerkungen und Vorschlägen, Yannic Osterburg half mit Korrekturen.

Während der Fahrten durchs Königreich in den vergangenen Jahren und auch bei meinem temporären Umzug nach Riad 2018 versuchte ich mich immer an die Vorgabe des langjährigen ehemaligen saudischen Botschafters Osama Shobokshi in Berlin zu halten: »Schreiben Sie einfach die Wahrheit.« Mein herzlicher Dank gehört auch seinen Nachfolgern, die das Projekt weiter unterstützten, dem späteren saudischen Informationsminister Dr. Awwad al-Awwad, Prinz Khalid bin Bandar Al Saud, außerdem Rida Said sowie dem neuen Botschafter, Prinz Faisal bin Farhan Al Saud.

In Saudi-Arabien profitierte ich von privaten Lektionen des Gelehrten Dr. Samir Anabtawi und der vielfältigen Unterstützung meines Übersetzers Nimer Hudeib. Ein Glücksfall war die Beratung des Saudi-Arabien-erfahrenen Arabisten Ingo Schendel und des früheren deutschen Botschafters in Riad, Volkmar Wenzel. Dr. Gabriela Guellil teilte großzügig ihre Nahost-Expertise.

Die SPIEGEL-Auslandsressortleiter Britta Sandberg und Mathieu von Rohr zeigten viel Geduld und Entgegenkommen während des Entstehungsprozesses, herzlichen Dank dafür. Der Dokumentar Thorsten Oltmer prüfte Zahlen, Zeiten, Geschehnisse und erstellte eine spannende Zeittafel, was wann geschah im Königreich.

Versüßt wurde das Schreiben durch die herzerfrischende Crew des Sharks Bay Umbi Diving Village im ägyptischen Sharm El Sheikh, in deren Beduinenzelt viele Kapitel entstanden. Schließlich verneige ich mich vor dem Gleichmut meiner Familie und Freunde, die mit mir in den vergangenen sechs Monaten fast nur noch über Themen mit Saudi-Arabien-Bezug diskutieren konnten, allen voran Christina Bracken, Stefan Berchtold, Anne-Franziska Gleinig, meine Mutter Herlinde Koelbl, mein Vater Robert Koelbl, Andreas Jödecke, Jutta Pfaffenberger, Rupp Doinet und Jacqueline Stäuble sowie Martin und Regina Koelbl, Matthias, Moritz und Luis. Zuletzt danke ich den besonderen Menschen Saudi-Arabiens, die mir ihre Gastfreundschaft und ihre Zeit schenkten, ihr Land zeigten und mich mit in ihr Leben nahmen. Das war das größte Geschenk.

Zeittafel Saudi-Arabien

von Thorsten Oltmer

1744   Muhammed ibn Saud aus der Dynastie der Saud schließt in Diriya, nahe dem heutigen Riad, ein Bündnis mit dem radikalen sunnitischen Islamreformer Mohammed Ibn Abd al-Wahhab. Der nach dem religiösen Dogmatiker benannte Wahhabismus wird zur Staatsreligion Saudi-Arabiens. Aus dieser Allianz entsteht nach und nach der erste saudische Staat.

1765   Ibn Saud stirbt. Seine Nachfolger setzen die Expansionsstrategie fort und erobern 1773 auch Riad. In den folgenden Jahrzehnten vergrößert sich nach vielen Kämpfen das saudische Territorium.

1802/03 Saudische Truppen erobern Kerbela und zerstören Heiligtümer der Schiiten, ein Ereignis, das bis heute auf das Verhältnis zwischen Sunniten und Schiiten nachwirkt. Im Jahr darauf nehmen sie auch den Hedschas mit Mekka und Medina ein – eine direkte Bedrohung des Osmanischen Reiches. Der Sultan in Konstantinopel beauftragt seinen Vizekönig in Kairo, ein Heer aufzustellen und gegen die Sauds zu marschieren.

1816   Nach jahrelangen Kämpfen gewinnen die Truppen des Sultans die Oberhand und können die Sauds entscheidend schlagen.

1818/19	Die ägyptischen Truppen nehmen Diriya ein, die letzte Bastion der Wahhabiten. Viele Kleriker und auch der saudische Herrscher werden hingerichtet.
1824	Schon bald erobern saudische Truppen große Gebiete zurück. Der zweite saudische Staat wird errichtet. Es folgt ein jahrzehntelanger Kleinkrieg. Faisal, der mit Unterbrechungen von 1834 bis 1865 regiert, gelingt eine Wiedererrichtung der saudischen Herrschaft nur bedingt.
1865	Nach dem Tod Faisals brechen Bürgerkriege aus: Rivalisierende Familien kämpfen um Land und Macht. Der Aufstieg der Dynastie beginnt. Muhammad bin Raschid, ein gewiefter Realpolitiker, geht ein Zweckbündnis mit den Osmanen als Schutzmacht ein. Dies verhilft den Raschids zunächst zum Aufstieg.
1884	Die saudischen Herrscher verlieren in Zentralarabien den Nadschd.
1891	Die Raschids unterwerfen die Sauds und beenden damit deren zweiten Staat. Nach dem Ende des Ersten Weltkriegs, 1918, ist das Osmanische Reich dem Untergang geweiht. Damit schwindet auch die Macht der Raschids. 1921 unterwerfen sie sich den Sauds endgültig.
1902	Abd al-Asis (Ibn Saud), der spätere Staatsgründer des heutigen Saudi-Arabiens, nimmt mit seinen Truppen in einem Überraschungsangriff Riad ein. Das Ereignis wird von der offiziellen Geschichtsschreibung zum Gründungsmythos überhöht. Von nun an lenkt Ibn Saud über fünfzig Jahre lang die Geschicke der Sauds.
1924/25	Ibn Saud zieht gegen den von den Briten unterstützten König Hussein in den Kampf. Der Saudi erobert den Hedschas mit den heiligen Stätten in Mekka und Medina. Auch das Herzland, den Nadschd, hat Ibn Saud nun unter seiner Kontrolle. 1926 ruft er sich zum König beider Gebiete aus.
Ab 1927	Innere Unruhen und die Auswirkungen der Weltwirtschaftskrise führen zu einer ernsten Krise im Land. Mit

weiteren Territorialgewinnen und der Niederschlagung von lokalen Rebellionen konsolidiert Ibn Saud seine Herrschaft über große Teile der Arabischen Halbinsel.

1932   Am 18. September ruft Ibn Saud das Königreich Saudi-Arabien aus, er selbst proklamiert sich zum König.

1933   Die erste Ölkonzession – zwischen dem Königreich und der amerikanischen Standard Oil Company – wird unterzeichnet. Bald schon entdeckt man bedeutende Ölvorkommen. Ihre Ausbeutung ab 1938 legt den Grundstein für den Wohlstand des Landes.

1944   Der Ölkonzern Aramco (Arabian-American Oil Company) wird gegründet. In den folgenden Jahrzehnten übernimmt das Königreich mehr und mehr Anteile an der Firma, bis sie 1980 völlig verstaatlicht ist und ab 1988 in Saudi Aramco umbenannt wird.

1953   Im November des Jahres stirbt der Staatsgründer. Eine Ära geht zu Ende. Ibn Sauds Sohn Saud besteigt den Thron. Sein jüngerer Halbbruder Faisal wird Premier des Landes. Schon bald brechen massive Meinungsunterschiede darüber auf, wie das Land zu führen ist.

Ab 1960   An den Hochschulen des Landes bildet sich eine Gruppe von Studenten und Lehrenden, die einen radikalen Islam fordert und unter dem Namen Sahwa (»Erwachen«) firmiert. Ihre Mitglieder verbinden Elemente des Salafismus und Gedanken der Muslimbrüder miteinander. Die Sahwa wird zunehmend politisch aktiv und steht schließlich in fundamentaler Opposition zum Königshaus.

1962   Saudi-Arabien schafft offiziell die Sklaverei ab.

1964   Im November ist Faisal am Ziel, er hat seinen Bruder nach dem langen »Thronstreit« von der Macht verdrängt. Faisal wird König. Saud geht ins Exil nach Genf.

1966   Der Ölboom nimmt Fahrt auf, das Land fördert pro Tag 2,6 Millionen Fass Öl, doppelt soviel wie noch 1960. In den folgenden Jahren steigt die Fördermenge auf fast zehn Millionen Fass im Jahr 1980 – Saudi-Arabien ist damit vor den USA größter Ölproduzent der Welt

1973 Die Ölkrise im Herbst und Winter sorgt in vielen Staaten für wirtschaftliche Einbußen. Als Maßnahme gegen die Unterstützung Israels durch westliche Staaten im Jom-Kippur-Krieg hatten sieben Opec-Staaten, darunter Saudi-Arabien und die Vereinigten Arabischen Emirate, die Ölproduktion gedrosselt. Dies führt zu Versorgungsengpässen im Westen.

1975 König Faisal wird von einem Neffen ermordet. Faisal hat das Land mehr als zehn Jahre regiert. Sein Nachfolger Khalid – ein kranker Mann – stirbt nach wenigen Jahren im Amt 1982 an einem Herzinfarkt.

1979 In Iran stürzt in der Folge der »Islamischen Revolution« der Schah. Die Macht übernehmen schließlich schiitische Fundamentalisten unter der Führung des Ajatollah Ruhollah Chomeini. Die »Islamische Republik Iran« wird zum Erzfeind Saudi-Arabiens und Hauptkonkurrent im Kampf über die Vorherrschaft in der Region.
Die Besetzung der Großen Moschee in Mekka durch muslimische Fundamentalisten Ende des Jahres konfrontiert das Land mit islamistischem Terror. Hunderte bewaffnete Kämpfer stürmen das Gebäude und nehmen tausende Gläubige als Geiseln. Erst nach Wochen geht die Tragödie zu Ende, hunderte sterben bei den Befreiungsaktionen, an denen auch Antiterror-Kommandos aus Frankreich teilnehmen. Das Drama zieht eine radikale Islamisierung des Landes nach sich.

1982 Im Juni wird Fahd zum König ernannt. Schon unter Khalid hatte er de facto die Geschicke des Landes gelenkt, nun wird er das als fünfter Herrscher für die nächsten 23 Jahre tun, bis er 2005 an einer Lungenkrankheit stirbt.

1986 Eine der großen Herausforderungen für Fahd ist der extreme Preisverfall für Rohöl in diesem Jahr. Saudi-Arabien und weitere Opec-Staaten hatten durch eine massive Erhöhung der Fördermengen Weltmarkt-Anteile gewinnen wollen – eine Taktik, die nicht aufgeht.

1990/91 Im August überfällt Iraks Diktator Saddam Hussein Kuwait und besetzt das Nachbarland. Saudi-Arabien wird zum Aufmarschgebiet einer internationalen Militärkoalition von 34 Staaten unter Führung der USA. Die Truppen marschieren Mitte Januar 1991 in Kuwait ein und befreien das Land binnen Kurzem. Nach der Beendigung der Kämpfe bleiben fast 80 000 US-Soldaten in Saudi-Arabien stationiert, was den Zorn islamistischer Fundamentalisten hervorruft, die der Sahwa-Bewegung angehören.

1991 In den folgenden Jahren gibt es verstärkt Initiativen, durch Gründung von demokratischen Institutionen eine vorsichtige Liberalisierung im Land einzuleiten. Aber es werden auch harte Maßnahmen gegen Kräfte durchgeführt, die offen oder versteckt die wahhabitische Staatsreligion bekämpfen. Osama bin Laden wird nach seiner Rückkehr aus Afghanistan als Held gefeiert, steht dann aber 1991 unter Hausarrest. Er streitet mit der Regierung über die Stationierung von US-Truppen im Königreich. Bin Laden hatte angeboten, seine Mudschahidin gegen irakische Invasoren einzusetzen. Bin Laden verlässt das Land Ende 1991 und lässt sich im Sudan nieder. 1994 wird ihm die saudische Staatsbürgerschaft aberkannt.

1996 Im Juni explodiert ein mit Sprengstoff gefüllter Lastwagen in der östlichen Stadt Khobar in einem von US-Soldaten bewohnten Gebäudekomplex, den Khobar Towers. Neunzehn GIs sterben. Auch nach jahrelangen Untersuchungen kann die Urheberschaft des Anschlags nicht völlig geklärt werden. Spuren führen nach Iran und zur Hisbollah-Miliz.

2001 Nach den Attentaten vom 11. September wird bekannt, dass 15 der 19 Selbstmordattentäter saudi-arabische Staatsangehörige sind. Das Königshaus gerät in Erklärungsnot. International steht der Staat am Pranger.

2003 Im Mai und November werden Anschläge auf von Ausländern bewohnte Siedlungen in und um Riad verübt. Bei den Schießereien und Sprengstoffdetonationen sterben 56 Bewohner, hunderte werden verletzt. Für die Taten macht man al-Qaida verantwortlich, die eine »Modernisierung und Verwestlichung« des Landes bekämpfen will.

2005 Am 1. August kommt König Abdullah mit 81 Jahren auf den Thron. Er hatte schon seit zehn Jahren regiert, nachdem sein Halbbruder, König Fahd, durch einen Schlaganfall teilweise gelähmt, die Regierungsgeschäfte kaum mehr wahrnehmen konnte. Zehn Jahre lang wird er das Land nun führen.

2011 In der Folge des Arabischen Frühlings gewinnen in vielen muslimischen Staaten islamistische Gruppen an Einfluss – besonders die Muslimbruderschaft profitiert von dem Zerfall stabiler Strukturen. Sie strebt eine islamische Demokratie unter Scharia-Gesetz an. In Ägypten stellen die Muslimbrüder mit Mohammed Mursi sogar den nächsten Präsidenten. Mursi wird aber bereits 2013 vom Militär gestürzt. Für Saudi-Arabien sind die Muslimbrüder und ähnliche islamistische Organisationen, die demokratische Teilhabe und mehr Gerechtigkeit versprechen, eine ernste Bedrohung. Die Machthaber in Riad fürchten langfristig eine Gefährdung ihrer Machtposition und ihres Einflusses in der Region.

2015 Mit König Salman kommt im Januar ein sechster Sohn des Staatsgründers Ibn Saud an die Macht. Neunundsiebzig Jahre muss er werden, bevor er den Thron besteigen kann.

Im März interveniert Saudi-Arabien in einer Militärallianz mit anderen Golfstaaten im benachbarten Jemen. Dort haben die schiitischen Huthi-Rebellen in einem

blutigen Bürgerkrieg den mit Saudi-Arabien verbündeten Präsidenten vertrieben und fast das gesamte Land
unter ihre Kontrolle gebracht. Ein im Mai ausgehandel-
ter Waffenstillstand hält nur wenige Tage.

2017   In einem kühnen Manöver installiert König Salman seinen Sohn Mohammed bin Salman als Kronprinzen und
damit Thronfolger. Der 30-Jährige mit dem Spitznamen
MBS hatte seit Salmans Amtsantritt als Verteidigungsminister gedient.

Kaum an der Macht, führt MBS »Säuberungen« durch,
die vorgeblich korrupte Amtsträger und Geschäftsleute
treffen sollen. Bald aber wird klar, dass die Aktion auch
dazu dient, Regimekritiker und Konkurrenten des
Kronprinzen zu marginalisieren.

2018   Die Kämpfe in Jemen zwischen den verfeindeten Gruppen gehen unvermindert weiter. Die von Saudi-Arabien
geführte Militärkoalition bombardiert das Land. Die
USA und Großbritannien liefern Aufklärung und leisten logistische Hilfe. Die Lage in Jemen ist unübersicht-
lich, al-Qaida und der Islamische Staat haben die Kontrolle über große Gebiete.

Die Cholera bricht aus. Zehntausende Menschen, darunter viele Kinder, kommen ums Leben. Eine Hungers-
not hat nach Uno-Schätzungen bis Anfang 2019 bereits
rund 50 000 Opfer gefordert.

Im Dezember tritt ein weiterer Waffenstillstand in Kraft,
der aber erneut gebrochen wird.

2019   Im März stimmt nach dem US-Repräsentantenhaus
auch der Senat für eine Resolution, um die amerikanische Unterstützung Saudi-Arabiens in Jemen zu beenden, gegen den Willen von Präsident Trump. Er steht
weiterhin fest zu seinem Verbündeten und verteidigt
seine Haltung mit wirtschaftlichen Interessen – Rüs-
tungsexporten und Öl.

Staatsgründer
Abd al-Asis (Ibn Saud)
1867–1953

Relevante Söhne Ibn Sauds

Könige

Saud bin Abd al-Asis Al Saud, 1953–1964, * 1902, † 1969	Faisal bin Abd al-Asis Al Saud, 1964–1975, * 1906, ermordet 1975	Khalid bin Abd al-Asis Al Saud, 1975–1982, * 1913, † 1982	Fahd bin Abd al-Asis Al Saud, 1982–2005, * 1921, † 2005	Abdullah bin Abd al-Asis Al Saud, 2005–2015, * 1924, † 2015	Salman bin Abd al-Asis Al Saud, seit Januar 2015, * 1935

Söhne von Ibn Saud, tot

Sultan bin Abd al-Asis Al Saud, Kronprinz seit 2005, * 1925, † 2011	Talal bin Abd al-Asis Al Saud, einflussreicher Prinz, * 1931, † 2018	Naif bin Abd al-Asis Al Saud, Kronprinz 2011–2012, * 1934, † 2012

Söhne von Ibn Saud, lebend

Ahmad bin Abd al-Asis Al Saud, * 1942, ehemaliger stellvertretender Innenminister und Innenminister bis 2012	Mukrin bin Abd al-Asis Al Saud, * 1945, Kronprinz Jan. 2015–April 2015

Relevante Enkel und Urenkel Ibn Sauds

Turki bin Faisal, * 1945, Geheimdienstchef bis Anfang September 2001, Politiker

Bandar bin Sultan, * 1949, ehemaliger Botschafter in den USA und Geheimdienstchef bis 2015

Alwalid bin Talal, * 1955, reformorientierter Tycoon und Multimilliardär

Sultan bin Salman, * 1956, ältester lebender Sohn des jetzigen Königs Salman, Astronaut

Mohammed bin Naif, * 1959, Innenminister und Kronprinz bis Juni 2017, unter Hausarrest

Turki bin Abdullah, * 1971, Gouverneur von Riad bis Januar 2015, seit November 2017 in Haft

Reema bint Bandar, * 1975, Botschafterin in den USA seit April 2019

Khalid bin Bandar, * 1977, Botschafter in Großbritannien seit Beginn 2019

Mohammed bin Salman, * 1985, Lieblingssohn des jetzigen Königs Salman, Verteidigungsminister, Kronprinz seit 2017

Glossar

Abaja Traditionell islamisches Überkleid, das von Frauen über der Kleidung getragen wird. Sie ist langärmlig und knöchel- bis boden-lang. Ihr Stil variiert je nach Region, gesellschaftlichen Regeln und Geschmack der Trägerin.

Al Jazeera Arabischsprachiger Nachrichtensender mit Sitz in Doha, Katar

Allah Arabisch für Gott

Allahu akbar »Gott ist groß«, häufiger Ausruf islamistischer Attentä-ter, im alltäglichen Sprachgebrauch jedoch schlichter Ausdruck von Erstaunen oder Begeisterung

Al-Mudschahid Im Bosnienkrieg gegründete Militäreinheit, die aus Mudschahidin bestand

Al-Qaida Arabisch für die Basis, das Fundament, terroristisches Netz-werk

Altvordere In religiösen Texten als *as-salaf al-salih* beschrieben, vom Propheten Mohammed als »die besten Menschen« bezeichnet. Gemeint sind die ersten drei Generationen, die mit Mohammed gelebt haben und unmittelbar nach ihm.

Arabische Halbinsel/Arabien Bezeichnung für das Gebiet am Golf, zu dem die Staaten Saudi-Arabien, Jemen, Oman, Kuwait, Katar, die Vereinigten Arabischen Emirate sowie Teile von Irak und Jordanien gehören.

Arabischer Frühling/Arabellion Vor allem in der westlichen Welt genutzte Bezeichnung für Proteste, Aufstände und Revolutionen in den Ländern des Maghreb, in Ägypten und der Arabischen Halbin-sel ab 2011. Die Bevölkerung dieser Länder stand gegen die autokra-tischen Herrscher auf und sprach sich für Gerechtigkeit und mehr

Demokratie aus. Auslöser dieser Bewegungen war die Selbstverbrennung des tunesischen Gemüsehändlers Mohamed Bouazizi aus Protest gegen Polizeiwillkür und Demütigungen.

Aschura Muslimischer Feiertag, mit besonderer Relevanz für die Schiiten. Gedenken an die Ermordung des Imam Hussein in der Schlacht von Kerbela.

Bakhur Traditionelle arabische Räuchermischung, meist in Spänen, zu großen Teil aus Oud, dem Holz des Adlerholzbaumes

Beduinen Nomadische Bewohner der Wüstenregionen Arabiens

Bischt Festlicher Umhang mit Goldborte, meist in Schwarz und aus Kamelhaar oder Wolle

Daawa Ruf, Aufruf, Einladung, heute v. a. gebräuchlich als »Ruf zum Islam« bzw. die islamische Missionstätigkeit

Diplomatic Quarter Stadtviertel in Riad, überwiegend von Diplomatenfamilien bewohnt

Dschabal Schammar Berg von Schammar, ehem. Einflussgebiet des Emirs von Hail

Dschanadriya-Festival In Saudi-Arabien jährlich stattfindendes Kulturfestival

Dschihadismus Von Dschihad = Anstrengung/Kampf auf dem Wege Gottes. Im westlichen Diskurs wird der Begriff Dschihadismus häufig für die Gesamtheit von unterschiedlichen radikalislamistischen und militanten Gruppen verwendet, z. T. auch synonym verwendet für den sich auf den Islam berufenden Terrorismus.

Emir Titel, vergleichbar mit Fürst, Prinz, Gouverneur

Emirat Herrschaftsbereich eines Emirs, heute auch teilweise für einen souveränen Staat

Fatwa Rechtsauskunft durch einen Mufti zu religiösen Fragen, in der westlichen Welt manchmal synonym verwendet für Todesfatwa – Tötungsaufruf durch muslimische Autorität aufgrund religiöser Vergehen

Gata Bunte Stoffbahnen, mit denen die beduinischen Nomaden ihre Zelte in Bereiche abteilten

Gahwa Heller Kaffee aus ungerösteten Kaffeebohnen

Ghutra Von Männern getragenes traditionelles Kopftuch, in Saudi-Arabien meist in weißer Farbe und kariertem Muster, wird mit einer Kordel am Kopf befestigt. Die auf die Beduinen zurückgehende Kopfbedeckung dient in den Wüstenstaaten des Golfes u. a. als Sonnenschutz. Der Stil variiert je nach Geschmack und Region, kann auch den sozialen Status des Trägers anzeigen.

Golfstaaten Bezeichnung für die angrenzenden Staaten am Persischen Golf, also Iran, Irak, Kuwait, Saudi-Arabien, Bahrain, Katar, Vereinigte Arabische Emirate, Oman. Bis auf Iran und Irak bilden die genannten Länder den Golfkooperationsrat.

Großmufti/Mufti Islamischer Rechtsgelehrter

Hadith Gesamtheit der Überlieferungen des Propheten Mohammed

Hadsch Pilgerfahrt nach Mekka, eine der fünf Säulen des Islam

Hamas Politische Partei sunnitisch-islamischer Palästinenser im Gazastreifen. Teile der internationalen Gemeinschaft, v. a. westliche Staaten (u. a. auch die EU) stufen die Hamas bzw. ihren militärischen Flügel als terroristisch ein.

Haram (Adjektiv) Nach Gesetzen des Islam und der Scharia verboten, unrein

Henna Pflanzenpulver, das mit Wasser vermischt zur Körperbemalung benutzt wird

Hidschab Traditionell islamisches Kopftuch, das von Frauen zur Bedeckung des Kopfes bzw. der Haare getragen wird

Hindukusch Gebirge in Zentralasien, zu großen Teilen in Afghanistan

Hisbollah »Die Partei Gottes«, schiitische Partei im Libanon, in den 1980er Jahren als Widerstand gegen die israelische Invasion Libanons gegründet. Einige Mitglieder der internationalen Gemeinschaft (so auch Deutschland) stufen ihren militärischen Flügel, die Hisbollah-Miliz, als Terrororganisation ein.

Huthi-Rebellen Politisch-militärische Bewegung aus der mehrheitlich in Nordjemen vertretenen Gruppe der Zaiditen, benannt nach ihrem Gründer Hussein Badreddin al-Huthi.

Ikhwan Arabisch = die Brüder; frühe, aus Beduinenkämpfern bestehende Bewegung, die von König Abd al-Asis militärisch eingesetzt wurde

Id al-Adha Islamischer Feiertag: islamisches Opferfest

Id al-Fitr Islamischer Feiertag: Tag des Fastenbrechens nach dem Fastenmonat Ramadan

Intifada Erste und Zweite Intifada: palästinensische Aufstände gegen Israel

Istiraha Eine Art Datscha, Wochenendhäuschen

Kaaba »Haus Gottes«: quaderförmiges Bauwerk im Hof der Großen Moschee in Mekka

Karak Schwarzer, gezuckerter Tee mit Gewürzen und Dosenmilch

Khoya Eine Art Quark aus verdickter Milch

Kingdom Tower Wahrzeichen von Riad

Koran Heilige Schrift des Islam

Koransure Kapitel aus dem Koran

Madrasa Schule für islamisch-juristische Wissenschaften, auch: Koranschule einer Moschee

Mahdi In den heiligen Schriften des Islam angekündigter von Gott geleiteter Erlöser, der den Menschen vor dem Jüngsten Gericht erscheinen werde.

Mahram Verwandter, mit welchem Heirat bzw. Geschlechtsverkehr als *haram* gilt, z. B. Bruder, Vater, und vor dem sich eine Kopftuch tragende Muslima ohne Hidschab zeigen kann.

MBS Kurzform von Mohammed bin Salman; Kronprinz, Verteidigungsminister und stellvertretender Premierminister Saudi-Arabiens.

Misyar Im wahhabitischen Islam geheime Zweitehe

Mudschahidin Jene, die den Dschihad betreiben. Angehörige militanter islamistischer Gruppierungen/Guerillagruppen; populär geworden ist die Bezeichnung in westlichen Medien während der Besetzung durch die Sowjettruppen von Afghanistan für die gegen sie kämpfenden afghanischen Guerillatruppen.

Muezzin Ruft die gläubigen Muslime fünfmal am Tag zum Gebet in die Moschee

Muslim World League/Islamische Weltliga Internationale salafitisch geprägte NGO, die zu großen Teilen von Saudi-Arabien finanziert wird und sich international als kulturelle und religiöse Vertretung der Muslime versteht

Muslimbruderschaft/Muslimbrüder Sunnitisch-islamische Bewegung, in den 1920er Jahren in Ägypten gegründet, in einigen Ländern inzwischen als Terrororganisation eingestuft

Mutawwi/Mutawwa (Pl.) Religiöser Aufpasser oft im Dienst der »Behörde für die Verbreitung von Tugendhaftigkeit und Verhinderung von Lastern«, der sogenannten Religionspolizei

Neom Futuristisches Bauprojekt des Kronprinzen MBS – der modernste Technologiepark der Welt mit eigener Stadt

Nikab Traditioneller muslimischer Gesichtsschleier, der in Kombination mit dem Hidschab über Nase und Mund getragen wird

Opec Organisation erdölexportierender Länder: internationale Organisation mit 14 Mitgliedstaaten, die zu den größten Erdölförderern der Welt zählen

Oud Duftstoff, der aus dem Harz des Adlerholzbaumes gewonnen wird

Petrodollar Aus dem Ölexport stammender Gewinn in US-Dollar

Rabeya Ältere Frau, die die junge Braut über die erste Nacht, das Liebesspiel und den Umgang mit einem Ehemann aufklärt

Raka Verbeugungen zum Gebet

Rial (SAR) Saudi-arabische Währung

Sahwa Gruppe islamischer Gelehrter. Während des Zweiten Golfkrieges Proteste gegen Stationierung amerikanischer Truppen in Saudi-Arabien, später Anschluss an das Regime. Ausrichtung zwischen Wahhabismus und Muslimbruderschaft.

Salafiten Fundamentalisten, die der konservativen Auslegung des sunnitischen Islam folgen, sich rückbesinnen auf die »Altvorderen«

Sambusa Gebackene Teigtaschen

Saudi Aramco Ehemals Arabian-American Oil Company (kurz: Aramco); größte Ölfördergesellschaft der Welt

Schah Titel, persisch für Herrscher

Scharia Gesamtheit aller aus den islamischen Überlieferungen hervorgehender Normen und Gesetze

Scheich Arabischer Ehrentitel, »Geistiger Führer«

Schiiten Anhänger der zweitgrößten Glaubensrichtung innerhalb des Islam, die sich auf die Schia stützt. Betrachten Mohammeds Schwiegersohn Ali als dessen rechtmäßigen Nachfolger und ihren ersten Imam. Etwa 15 % der Muslime sind Schiiten.

Schura In Saudi-Arabien vom König ernannte beratende Versammlung (Rat) aus 150 Mitgliedern, kann Gesetze vorschlagen und interpretieren

Scheba Lehmhütte der Beduinen

Souk Basar, arabisches Marktviertel

South-Pars-Gasfeld Größtes entdecktes Gasfeld, beansprucht von Katar und Iran

Sufismus Sammelbezeichnung islamischer Strömungen spiritueller Orientierung

Sunniten Anhänger der größten Glaubensrichtung des Islam, die sich auf die Sunna stützt. Rund 85 % aller Muslime sind Sunniten, die in Saudi-Arabien praktizierte Strömung der Sunniten ist der Salafismus.

Tadschin Lehmgefäß zum Schmoren von Gemüse oder Fleisch, meist mit spitzem oder gewölbtem Deckel; die darin zubereiteten Speisen heißen ebenfalls so

Taliban Radikale islamistische Miliz, die seit den frühen 1990er Jahren große Teile Afghanistans und Pakistans beherrschte

Thaub Traditionelles knöchellanges Gewand, das von den männlichen Bewohnern der Länder der Arabischen Halbinsel und der benachbarten Wüstenregionen getragen wird. Oft aus Baumwolle und in weißer Farbe, Stil kann aber variieren.

Ud Traditionelles Musikinstrument mit vier bis sieben Saiten; Laute

Vision 2030 Wirtschaftliches Transformationsprojekt der saudi-arabischen Führung, um unabhängiger zu werden von Einnahmen durch Erdöl, unter anderem durch hohe Investitionen im Bereich Photovoltaik. Frauen sollen verstärkt in Erwerbstätigkeiten eingebunden werden.

Wahhabismus Ultrakonservative Strömung des sunnitischen Islam, basierend auf der Lehre von Abd al-Wahhab (Wahhabiya). Der sogenannte Wahhabismus steht für die streng wortwörtliche Auslegung des Koran sowie die politische Legitimation des Königshauses Al Saud.

Wali Männlicher Heiratsvormund einer Frau in Saudi-Arabien

Wasta Vorteile durch inoffizielle Kontakte generieren, unter dem Tisch verhandeln, Beziehungen haben

Weihrauchstraße Handelsroute zwischen Südarabien und dem Mittelmeer, auf der früher vor allem Weihrauch transportiert wurde

Zaiditen Auch Fünferschiiten genannt, weil sie die Kette legitimer Nachfolger des Propheten Mohammed mit dem fünften Imam (Zaid) beenden

Zentralarabien Geografisch: Gebiet im Innern der Arabischen Halbinsel

Auswahlbibliografie

Madeha al Ajroush: »reSURFACE. Images of Women in the Rock Art of Saudi Arabia«, 2016

Rajaa al Sanea: »Die Girls von Riad«, Goldmann Verlag, München, 2008

Julius Euting: »Tagebuch einer Reise in Inner-Arabien«, SOLDI-Verlag, Hamburg, 1993

Aileen Keating: »Power, Politics and the Hidden History of Arabian Oil«, Saqi Books, London, 2006

Stéphane Lacroix: »Awakening Islam. The Politics of Religious Dissent in Contemporary Saudi Arabia«, Harvard University Press, Cambridge, 2011

Pascal Ménoret: »Joyriding in Riyadh. Oil, Urbanism, and Road Revolt«, Cambridge University Press, Cambridge, 2014

Vassillis Oikonomopoulos: »Refusing to be Still«, The Saudi Art Council, 2018

Barbara Schumacher: »Saudi-Arabien. Kaaba, Kadi und Kardamom«, OLMS, Hildesheim, 2017

William Simpson: »The Prince. The Secret Story of the World's Most Intriguing Royal: Prince Bandar Bin Sultan«, William Morrow, New York City, 2008

Sebastian Sons: »Auf Sand gebaut. Saudi-Arabien – Ein problematischer Verbündeter«, Propyläen Verlag, Berlin, 2016

Guido Steinberg: »Saudi-Arabien. Politik Geschichte Religion«, C.H. Beck, München, 2014

Ghazi Twal: »Königreich Saudi-Arabien und seine wichtigsten Gesetze«, Deutsche Botschaft, Riad, 2003

Register

327

Bildnachweis

Getty Images: S. 60. (UIG/Universal History Archive); S. 7 (KARIM JAAFAR/AFP)

http://www.alriyadh.com/978371: S. 6 u. li.

picture alliance: S. 11 (AP Photo)

Privat/Courtesy of Jamal Khashoggi: S. 100.

SPA: S. 30. (AbdulAziz Albagshi)

Wikimedia: S. 6 u. re. (anonym (https://commons.wikimedia.org/wiki/File:Max_Steineke_in_Saudi_Arabia_1938.jpg), »Max Steineke in Saudi Arabia 1938«, https://creativecommons.org/licenses/by-sa/3.0/legalcode)

Die Rechte aller anderen Fotos liegen bei der Autorin.

Kristin Haug
Verena Töpper

Mittagspause auf dem Mekong

Auswanderer über ihr
neues Leben in 28 Ländern

SPIEGEL
Buchverlag

Achtung, Fernweh!

Träumen Sie auch vom mobilen Home Office am
anderen Ende der Welt? Wie wäre es, da neu anzufan-
gen, wo es schön ist? Die Menschen in diesem Buch
haben sich ihre Träume erfüllt. Vom Bed & Breakfast
unter Palmen, davon, jeden Tag barfuß zu gehen – und
vom schwimmenden Büro auf dem Mittelmeer. Ihre
Geschichten inspirieren. Und wer nun selbst die Koffer
packen will, findet zahlreiche Tipps sowie den ultima-
tiven Selbsttest, um herauszufinden, ob das eigene
Glück in der Ferne winkt!

(Ⓟ) **PENGUIN** VERLAG

MORDE, ÜBER DIE NIEMAND SPRICHT

Alle 3 Tage wird in Deutschland eine Frau von ihrem Partner oder Ex-Partner getötet. Es sind Morde, die an Frauen verübt werden, weil sie Frauen sind. Als Familientragödien verharmlost, bleiben viele Frauenmorde verborgen und verdecken die patriarchalen Macht- und Gewaltmuster, die sich tief durch unsere Gesellschaft ziehen. Für ihre schockierende Analyse haben Laura Backes und Margherita Bettoni mit Überlebenden gesprochen, Experten befragt, die Motive männlicher Gewalttäter untersucht und ihre grausamen Taten rekonstruiert.

DVA